Das bietet Ihnen die CD-ROM

- **Der Vorsorge-Planer:**
  Audio-Einführung zur Vorsorge mit Fragebogen
- **Alle wichtigen Formulare und Vollmachten**
- **Mustertestamente und -Patientenverfügungen**
- **Die aktuellen Gesetzestexte**

Mustertexte
Betreuungsverfügung
Patientenverfügung
Vorsorgevollmacht
(jeweils eine kurze Version und eine lange
mit Textbausteinen)

Arbeitshilfen
Schriftliche Patientenverfügung
Mein persönlicher Notfallausweis
Übersicht zu meinen persönlichen und
finanziellen Verhältnissen
Überblick über eine künftige private
Absicherung
Nachlassverzeichnis
Angehörigeninformation
Sind Sie ausreichend abgesichert?
Checkliste für Hinterbliebene
Bestattungskosten

Mustertestamente

Vorsorgeregister
Anmeldung zur Teilnahme am ZVR-Verfahren
Anmeldung einer Vorsorgevollmacht durch
Privatpersonen
Zusatzblatt Anmeldung Vorsorgevollmacht

Amtliche Formulare
Erbschaftsteuer

Gesetze
Betreuungsrechtsänderungsgesetz
Erbschaftsteuer- und Schenkungsteuergesetz
Vormundschaftsgesetz

Überall, wo Sie das Icon sehen, finden Sie die Texte vollständig im DIN-A4-Format auf der CD-ROM – direkt zum Übernehmen in Ihre Textverarbeitung. Bitte beachten Sie, dass der Vorsorgeplaner unter Windows NT4 nicht lauffähig ist.

Bibliografische Information Der Deutschen Bibliothek

Die Deutsche Bibliothek verzeichnet diese Publikation in der Deutschen Nationalbibliografie; detaillierte bibliografische Daten sind im Internet über <http://dnb.ddb.de> abrufbar.

ISBN 3-448-06215-4   Bestell-Nr. 07213-0001
© 2005, Rudolf Haufe Verlag, Freiburg i. Br.
Redaktionsanschrift: Postfach 13 63, 82142 Planegg
Hausanschrift: Fraunhoferstraße 5, 82152 Planegg
Telefon (089) 8 95 17-0, Telefax (089) 8 95 17-2 50
Internet: http://haufe.de, E-Mail: erste-hilfe@haufe.de
Lektorat: Jasmin Jallad

Idee & Konzeption: Dr. Matthias Nöllke, Textbüro Nöllke München
Umschlaggestaltung: Luxus Medien Daniel Gunia, 86836 Graben
Lektorat und DTP: Text+Design Jutta Cram, 86391 Stadtbergen, www.textplusdesign.de
Druck: Schätzl Druck, 86609 Donauwörth

Gerhard Geckle

Patientenverfügung und Testament

Inhalt

Vorwort

Ab dem 1.7.2005 kommt mit dem Betreuungsrechtsänderungsgesetz (2. BtÄndG) das neue Betreuungsrecht zur Anwendung, insbesondere mit weiteren Vorgaben für die Vormundschaftsgerichte, den amtlich bestellten Betreuern.

Dieser praxisorientierte Ratgeber möchte sich aber nicht nur auf entsprechende, ggf. nach individuellen Wünschen einsetzbare Muster für Patientenverfügungen bzw. Vorsorge- und Betreuungsvollmachten beschränken, sondern er vermittelt Ihnen mit vielen Hinweisen, Tipps und auch notwendigen Klarstellungen die damit zusammenhängenden Hintergründe in verständlicher Weise.

Der zweite Teil wendet sich dem hochsensiblen Thema „Erben und Vererben" zu mit entsprechenden Gestaltungsempfehlungen und kurzen Erläuterungen bis hin zur Darstellung der ggf. im Raum stehenden steuerlichen Auswirkungen. Sie erfahren, wie Sie bereits zu Lebzeiten Dispositionen für Ihren persönlichen Todesfall treffen und Ihren Partner, Ihre Kinder und weitere Familienangehörige oder andere Ihnen wichtige Menschen absichern können. Zunächst erhalten Sie jedoch einen nachvollziehbaren Überblick zum Bereich der Vermögensübertragung unter Lebenden. Denn Sie können die entsprechenden, notwendigen Maßnahmen durchaus frühzeitig, auch altersunabhängig einleiten und so bereits jetzt – in Anbetracht einer eventuell anstehenden Verschärfung im Bereich der Erbschaftsteuer wegen der Neuregelung nach den Vorgaben des Bundesverfassungsgerichts – die richtigen Weichen stellen.

Bewährt haben sich die ausführlichen Checklisten für eine persönliche Bestandsaufnahme mit vielen, auch rein praktischen Hinweisen für den Fall einer schweren Erkrankung mit bestimmten Vorgaben bzw. Wünschen für den Eintritt des eigenen Todesfalls.

Dieser Ratgeber versucht bewusst, sich nicht auf die üblichen, grundsätzlichen juristischen Erläuterungen zu beschränken, sondern bietet Ihnen in verständlicher Weise den Einstieg zu den wichtigsten zusammenhängenden Fragen rund um das Thema Erben und Vererben und zum ersten Handlungsbedarf bei Todesfällen. Diese Hinweise, Informationen und Handlungsempfehlungen können Sie, unabhängig von Ihrem eigenen Regelungsbedürfnis, für viele auftauchende Fragen auch bei Trauerfällen in Ihrem persönlichen Umfeld als Unterstützung sofort heranziehen.

Sie können diesen Leitfaden aber auch zur Vorbereitung und Unterstützung für ein angestrebtes fachkundiges Gespräch, die häufig benötigte weitere individuelle Beratung oder auch die Umsetzung erbrechtlicher Gestaltungen mit dem Notar oder Rechtsanwalt nutzen. Bei der Abfassung von letztwilligen Verfügungen, Erbverträgen, Vermögensübertragungen zu Lebzeiten oder auch zur Beachtung der notwendigen Formvorschriften ist die Einschaltung eines Notars bzw. die Hinzuziehung eines Anwalts sicherlich sinnvoll und häufig auch geboten.

Dieser Ratgeber gliedert sich thematisch in vier Grundthemen:

- Patientenverfügung,
- Vorsorge- und Betreuungsvollmacht,
- umfassende Anleitung bzw. Empfehlung für ergänzende Vorsorgemaßnahmen, zur Vermögensübertragung usw. sowie
- gezielte Hinweise und Verhaltensmaßnahmen bei Eintritt eines Todesfalls.

Eine ideale Unterstützung zu diesem Ratgeber bietet die beigefügte CD-ROM. Die vielen Muster und Checklisten können Sie direkt auf Ihren PC übernehmen und sie individuell bearbeiten bzw. ausfüllen. Ausgehend von der Tatsache, dass das Bundesjustizministerium sich immer noch in der Beratungsphase zu einer beabsichtigten gesetzlichen Regelung zur Patientenverfügung befindet, stellt die CD-ROM Ihnen darüber hinaus zahlreiche einschlägige Gesetzesregelungen, Vorschläge zum Diskussionsstand zu diesem umfangreichen Themenbereich und zum neuen Betreuungsrecht sowie viele interessante Arbeitshilfen zur Verfügung.

In diesem Zusammenhang danke ich insbesondere meiner Ehefrau, die mich aufgrund Ihrer vielen nützlichen Erfahrungen aus dem Pflegebereich und bei der Recherche tatkräftig unterstützt hat. Dank sagen möchte ich aber auch der Fachredaktion und dem Lektorat des Haufe Verlags für die gelungene verlegerische Umsetzung, aktuell und zum optimalen Zeitpunkt. Über Hinweise, Anregungen, aber auch Kritik würde ich mich freuen.

Freiburg, im Mai 2005   Gerhard Geckle

Was muss ich über die Patientenverfügung wissen?

Was geschieht mit mir, wenn ich wegen eines medizinischen Notfalls nicht mehr persönlich entscheiden kann? Vielleicht lassen sich nur unter Einfluss stärkster Medikamente die erheblichen Schmerzen etwas abmildern. Vielleicht werde ich aber auch im Zustand der Bewusstlosigkeit nur noch mit künstlicher Ernährung am Leben erhalten, womöglich dauerhaft? Will ich eine Abhängigkeit von der „Apparatemedizin" langfristig als einzige Möglichkeit akzeptieren? Mit welchen Nebenwirkungen oder Spätfolgen ist bei langer Behandlungsdauer zu rechnen? Welche Schmerzzustände bei bestimmten Diagnosen und Behandlungsversuchen kommen eventuell auf mich zu? Welche Linderungsmöglichkeiten bietet die Medizin heute?

All diese Fragen münden in die Überlegung: Was kann ich tun, um nach meinen ganz persönlichen Vorstellungen ein würdevolles Lebensende durchzusetzen? Was ist zu veranlassen, damit meine Wünsche und Vorgaben beachtet werden, wenn ich später einmal als Patient nicht mehr in der Lage bin, meinen Willen selbst zu erklären? Was muss ich tun, damit lebensverlängernde Maßnahmen abgebrochen werden, um mir weiteres Leiden im Endstadium einer tödlich verlaufenden, unheilbaren Krankheit oder in der Sterbephase zu ersparen? Ein Lebensende in Würde

Vergleichbare Fragen stellen sich viele besorgte Menschen, häufig gerade dann, wenn bei Schwersterkrankungen im familiären Umfeld bzw. im engeren Bekanntenkreis der Leidensweg erkennbar ist. Wenn deutlich wird, dass sich der geliebte Mensch im Übergang in die Sterbephase befindet und sich sein Leidenszustand trotz aller medizinischer Betreuung nicht bessert, dass es keine wirkliche Hoffnung mehr gibt. Solche Patienten befinden sich häufig im Koma und haben keinerlei Möglichkeiten mehr zur persönlichen Willensäußerung.

Rund drei Viertel aller Menschen in Deutschland sterben in Krankenhäusern oder Heimen, also während eines dauerhaften stationären Aufenthalts, und nicht zu Hause in ihrer gewohnten Umgebung. Nicht unterschätzen darf man in diesem Zusammenhang auch die hohe Anzahl von Pflegebe- Viele Menschen betroffen dürftigen. Die im April 2005 veröffentlichte Bundes-Pflegestatistik 2003 zeigt auf, dass 2,08 Millionen Menschen pflegedürftig im Sinne des Pflegeversicherungsgesetzes waren. Auch hier ist der Anteil der häuslichen Pflege stark rückläufig. Über 640.000 Pflegbedürftige wurden 2003 in Pflegeheimen betreut, der Anteil der Schwerstpflegedürftigen betrug 21 Prozent. Häufig besteht ein gewisses Misstrauen gegen außerhäusliche Behandlungen bzw. Betreuungen, gerade wenn es um Schwersterkrankungen geht, wenn es an Aussicht auf Besserung und Genesung fehlt, wenn die Ärzte den nahen Sterbefall nicht mehr ausschließen können. Ob Unfallfolgen oder etwa Krebserkrankung – die Befürchtung, dass mit weiteren Schmerzzuständen zu rechnen ist, dass der Krankheitsverlauf zum Verlust der „geistigen" Kräfte führt, ist oft der Beweggrund, auch zu einer gewünschten möglichen Leidensverkürzung gewisse Vorgaben zu machen.

Wie weit reicht mein Einfluss als Patient?

Einwilligungsfähigkeit des Patienten
Zunächst einmal gilt der unumstößliche Grundsatz, dass jeder ärztliche Eingriff, also auch jede lebensverlängernde bzw. -erhaltende Maßnahme, der Einwilligung eines einwilligungsfähigen Patienten bedarf. Dies setzt natürlich voraus, dass der Patient im Hinblick auf die medizinische Tragweite und den Umfang geplanter Maßnahmen überhaupt noch einwilligungsfähig ist. Verlangt wird also für anstehende Behandlungen eine noch gegebene „natürliche Einsichts-, Urteils- und Steuerungsfähigkeit", auch bei bereits betreuten Personen und Minderjährigen.

Dies vorangestellt, kann daher jeder die Verlängerung oder den in Aussicht gestellten Abbruch seiner lebenserhaltenden oder -verlängernden Maßnahmen ablehnen, selbst wenn von ärztlicher Seite anderes empfohlen bzw. indiziert wird – sogar dann, wenn eine schwere Erkrankung bereits einen absehbaren tödlichen Verlauf genommen hat. Umgekehrt kann der grundsätzlich (noch) einwilligungsfähige Patient natürlich jederzeit bereits früher getroffene Festlegungen und Verfügungen, egal ob mündlich oder schriftlich, widerrufen.

Passive und indirekte Sterbehilfe
Ohne an dieser Stelle zu konkret in die medizinischen Behandlungsabläufe einzugehen, deren Erläuterung verständlicherweise einem Arztgespräch vorbehalten bleiben muss, ist es rechtlich und ethisch zulässig, bei Beach-

tung des Patientenwillens lebenserhaltende Maßnahmen zu unterlassen bzw. abzubrechen (dies ist die sog. passive Sterbehilfe) oder aber durch eine medizinisch fachgerechte Schmerz- oder Symptombehandlung eine Lebensverkürzung des Patienten in Kauf zu nehmen (sog. indirekte Sterbehilfe). In diesem Zusammenhang ist es empfehlenswert, sich in einem Gespräch mit dem Arzt über die palliativmedizinische Versorgung zu informieren, also über die Bereitstellung geeigneter Behandlungsmaßnahmen zur Schmerzlinderung (palliative Behandlung bedeutet laut Pschyrembel, Klinisches Wörterbuch: „lindernde Behandlung im Gegensatz zur heilenden Behandlung").

- Eine künstliche Flüssigkeits- und Nahrungszufuhr, maschinelle Beatmung, Dialyse oder zusätzliche Eingriffe bei Entzündungszuständen sind Maßnahmen, die dem Bereich der lebenserhaltenden bzw. -verlängernden Maßnahmen zuzuordnen sind. Auch diese Behandlungen können durch entsprechende, dokumentierte Willensäußerungen abgelehnt werden.

Lebens-erhaltende bzw. -verlängernde Maßnahmen

- Erst danach folgt im Regelfall das palliative ärztliche und pflegerische Versorgungsangebot, angefangen von der fachgerechten Pflege über menschenwürdige Unterbringung, Hilfe bei der Nahrungs- und Flüssigkeitsaufnahme bis hin zur Linderung von Schmerzzuständen und sonstiger belastender Symptome und schließlich ab Beginn der erkennbaren Sterbephase Hospiz- bzw. seelsorgerische Betreuung.

Palliative Maßnahmen

Auch eingesetzte Betreuungs- oder Vertrauenspersonen und amtlich bestellte Betreuer sollten sich in dieser Hinsicht fundiert informieren, denn im Ernstfall, wenn also der Patient nicht mehr selbst dazu in der Lage ist, treffen sie die Entscheidungen.

Festlegungen im Rahmen von Patientenverfügungen haben also folgende Ziele:

- die individuelle frühzeitige Festlegung medizinischer und begleitender Maßnahmen für den Fall der später eintretenden fehlenden Einwilligungsfähigkeit,

Ziele der Patienten-verfügung

- Berücksichtigung von Wertvorstellungen, vor allem aber von Hinweisen zur Einleitung, zum Umfang oder zur Beendigung bzw. Ablehnung von

Maßnahmen, erkennbar auch durch entsprechend getroffene Festlegungen gegenüber dem Behandlungsteam,

- die Möglichkeit, bestimmte Vorgaben für verschiedene persönliche Situationen zu machen, also für die Sterbephase oder den Fall einer unheilbaren Erkrankung,
- den Ausschluss schwerwiegender ärztlicher Eingriffe wie etwa künstlicher Beatmung, künstlicher Ernährung, Organersatz oder Dialyse,
- das Vorhandensein eines Ansprechpartners, der durch entsprechende Bevollmächtigung im Einzelfall anstelle des Patienten für die verschiedensten Lebenssituationen und Behandlungsvorgänge, auch für die Auslegung von Patientenverfügungen, zur Verfügung steht, ggf. notwendige zusätzliche Einwilligungen erteilt oder den Behandlungsabbruch ergänzend befürworten kann. Durch die Bevollmächtigung hat die Vertrauensperson ein uneingeschränktes Auskunftsrecht gegenüber dem Arzt bzw. Pflegepersonal.

Voraussetzung: Vollbesitz der geistigen Kräfte

Über Tragweite informieren

Eine Patientenverfügung setzt voraus, dass Sie sich über die medizinische Tragweite dieser umfassenden Willenserklärung in aller Ruhe hinreichend informiert haben – gerade wenn es um die Frage geht, ob Sie im Ernstfall tatsächlich von bestimmten, lebenserhaltenen Maßnahmen Abstand nehmen wollen und ab einem gewissen kritischen Stadium eventuell nicht einmal eine künstliche Versorgung weitergeführt werden soll. Und auch die beabsichtigte Übertragung der Entscheidungsbefugnis auf andere Personen für den Fall, dass Sie selbst keine Entscheidung mehr treffen können, sollten Sie sich reiflich überlegen, selbst wenn es sich um eine absolute Vertrauensperson zum Zeitpunkt der Niederschrift handelt. Keinesfalls sollten Sie hier übereilt etwas verfügen und unterschreiben.

Uneingeschränkte Geschäftsfähigkeit

Im Vollbesitz der geistigen Kräfte – dies ist mehr als eine Floskel, die sich heute im Rechtsverkehr, insbesondere im Zusammenhang mit der Erstellung bestimmter letztwilliger Verfügungen, Testamente etc. und häufig sogar in Notarurkunden als Eingangshinweis findet. Der tiefere Sinn in dieser Erklärung liegt darin, nochmals zu dokumentieren, dass zum Zeitpunkt der

Erstellung der Verfügung eine uneingeschränkte Geschäftsfähigkeit in tatsächlicher Hinsicht gegeben ist. Der beurkundende Notar ist gehalten, sich vor Erstellung der Urkunde von der vollumfänglichen Geschäftsfähigkeit des Erklärenden zu überzeugen. Häufig ist es nicht einfach, die Geschäftsfähigkeit sofort abschließend und zutreffend zu beurteilen. Bestehen Bedenken, verbietet sich die Entgegennahme von Erklärungen, selbst die Unterzeichnung vorbereiteter oder erstellter Schriftstücke. Denn nicht selten kommt es später zu einem Streit, ob bei Erstellung und Unterzeichnung von Verfügungen und Vollmachten tatsächlich die volle Geschäftsfähigkeit gegeben war, mit der Konsequenz, dass diese Grundsatzfrage über gerichtliche Verfahren nachträglich geklärt werden muss. Der Notar hält bereits über seine Urkunde fest, dass er von einer uneingeschränkten, vollumfänglichen Geschäftsfähigkeit zu diesem Zeitpunkt ausgeht, oder aber er hat Bedenken und Zweifel und dokumentiert diese.

Experten-Tipp

Zeugen hinzuziehen

Unabhängig davon, wie alt oder krank Sie zum Zeitpunkt der Patientenverfügung sind, sollten Sie auf jeden Fall Zeugen hinzuziehen, auf die Sie und Ihre Vertrauenspersonen sich berufen können, falls später Bedenken auftreten. ◄

Bei reinen Beglaubigungen stellt sich die Frage der Überprüfung der Geschäftsfähigkeit bzw. Einwilligungsfähigkeit der Verfügenden im Übrigen nicht. Hier wird nur die Echtheit der vor der „Amtsperson" vollzogenen Unterschrift bzw. der Unterschriften bestätigt.

Der Wille des Patienten

Natürlich sind und bleiben Ärzte und das Pflegepersonal immer die ersten Ansprechpartner und die Vertrauenspersonen vor Ort bei der Beurteilung medizinischer Maßnahmen und geeigneter Behandlungsmethoden in der sog. terminalen Krankheitsphase eines Patienten.
Doch die Grenzsituationen bei Krankheit, Leiden und dem langsamen Sterben stellen häufig sowohl die behandelnden Ärzte als auch nahe Angehörige vor die Frage, ob es bei aussichtslosen medizinischen Beurteilungen dem

mutmaßlichen Willen des Patienten entspricht, von der Weiterführung bestimmter, im Ergebnis leider erfolgloser Behandlungsmethoden abzusehen und damit den Leidensweg zu verkürzen. Oder entspricht es vielmehr dem Willen des bewusstlosen Patienten, dass auch auf Dauer sämtliche lebenserhaltenden Maßnahmen mit allen nur denkbaren Schmerz- und Symptombehandlungen bei fortlaufender künstlicher Ernährung durchgeführt werden sollen?

Betreuung immer häufiger durch Fremde

Diesen schwierigen Fragen sehen sich immer häufiger gerade bei Alleinstehenden fremde, zur Betreuung eingesetzte Personen gegenüber. Hieraus ergibt sich bereits das Hauptargument für Regelungen zur frühzeitigen eigenen Vorsorge, zur genaueren Festlegung von Behandlungen bei eventuell eintretenden medizinischen Notfällen und Krankheitszuständen. Dank einer Patientenverfügung haben Betreuer einen Anhaltspunkt dafür, wie der Patient für sich entscheiden würde, wenn er dies noch könnte, und der Patient seinerseits muss keine Fremdbestimmung durch Dritte ohne eigene Einflussnahme hinnehmen.

Keine Verpflichtung zur Patientenverfügung

Eine Verpflichtung zur Abfassung einer Patientenverfügung besteht natürlich nicht, selbst wenn dies aus dem engeren familiären Umfeld oder aber auch nach Empfehlungen von dritter Seite häufig gewünscht, teilweise bei längeren schweren Erkrankungen sogar gefordert wird. Denn auch der bewusste Verzicht auf die Erstellung einer Verfügung kann bereits eine erkennbare Festlegung dahin gehend sein, dass man bei angemessener medizinischer Versorgung die Pflege und Dauerbetreuung sowie alle gebotenen, lebenserhaltenden Maßnahmen, unabhängig vom eigenen Patientenzustand, wünscht. Allerdings sollten Sie auch dies dokumentieren, um Fremdentscheidungen durch Dritte und vielleicht nicht gewollte Abhängigkeiten zu vermeiden.

Keine globalen Festlegungen

Bezüglich der schriftlichen Niederlegung von Patientenwünschen für den Fall der fehlenden eigenen Entscheidungsmöglichkeit gibt es keine globalen Festlegungen. Vom Verfasser und Verfügenden wird durchaus auch in seinem eigenen Interesse gefordert, sich recht konkret mit einzelnen Vorgaben im Hinblick auf deren Tragweite zu beschäftigen und dies auch in der Verfügung nachvollziehbar umzusetzen.

Verfügung in aller Ruhe erstellen

Erstellen Sie Ihre Patientenverfügung in aller Ruhe nach Ihren eigenen Wertvorstellungen. Informieren Sie sich bei jeglichen Zweifeln oder Bedenken in medizinischer Hinsicht bei Ihrem behandelnden Arzt über die Tragweite der getroffenen Festlegungen zu Behandlungsmaßnahmen. Vermeiden Sie auf jeden Fall auch inhaltliche Widersprüche zu Festlegungen von lebenserhaltenden und -verkürzenden Maßnahmen. ◀

Krankenkassen übernehmen übrigens die Kosten für ein Beratungsgespräch im Hinblick auf die Erstellung einer Patientenverfügung allenfalls dann, wenn die Bewertung im Zusammenhang mit einer bereits bestehenden Behandlung und Erkrankung erfolgt. Aber das Honorar für ein Beratungsgespräch in Höhe von ca. 20 € ist sicher bei diesem nicht einfachen Themenbereich verkraftbar.

Kosten für Beratungsgespräch

Für eine Patientenverfügung ist die Schriftform zwar nicht vorgesehen, aber durchaus sinnvoll.

Formerfordernis

Kopie hinterlegen

Manchmal, zum Beispiel bei einem Unfall, kann es sehr schnell gehen. Hinterlegen Sie daher – etwa bei Ihrem Hausarzt – eine Kopie der Patientenverfügung. Denn meist sind Familienangehörige bei derartigen akuten Situationen kaum in der Lage, sofort entsprechende Unterlagen aufzufinden. ◀

Wer kann mein Regelungsinteresse bezeugen?

Sofern eine Lebensgemeinschaft oder aber ein enger Kontakt zu Familie oder Angehörigen besteht, können Sie selbstverständlich diese Personen bitten, Ihren Willen durch einen entsprechenden Zusatz – mit Datumsangabe und eigenhändiger Unterschrift versehen – zu bestätigen.

In der Familiengemeinschaft

Vielen Alleinstehenden jedoch mangelt es wegen fehlender familiärer Bindungen an der Möglichkeit, vertraute Personen als „Zeugen" hinzuzuziehen. Juristisch gibt es hier keine konkrete Vorgabe, wer diese Erklärung als präsenter Zeuge abgeben darf. Sie können also jede beliebige Vertrauensperson aus Ihrem persönlichen, aber auch qualifizierte Personen aus Ihrem beruflichen bzw. geschäftlichen Umfeld um Unterstützung bitten. Dies gilt

Bei Alleinstehenden

selbstverständlich auch für Ärzte, medizinisches Personal, Betreuungspersonen und Vertrauenspersonen aus dem Pflegebereich.

Die Freunde aus dem Verein

Der allein stehende, ältere Herr Kluge lebt bereits seit Jahren selbstständig in seiner Wohnung in Norddeutschland. Er hat keinerlei leibliche Abkömmlinge, es bestehen auch kaum Kontakte zu entfernten Verwandten. Über seine Vereinsbetätigung bestehen jedoch sehr gute Freundschaften u. a. zu einem Gemeinderatsmitglied und einem Kaufmann. Eine entsprechende Bereitschaft vorausgesetzt, könnten auch diese beiden Personen die notwendige und eigenhändig unterschriebene Erklärung als Zeugen für die uneingeschränkte geistige Verfassung des Herrn Kluge zum Zeitpunkt der Abfassung der Verfügung abgeben und dies kurz mit Datumsangabe bestätigen.

Arzt als Zeuge Dem Arzt als „Zeugen" kommt eine besondere Bedeutung zu. Nicht nur besitzt er das nötige fachliche Beurteilungsvermögen, sondern man kann auch vermuten, dass die medizinische Tragweite in der Verfügung Anlass für ein ergänzendes Arzt- bzw. Beratungsgespräch war. In der Regel wird der Arzt dafür nicht einmal ein Honorar in Rechnung stellen.

Rechtzeitig „Nägel mit Köpfen" machen Warten Sie mit der Hinzuziehung eines Dritten bezüglich der Patientenverfügung aber nicht zu lange! Gerade bei Eheleuten bzw. bei Lebensgemeinschaften wird ein Handlungsbedarf nämlich meist erst dann erkannt, wenn der Partner bereits schwer erkrankt ist.

Plötzlicher Schlaganfall

Der Ehemann erleidet plötzlich einen Schlaganfall mit Teillähmung. Beide Ehepartner haben bereits seit längerer Zeit darüber diskutiert, dass man nicht nur eine Vorsorgevollmacht, sondern auch eine Patientenverfügung abfassen sollte. Die Ehefrau hat sogar bereits den ausgefüllten Vordruck zu Hause, die Erklärungen sind jedoch noch nicht unterschrieben. Mit sehr zittriger Hand leistet der Ehemann im Krankenhaus „noch schnell" seine Unterschrift. Das vorbereitete Muster enthält jedoch noch kein Errichtungs- bzw. Anpassungsdatum.

Hält diese Verfügung einer späteren juristischen Überprüfung stand, falls die Rückdatierung, aus welchen Gründen auch immer, bekannt wird? Es spricht zwar alles dafür, dass der Ehepartner für die damals beabsichtigte Verfügung nicht nur noch im Vollbesitz seiner geistigen Kräfte war, sondern die Tragweite seiner Entscheidung auch jetzt noch seinem mutmaßlichen Willen entspricht. Aber sehr schnell drängen sich Fragen auf, ob diese Verfügung auch für die weiteren Folgen aus dem jetzigen Krankheitsbild zur Anwendung kommen soll. ◄

Da derzeit mangels konkreter gesetzgeberischer Vorgaben die Schriftform für eine Patientenverfügung nicht strikt erforderlich ist, sollte die Erklärung in vergleichbaren Fällen bei noch feststellbarer geistiger Wahrnehmungsfähigkeit in Anwesenheit persönlicher Zeugen – noch besser des jetzt behandelnden Arztes – mündlich wiederholt werden.

Wiederholung der Willenserklärung

Auch und gerade wenn die Errichtung der Patientenverfügung schon längere Zeit zurückliegt, jetzt aber plötzlich eine schwere Erkrankung eingetreten ist, sollte auf jeden Fall der früher erklärte Wunsch in einer nachvollziehbaren Willenserklärung gegenüber den derzeit handelnden Ärzten nochmals kommuniziert werden.

Erneute Willenserklärung im konkreten Krankheitsfall

Praxis-Beispiel

Nehmen wir noch einmal das Beispiel des von einer Teillähmung betroffen, im Krankenhaus liegenden Ehemanns, der sich mündlich noch verständlich machen kann. Daher findet ein gemeinsames Gespräch mit dem behandelnden Stationsarzt statt, unter Vorlage der (früher bereits unterschriebenen) Verfügung und der bei noch vollem Bewusstsein abgegebenen Erklärung, dass er die dort getroffenen Verfügungen auch bei einer Verschlechterung seines jetzigen Zustands ausdrücklich so wünscht. Es ist davon auszugehen, dass der Arzt dies respektieren und beim weiteren Behandlungsverlauf berücksichtigen wird. ◄

Auch die Bundesärztekammer empfiehlt, unabhängig von der notwendigen ethischen Beurteilung bei Abfassung einer Patientenverfügung, das Gespräch mit dem Arzt des Vertrauens.

Soll ich zusätzlich eine Betreuungs- bzw. Vertrauensperson einsetzen?

Ansprechpartner für den Notfall

Die zusätzliche Benennung einer Vertrauensperson ist auf jeden Fall empfehlenswert. Selbst bei sorgfältigsten Anweisungen über eine zuvor erstellte schriftliche Patientenverfügung ist es kaum möglich, die verschiedensten, teilweise überhaupt nicht vorhersehbaren Lebenssituationen, Krankheitsverläufe und Anweisungen abschließend und umfassend zu konkretisieren. Die Begleitung und Betreuung durch eine Vertrauensperson kann gewährleisten, dass selbst bei unvorgesehenen, vielleicht abweichenden Verläufen bei stationären Behandlungen ein Ansprechpartner gegenüber Ärzten bzw. Pflegern, aber auch Seelsorgern zur Verfügung steht. Vorher festgelegte Schritte können dann auch situativ bei der Festlegung von Behandlungsmaßnahmen im Einzelnen mit der Vertrauensperson durchgesprochen werden, wenn der Patient zu solchen Entscheidungen selbst nicht mehr in der Lage ist. Und auch eventuell auftauchende Interpretationsfragen können so leichter geklärt werden.

Der Hausarzt als Vertrauensperson

Vertrauens- oder Betreuungsperson kann natürlich auch der bisher behandelnde Hausarzt sein. Sprechen Sie ihn am besten frühzeitig an, ob er bereit ist, diese zusätzliche Vertrauensstellung zu übernehmen. ◂

Um Einverständnis fragen

Die Einsetzung einer Vertrauensperson sollte nicht „stillschweigend" erfolgen, sondern Sie sollten auf jeden Fall die von Ihnen ins Auge gefasste Person fragen, ob sie diese große Verantwortung auch wirklich übernehmen will oder kann. Das Treffen von Entscheidungen – meist in der beginnenden Sterbephase – wird nämlich von vielen moralischen, ethischen und psychisch sicher belastenden Fragen und Aufgaben begleitet.

> **Vorsorgevollmacht**
>
> Soweit ohnehin beabsichtigt ist, eine Vorsorgevollmacht beim Vorsorgeregister zu hinterlegen, wird auch dort bereits in den Antragsunterlagen nach der Vertrauensperson gefragt. Gegebenenfalls wird diese Person dann sogar durch das Vorsorgeregister selbst benachrichtigt. ◄

Beziehen Sie die von Ihnen benannte Betreuungsperson mit in Ihre Überlegungen ein, wenn eine Überprüfung der bereits abgefassten Patientenverfügung zeitlich geboten ist. Fragen Sie sich dann auch, ob das Vertrauensverhältnis zu der von Ihnen benannten Person überhaupt noch besteht oder aber die Übernahme dieser Verantwortung für die benannte Person aus persönlichen – eventuell auch eigenen gesundheitlichen – Gründen überhaupt noch möglich ist. *Von Zeit zu Zeit überprüfen*

Ist diesbezüglich eine Korrektur nötig, so versehen Sie diese Angaben mit dem aktuellen Datum. Haben Sie die Betreuungsperson gleichzeitig oder in einer separaten Betreuungs- und Vorsorgevollmacht ergänzend benannt, nehmen Sie auch hier die gebotene Aktualisierung zeitnah vor.

Sie können auch für den Fall der Notwendigkeit einer Betreuerbestellung durch das Vormundschaftsgericht bestimmte Personen vorschlagen, die dann bei Eintritt des Betreuungsfalls vom Gericht zur Übernahme einer amtlichen Betreuung aufgefordert werden. Nach dem neuen Betreuungsrecht ab 1.7.2005 können auch personenunabhängig statt eines ehrenamtlich eingesetzten oder eines Berufsbetreuers anerkannte Betreuungsvereine bzw. -behörden vorgeschlagen und durch das Vormundschaftsgericht eingesetzt werden. Selbstverständlich können Sie auch bestimmte Personen für dieses Amt explizit ausschließen. *Bestellung eines Betreuers*

Muster zur Erstellung einer Patientenverfügung

Zum Thema der Patientenverfügung werden unzählige Formulierungsmuster angeboten. Die Suche im Internet führt bereits zu einer Fülle von Vorschlägen, abgesehen von unzähligen Mustern in den verschiedensten Printpublikationen. Selbst die öffentliche Hand, Behörden, gemeinnützige Organisationen, sogar Träger von Krankenhäusern, Pflegeeinrichtungen sowie *Verwirrende Fülle von Informationen* karitative bzw. kirchliche Organisationen in den vielfältigen Rechtsformen bieten Muster und Formulierungshilfen an. Aber auch zahlreiche Verbände, Selbsthilfegruppen, Vereine – teilweise kostenlos, teilweise entgeltlich. Dabei werden die unterschiedlichsten Überschriften gewählt, z. B. Patientenbrief, Patientenanwaltschaft, sogar irreführend Patiententestament u. Ä. Vor diesem Hintergrund ist eine gewisse Verunsicherung verständlich. Bereits die vom Bundesjustizministerium eingesetzte Expertenkommission kam im Frühjahr 2004 zu weit über 180 verschiedenen Mustern.

Angebote von Mustern von Patientenverfügungen

Eine Liste von angebotenen Mustern finden Sie u. a. im Internet unter der Adresse www.medizinethik.de.   ◄

Dabei führen die unterschiedlichsten Ausgangsüberlegungen, Anschauungen und Wertvorstellungen zu den verschiedensten inhaltlichen Formulierungsvorschlägen.

Zunächst Grobentwurf

Erstellen Sie nach diesen Hinweisen, Textmustern und auch Erläuterungen einen ersten Grobentwurf und holen Sie sich dann für die Endfassung die gebotene juristische Beratung ein.   ◄

Ausgehend von der Erfahrung, dass zu viele Textbausteine mit Detailvorschlägen den Leser vor zu große Probleme stellen und ihm vielleicht auch zu viele Einzelentscheidungen abverlangen, enthält das nachfolgende Muster nur wenige Ergänzungsmodule.

Alternativvorschläge

Prüfen Sie durchaus auch die Alternativvorschläge zur Abfassung von Verfügungen auf der beigefügten CD-ROM.   ◄

Das ideale Muster für Patientenverfügungen kann es nicht geben. Selbst die vom Bundesjustizministerium eingesetzte Expertenkommission verzichtete bewusst auf die Vorlage eines eigenen Mustertextes. Eine Patientenverfügung ist immer etwas sehr Individuelles.

Natürlich können Sie in Ihrer Patientenverfügung eingangs erläutern, welche persönlichen Erfahrungen Sie zu dieser Verfügung veranlasst haben, wie Ihre Vorstellungen zum Thema „würdevolles Sterben" aussehen usw. Auf solche Einleitungssätze wurde im nachfolgenden Muster bewusst verzichtet, da es hier wirklich keine sinnvollen, allgemeinen Vorschläge geben kann. Dennoch sind solche Eingangssätze – eventuell unter der Überschrift „Präambel" – durchaus hilfreich, um Außenstehenden den hinter der Patientenverfügung stehenden Willen einsichtig zu machen und ihm entsprechende Entscheidungen zu erleichtern. Auch religiöse und seelsorgerliche Bedürfnisse finden in der Präambel ihren Platz. Wichtig ist aber auf jeden Fall, dass ergänzende Erläuterungen am Anfang der Patientenverfügung, am Ende oder bei den einzelnen Ziffern mit berücksichtigt werden. *Präambel*

Zunächst einmal sollten Sie eine persönliche Kernaussage treffen: Möchte ich, dass selbst bei einem sicheren tödlichen Verlauf einer Krankheit alles in medizinischer Hinsicht getan wird, dass ich so lange wie möglich am Leben bleibe? Egal für welche Zeiträume und bewusst mit der Inkaufnahme zusätzlicher, vielleicht noch gar nicht absehbarer persönlicher Leiden? Oder – dies ist wohl die überwiegende Tendenz bei dem Entschluss für eine Patientenverfügung – sollen Ärzte, Pflegepersonal, aber auch Vertrauenspersonen die Vorgabe erhalten, dass in einem bestimmten Stadium auf lebenserhaltende Maßnahmen grundsätzlich verzichtet wird? *Kernaussage*

Die Vorgaben im nachfolgenden Muster sehen z. B. den Ausschluss von weiteren schweren operativen Eingriffen vor, etwa die Entfernung von Krebsgeschwüren oder Organen, wenn in medizinischer Hinsicht die Krankheit bereits einen irreversiblen, tödlichen Verlauf genommen hat. Ergänzend könnte man auch konkret festlegen, dass bei allgemeiner körperlicher Schwäche, insbesondere in der Sterbephase, Herzanimationen ebenfalls unterbleiben sollen. Andererseits ist davon auszugehen, dass die Ärzte bei Kenntnis eines entsprechenden Patientenwillens dies ohnehin in angemessener Weise berücksichtigen werden.

Eine Entscheidung ist auch für den Bereich Organspende zu treffen, wobei Sie die jeweils nicht zutreffende Passage im nachfolgenden Muster entsprechend streichen sollten. *Organspende*

Gespräch mit dem Arzt

Nutzen Sie im Zusammenhang mit der Erstellung Ihrer Patientenverfügung das Gespräch mit dem Arzt Ihres Vertrauens, und zwar nicht nur zu medizinischen Fragen und Beurteilungen, sondern durchaus auch zu Randfragen zur angemessenen Pflege, Einschaltung von Vertrauenspersonen und deren Begleitung in diesen letzten, manchmal kurzen, bei Pflegefällen aber auch durchaus längeren Zeiträumen. Welche Möglichkeiten gibt es, über Schmerzzustände und zusätzliche Leiden hinaus auch etwaige Angstgefühle etc. auszuräumen bzw. zu vermeiden?   ◀

Hier nun unser Mustervorschlag:

Patientenverfügung

Sollte ich, _____, geboren am _____, wohnhaft in _____, derzeit im Vollbesitz meiner geistigen Kräfte, aufgrund einer möglichen Gebrechlichkeit bzw. Bewusstlosigkeit nicht mehr in der Lage sein, meine eigenen Wünsche, Vorstellungen und meinen eigenen Willen gegenüber behandelnden Ärzten zu äußern, so möchte ich über nachfolgende

Patientenverfügung

bereits jetzt Folgendes festlegen:

1. Ich bevollmächtige hiermit _____, wohnhaft in _____, geboren am _____, mich in allen medizinischen Angelegenheiten zu vertreten. Mein__ Bevollmächtigte__ darf in sämtliche Maßnahmen zur Diagnose und Behandlung von Krankheiten einwilligen, die Einwilligung hierzu verweigern oder zurücknehmen, Krankenunterlagen einsehen und in deren Herausgabe an Dritte einwilligen. Zu diesem Zweck entbinde ich die mich behandelnden Ärzte und deren nichtärztliche Mitarbeiterinnen und Mitarbeiter gegenüber meine__ Bevollmächtigten von der Schweigepflicht. Die Entscheidungen meine__ Bevollmächtigten sind für die behandelnden Ärzte verbindlich. Diese Bevollmächtigung ist jederzeit ohne besondere Form widerruflich. Sollte mein__ Bevollmächtigte__ nicht in der Lage oder hierzu bereit sein, benenne ich _____, geboren

am _____, wohnhaft in _____ als meine__
Ersatzbevollmächtigte__.

2. Dies vorausgeschickt, erkläre ich hiermit, dass ich im Falle irreversibler Bewusstlosigkeit, wahrscheinlicher schwerer Dauerschädigung des Gehirns oder des dauernden Ausfalls lebenswichtiger Funktionen meines Körpers oder bei ungünstiger Prognose hinsichtlich meiner Erkrankung mit einer Intensivtherapie oder Reanimation nicht einverstanden bin. Für den Fall, dass durch eine solche ärztliche Maßnahme nicht mehr erreicht werden kann als eine Verlängerung des Leidens, verweigere ich hiermit ausdrücklich die Zustimmung zu weitergehenden ärztlichen Eingriffen, zumal wenn sie mit erheblichen Schmerzen und Leidenszuständen verbunden sind.

3. Sollten Diagnose und Prognose der mich dann behandelnden Ärzte – ungeachtet der Möglichkeit einer Fehldiagnose – ergeben, dass meine Krankheit zum Tode führen und mir aller Voraussicht nach große Schmerzen bereiten wird, so wünsche ich keine weiteren diagnostischen Eingriffe und keine Verlängerung meines Lebens mit den Mitteln der Intensivtherapie. Sollte ich eine Hirnschädigung oder eine Gehirnerkrankung haben, durch die meine normalen geistigen Funktionen schwerwiegend und irreparabel geschädigt worden sind, so bitte ich um eine Einstellung der Therapie, sobald durch die behandelnden Ärzte festgestellt wird, dass ich künftig nicht mehr in der Lage sein werde, ein menschenwürdiges Dasein zu führen. Dies gilt insbesondere dann, wenn ich bei schwersten körperlichen Leiden und/oder in Dauerbewusstlosigkeit ohne medizinisch begründete Aussicht auf Wiedererlangung des Bewusstseins in einem Koma, auch Wachkoma, liege, sowie für den Fall, dass bei geistigem Verfall keinerlei medizinisch begründete Aussicht mehr auf eine Wiederherstellung eines erträglichen und menschenwürdigen Lebens gegeben ist. Dies gerade für den Fall, dass ich mich in einem medizinisch nicht mehr abwendbaren Sterbeprozess befinde, und auch für das Endstadium einer tödlich verlaufenden, unheilbaren Krankheit, wenn die Sterbephase noch nicht begonnen hat. Es sollen dann keine Reanimations- oder lebenserhaltende Maßnahmen an mir vorgenommen werden, insbesondere keine Intensivtherapie, Transplantationen, operative Eingriffe und/oder künstliche

Lebensverlängerung durch künstliche Beatmung oder Herzwiederbelebungsmaßnahmen.

4. Bei Verlust meiner Kommunikationsfähigkeit und einem nach meiner Festlegung erfolgten Verzicht bzw. Abbruch von lebensverlängernden Maßnahmen wünsche ich auch keine künstliche Ernährung oder Flüssigkeitszufuhr durch Sonden und Infusionen im Bewusstsein, dass damit eine nach meiner Ansicht nicht notwendige Verlängerung meines Leidens- und auch Sterbeprozesses vermieden wird, jedoch bei Beachtung einer menschenwürdigen Pflege und Unterbringung mit sachgerechter, angemessener medizinischer Begleitung.

5. Wenn ich die Ärzte bitte, das Recht auf einen nach meinen Vorstellungen und Wünschen würdigen Tod zu achten, so heißt das nicht, dass ich damit die ärztliche Hilfe und Behandlung bzw. Pflege in der Form ausreichender Medikation und Leidensminderung generell ablehne. Vielmehr setze ich mein Vertrauen in von ärztlicher Seite aus anzuordnende schmerzlindernde Medikation, palliative Behandlungsmaßnahmen, bewusstseinsdämpfende Mittel zur Schmerz- und Symptombehandlung, auch wenn diese zur Bewusstseinsausschaltung oder wegen ihrer Nebenwirkungen zu einem früheren Ableben führen sollten.

6. Für die oben beschriebenen Fälle verfüge ich, dass mögliche Begleiterkrankungen dann nicht behandelt werden und eine bereits begonnene Behandlung abgebrochen werden soll.

7. Ich wünsche, dass die oben getroffenen Regelungen für den behandelnden Arzt und/oder Verantwortlichen als bindend und meinem Willen entsprechend angenommen werden. Die Adressaten dieser Patientenverfügung sollen an meine Erklärungen gebunden sein.

8. In der akuten Situation soll mir im Weiteren keine Änderung meines in dieser Verfügung bekundeten Willens unterstellt werden. Für den Fall einer Willensänderung werde ich dafür Sorge tragen, dass mein geänderter Wille erkennbar zum Ausdruck kommt.

9. (Falls nicht zutreffend, streichen:) Für den Fall meines Todeseintritts bestimme ich ergänzend, dass ich mit einer Obduktion meines Körpers einverstanden bin, dies gilt auch für gebotene Organentnahmen bei Sicherstellung einer ordnungsgemäßen Organspende. Ich bin Organspender und verweise insoweit auf den vorhandenen Organspenderaus-

weis in meinen persönlichen Unterlagen. Die dort erklärten Verfügungen gelten ergänzend nach wie vor.

10. (Falls nicht zutreffend, streichen:) Ich lehne jegliche Entnahme meiner
Organe nach meinem Tode zu Transplantationszwecken ab.

11. (Je nach Wunsch, sonst streichen:) Ich bin grundsätzlich mit einer Obduktion einverstanden, wenn sich dadurch die Ursache meines Ablebens klären lässt.

12. (Je nach Wunsch, sonst streichen:) Ich wünsche die seelsorgerische
Begleitung durch einen Vertreter/Beistand der _____
Kirche, auch in meiner Sterbephase bei Beachtung meines religiösen
Empfindens und meiner Wertevorstellungen bei bestehender Kirchen-
zugehörigkeit.

13. (Je nach Wunsch, sonst streichen:) Ich wünsche die Begleitung eines
hospizlichen Beistands/folgender Person/en: _____

Hinweisen möchte ich darauf, dass ich zudem eine Vorsorgevollmacht mit
Betreuungsverfügung bereits errichtet habe.
Diese Patientenverfügung gilt unabhängig von den separat erteilten Voll-
machten.

_____, den _____

_____
Unterschrift des Vollmachtgebers und Verfügenden

Zeugenbestätigung:

Zeuge 1:

Ich bestätige heute mit meiner Unterschrift, dass Frau/Herr _____
obige Patientenverfügung eigenhändig und für mich erkennbar im Vollbesitz seiner/ihrer geistigen und körperlichen Kräfte verfasst hat, selbstbestimmt und ohne jeglichen äußeren Einfluss. Frau/Herr _____ ist
nach voller Überzeugung des Unterzeichners, die auf dem persönlichen
Eindruck und dem ständigen Kontakt zu ihr/ihm beruht, ohne jeden Zweifel geschäfts-/einsichtsfähig.

Als Zeuge: Frau/Herr _____, geboren am
_____, wohnhaft _____.

_____

Datum, Unterschrift des Zeugen

Zeuge 2:

Ich bestätige heute mit meiner Unterschrift, dass Frau/Herr _____
obige Patientenverfügung eigenhändig und für mich erkennbar im Vollbesitz seiner/ihrer geistigen und körperlichen Kräfte verfasst hat, selbstbestimmt und ohne jeglichen äußeren Einfluss hierzu verfügte. Frau/Herr
_____ ist nach voller Überzeugung des Unterzeichners, die auf den
persönlichen Eindruck und dem ständigen Kontakt zu ihr/ihm beruht, ohne
jeden Zweifel nach meiner Überzeugung geschäfts-/einsichtsfähig.

Als Zeuge: Frau/Herr _____, geboren am
_____, wohnhaft _____.

_____

Datum, Unterschrift des Zeugen

Bei Ärzten als „Zeugen", zusätzlich oder ausschließlich, könnte am Ende
einer Verfügung nachfolgender Formulierungsvorschlag angefügt werden:

Als zugezogener Arzt bestätige ich hiermit, dass nach einem Beratungsgespräch über die medizinischen Konsequenzen zu den inhaltlichen Festlegungen in dieser Patientenverfügung diese heute in meiner Gegenwart eigenhändig unterschrieben wurde. Im Weiteren bestehen keine Zweifel an der Einsichtsfähigkeit, der Selbstbestimmung des freien Willens und Einwilligungsfähigkeit für die getroffene Verfügung.

_____

(Ort, Datum und eigenhändige Unterschrift des Arztes mit Praxisstempel)

Wo soll ich die Patientenverfügung aufbewahren?

Eine gerichtliche Hinterlegung, ein staatliches Register zur Aufbewahrung von Originalen gibt es für Patientenverfügungen noch nicht. Dies ist allenfalls in einzelnen Bundesländern bei Hinterlegung einer Betreuungsverfügung mit ergänzender, angeschlossener Patientenverfügung möglich. Bei einer notariell errichteten Verfügung befindet sich die Abschrift der Urkunde beim Notariat, das beurkundete Orginal wird dem Verfügenden zugesandt bzw. ausgehändigt.

Allerdings besteht durchaus die Möglichkeit, die Patientenverfügung beim Arzt Ihres Vertrauens oder bei einem Anwalt verschlossen zu hinterlegen oder auch bei nahen Angehörigen oder sonstigen Vertrauenspersonen. Achten Sie dabei stets auf die sofortige Verfügbarkeit.

Zudem gibt es bereits einige Träger und Organisationen, die bereit sind, über ein eigenes Archiv Verfügungen entgegenzunehmen und dort sachgerecht registriert aufzubewahren, so z. B. die Deutsche Hospiz Stiftung (Adresse: Europaplatz 7, 44269 Dortmund), das DRK (DRK-Ortsverein Mainz, Zentralarchiv, Altenauergasse 1, 55116 Mainz) oder der Humanistische Verband Deutschland (Bundeszentralstelle, Abteilung Patientenverfügung, Wallstraße 65, 10179 Berlin). Ob Hinterlegungsgebühren verlangt werden – bei bestehenden Mitgliedschaften ist diese Leistung teilweise eingeschlossen –, sollten Sie ergänzend erfragen. Als weitere Leistungen werden auch oft automatische Erinnerungen zur Aktualisierung der hinterlegten

Gerichtliche Hinterlegung (noch) nicht vorgesehen

Einschlägige Organisationen

Verfügung angeboten, den damit verbundenen Kostenaufwand sollten Sie jedoch überprüfen.

Sorgfältig aufbewahren und vertraute Menschen informieren

Im Zusammenhang mit der Errichtung und der beabsichtigten Eigenverwahrung einer Patientenverfügung sollten Sie das Original wie andere sensible Dokumente auch, z. B. Familienstammbuch, Vollmachten, Testamente etc., bei den persönlichen Unterlagen sorgfältig aufbewahren. Informieren Sie Vertrauenspersonen oder auch Ihren Hausarzt hierüber oder übergeben Sie diesen Personen eine Fotokopie, offen oder verschlossen im Umschlag.   ◄

Notfallausweis   Sie können sich auch entsprechend beigefügtem Muster diesen kleinen Hinweis in Ihre Ausweispapiere oder in Ihre Geldbörse legen:

Mein persönlicher Notfallausweis

Für den Fall einer schweren Erkrankung, eines Unfalls und erkennbarer Beeinträchtigung meiner körperlichen/geistigen Leistungsfähigkeit weise ich von meiner Seite aus darauf hin, dass eine

Patientenverfügung   ☐

Vorsorgevollmacht/Betreuungsverfügung   ☐

bereits erstellt wurde. Diese Verfügungen/Vorgaben und Wünsche sollen von Ärzten, Pflegern und den Krankenhäusern/Pflegeeinrichtungen usw. beachtet werden.

Zu meiner Person:
Name und Geburtsdatum, derzeitige Anschrift/Telefonnummer:

_____

_____

Die vollständigen Schriftstücke sind hinterlegt bei/ befinden sich:

_____

Eine Registrierung beim Zentralen Vorsorgeregister ist zusätzlich erfolgt:
          ja ☐   nein ☐

Weitere Hinweise: _____

Ich bin Organspender: ja ☐   nein ☐

Im Notfall bitte unbedingt verständigen (Name, Telefon):

_____

_____

_____

(Ort, Datum, eigenhändige Unterschrift)

Bei Einweisungen oder bei der Aufnahme in Krankenhäuser und Pflegeeinrichtungen wird mittlerweile auch häufig nach eventuell vorhandenen Betreuungsvollmachten und Patientenverfügungen gefragt. Dies ist dann sicherlich der richtige Anlass, sich nochmals Gedanken über die Fortgeltung früher getroffener Verfügungen zu machen und sie ggf. nochmals mit kurzem Hinweis zu bestätigen.

Nachfrage von Krankenhaus oder Heim

Ergibt sich allerdings, dass die Auffassungs- und Wahrnehmungsgabe und Einsichtsfähigkeit des Betroffenen beeinträchtigt ist, wird eine Klärung der Vorsorgemaßnahmen und die Nachfrage zu vorhandenen Vollmachtserteilungen und Patientenverfügungen durch Rücksprache bei den Begleitpersonen bzw. Angehörigen erfolgen.

Vermerk beim Vorsorgeregister

Im Zuge der Anmeldung der Vorsorgevollmacht beim zentralen Vorsorgeregister der Bundesnotarkammer können Sie dort auch vermerken, dass eine Patientenverfügung zusätzlich erstellt und vorhanden ist. ◄

Experten-Tipp

Rechtliche Hintergründe zur ärztlichen Behandlung am Lebensende

Zum Bereich Patientenverfügung und (mögliche) Sterbehilfe bedarf es einiger Erläuterungen.

Wer ist befugt? Zur Errichtung einer Patientenverfügung ist jeder befugt, der hinreichend Gewähr dafür bietet, dass er die Tragweite der inhaltlichen Festlegungen verstanden hat. Dies gilt dem Grund nach selbst für teilweise in ihrer Geschäftsfähigkeit eingeschränkte Personen und eventuell sogar dann, wenn bereits eine Amtsbetreuung für einzelne Bereiche vorliegt, z. B. für Vermögensangelegenheiten. In einem solchen Fall ist die Einschaltung eines Arztes jedoch auf jeden Fall zu empfehlen.

Minderjährige Auch Minderjährige können sich bereits über Patientenverfügungen festlegen. Bei Eintritt des Ernstfalls bei Personen unter 18 Jahren muss allerdings davon ausgegangen werden, dass die dann behandelnden Ärzte die separate Zustimmung der Eltern oder anderer sorgeberechtigter Personen zu bestimmten Behandlungsmaßnahmen verlangen.

Sterbehilfe und Rechtsprechung

Ergänzend zu diesem Thema wurden schon über Jahre hinweg zumindest in rechtlicher Hinsicht die Grundlagen und Grenzen für eine (noch) zulässige Sterbehilfe diskutiert, und zwar vorrangig mit dem Blickwinkel auf eine mögliche Strafbarkeit des Arztes oder auch des Pflegepersonals.

Der zivilrechtliche Aspekt Spätestens seit 2003 jedoch ist der zivilrechtliche Aspekt einer Disposition in Bezug auf die Vorsorge bei ärztlichen Behandlungen eindeutig in den Vordergrund gerückt. Zwar gibt es noch relativ wenige obergerichtliche Entscheidungen zu der Frage, ob man in rechtlich abgesicherter Weise eine persönliche Vorsorge mit Anweisungen zur ärztlichen Behandlung über Patientenverfügungen oder Vorsorgevollmachten treffen kann. Jedoch zeigt auch das immer noch nicht abgeschlossene Gesetzgebungsverfahren des Bundesjustizministeriums in Bezug auf eine gesetzliche Regelung für Patientenverfügungen erkennbar auf, dass diese wenige Rechtsprechung durchaus einen Einfluss auf den Gesetzgeber hat.

Neben diversen Verfahren bei Oberlandesgerichten nahm der Bundesgerichtshof mit seinem Beschluss v. 17.03.2003 (XII ZR 2/03) bereits zu der Kernfrage der Zulässigkeit der Einstellung lebenserhaltender Maßnahmen durch die Entscheidungsbefugnis eines Betreuers sowie zur Verbindlichkeit vorhandener Patientenverfügungen Stellung. Hierbei ging es um die Einstellung der künstlichen Ernährung für einen im Koma liegenden Patienten. Gerichtlich zu klären war die Frage, ob für einen derartigen Antrag eines Betreuers ein Vormundschaftsgericht die Zustimmung für den Behandlungsabbruch ergänzend erteilen muss. Dieser Komapatient hatte bereits rechtzeitig schriftlich verfügt, dass er „im Falle seiner irreversiblen Bewusstlosigkeit, schwerster Dauerschäden seines Gehirns oder im Endstadium einer zum Tode führenden Krankheit" keine Intensivbehandlung, sondern vielmehr die Einstellung der künstlichen Ernährung verlange. Der XI. Zivilsenat des Bundesgerichtshofs verwies das Verfahren im Jahr 2003 an die erste Instanz mit der Maßgabe zurück, dass u. a. zunächst in tatsächlicher Hinsicht geprüft werden müsse, ob die Bewusstlosigkeit des Komapatienten tatsächlich irreversibel sei und ein zeitlich unabhängiger, erkennbarer tödlicher Verlauf prognostiziert werden könne.

Einstellung lebenserhaltender Maßnahmen

Diese Entscheidung löste heftige öffentliche Kritik aus, bis hin zu einer teilweise mehr als unglücklichen Presseberichterstattung dahin gehend, dass eine persönliche, schriftliche Patientenverfügung in rechtlicher Hinsicht nicht mehr ausreiche. Der BGH habe mit seinem Urteil angeblich insgesamt in Frage gestellt, dass einer Patientenverfügung tatsächlich ein rechtlicher Stellenwert zukommt. Die verschiedensten Interpretationen dieses BGH-Beschlusses führten auch zu teilweise lebhaften kontroversen Diskussionen, insbesondere im medizinisch-rechtlichen Schrifttum, und zu einer Verunsicherung vieler Ärzte, Pfleger und Betreuer für anstehende Entscheidungen, speziell bei Komapatienten. Sogar der Nationale Ethikrat befasste sich mit diesem Beschluss, was dann auch wiederum dazu führte, dass das Bundesjustizministerium eine besondere Arbeitsgruppe mit dem Untersuchungsauftrag einsetzte, ob man tatsächlich zur Sicherung der Patientenautonomie am Lebensende noch einer besonderen gesetzlichen Regelung bedürfe. Im Ergebnis führte dies zu einer ersten gesetzgeberischen Umsetzung, wobei – um es vorwegzunehmen – auf parlamentarischer Ebene die Diskussion um eine abschließende gesetzliche Regelung derzeit (Stand Mai 2005) immer noch nicht abgeschlossen ist.

Große Verunsicherung

Gesetzentwurf

Den bisher vorliegenden Gesetzentwurf und den Formulierungsvorschlag des Justizministeriums zur gesetzlichen Neuregelung über eine Ergänzung des Bürgerlichen Gesetzbuchs finden Sie auf Ihrer beigefügten CD-ROM.   ◀

Nach diversen neueren Stellungnahmen des Justiziministeriums ist davon auszugehen, dass sich Bundestag und Bundesrat wohl erst im Spätherbst 2005 nach weiteren Beratungen mit der angekündigten BGB-Änderung auf parlamentarischer Ebene beschäftigen werden. Erst dann lassen sich etwas gefestigtere Tendenzen für die Neuregelung erkennen.

Versucht man, die Rechtsprechung und aktuelle Diskussion zum Thema Sterbehilfe ein wenig zu analysieren, so zeigt sich, dass der Bundesgerichtshof keinesfalls eine Grundsatzentscheidung dahin gehend getroffen hat, dass eine abgefasste Patientenverfügung ins Leere läuft.

Medizinische Beurteilung Unstreitig dürfte zunächst einmal der Grundsatz sein, dass eine jegliche Vorkehrung zur Einstellung der lebenserhaltenden Maßnahmen einer vorherigen medizinischen Beurteilung bedarf. Somit muss der eingeschaltete Arzt unter Berücksichtigung seines Behandlungsziels über eine nachvollziehbare medizinische Indikation eine Entscheidung für oder gegen weitere lebenserhaltende Maßnahmen befürworten. Erst im zweiten Schritt geht es dann um die Kernfrage der sog. Patientenautonomie, d. h. der freien Entscheidung des Patienten, ob er entsprechend der medizinischen Einschätzung weiter behandelt und versorgt werden möchte oder nicht. Jeder Arzt ist daher zunächst verpflichtet, dieses Selbstbestimmungsrecht des Patienten zu beachten. Also muss geklärt werden, ob ein Patient das Angebot lebenserhaltender Maßnahmen annehmen möchte oder nicht. Oder möchte er möglicherweise eine früher erteilte Einwilligung jetzt widerrufen, also einem dargelegten Behandlungsabbruch nicht mehr zustimmen?

Die Beantwortung solcher Fragen ist natürlich dann schwierig, wenn der Patient selbst nicht mehr zur Abgabe einer Zustimmungserklärung in der Lage ist. Denn in solchen Fällen kann der jeweils behandelnde Arzt seine Diagnose, seine medizinische Einschätzung und Beurteilung sowie die Folgen hieraus nicht mehr mit dem Patienten besprechen und ihn auch nicht über Risiken, auch in Bezug auf die Möglichkeiten einer (fehlenden) Weiterbehandlung, vollumfänglich aufklären.

Daher sollte man zum Verständnis der Rechtswirksamkeit von Patientenverfügungen zunächst einmal unterscheiden zwischen

- dem einwilligungsunfähigen Patienten, der sich bereits über eine vorliegende Patientenverfügung oder über sonstige Hinweise bzw. Willenserklärungen zur Frage einer Weiterbehandlung nachvollziehbar und klar geäußert hat, und
- dem Patienten, der in der Vergangenheit keine diesbezügliche Regelung getroffen hat und das Thema des möglichen Behandlungsabbruchs damit zum Zeitpunkt für diesen Notfall nicht mehr selbst beurteilen bzw. entscheiden kann.

Erst wenn ein mutmaßlicher Wille des handlungsunfähigen, bewusstlosen Patienten nicht vorhanden ist und es auch an einer Patientenverfügung fehlt, stellt sich die Frage, ob ein gesetzlicher Betreuer eingeschaltet werden soll oder die Entscheidung des Vormundschaftsgerichts erforderlich ist.

Mutmaßlicher Wille des Patienten

Der „mutmaßliche Wille" des Patienten lässt sich u. a. aus den vorhandenen Aufzeichnungen nach einem konkreten Gespräch mit dem behandelnden Arzt oder ggf. sogar aus Gesprächen mit mehreren Ärzten, wenn sich dies aus den Behandlungsunterlagen ergibt, sicher zutreffend erkennen. Derartige „Vorausverfügungen" werden grundsätzlich als Alternative zu einer Patientenverfügung zur Festlegung späterer Behandlungsmaßnahmen anerkannt. Aber auch in solchen Fällen kann das rein praktische Problem auftreten, dass den behandelnden Ärzten in einem Krankenhaus nicht unbedingt und automatisch bekannt sein muss, dass derartige Vorausverfügungen zu früheren Zeiten, ggf. an einem anderen Ort, gegenüber einem erstbehandelnden Arzt oder vielleicht sogar dem Hausarzt getroffen wurden. Dieser kleine Hinweis auf mögliche Lücken in Bezug auf die Informationsbeschaffung zeigt bereits auf, dass einer schriftlich abgefassten Patientenverfügung ein sehr hoher Stellenwert zukommt. Denn bei Vorlage und Kenntnis der Patientenverfügung gegenüber dem jetzt behandelnden Arzt liegt einfach ausgedrückt eben mehr vor als ein mutmaßlicher Wille, mit allen damit verbundenen Restrisiken.

Vorausverfügungen

Um nochmals auf den Bundesgerichtshof und seine Entscheidungsgründe zurückzukommen: Hier wurde grundsätzlich anerkannt, dass eine Patientenverfügung mehr ist als ein bloßes Indiz für einen mutmaßlichen Willen und es sich vielmehr um eine zu akzeptierende Eigenerklärung des Patienten handelt. Dieser Patient war aufgrund seines Selbstbestimmungsrechts daher auch berechtigt, ohne eine vorherige ausführliche Aufklärung oder Beratung durch einen Arzt in Bezug auf die Folgen eines Verzichts auf lebenserhaltende Maßnahmen eine später zu beachtende Entscheidung zu treffen. Die Abfassung einer Patientenverfügung dokumentiert eindeutig den Willen in Bezug auf das Selbstbestimmungsrecht für bestimmte anstehende Behandlungsmaßnahmen – allerdings auch mit dem Risiko, dass bei einer irreversiblen Bewusstlosigkeit die Möglichkeit ausscheidet, sich später doch noch anders zu entscheiden.

Widerruf auch mündlich

Die Festlegung eines Behandlungsverzichts bei vorgegebenen Krankheitsverläufen über eine zuvor schriftlich abgefasste Patientenverfügung bedeutet jedoch nicht unbedingt, dass eine gegenteilige, aktuelle Auffassung nicht mehr durchgesetzt werden kann. Denn anders als etwa bei einem handschriftlichen Testament dürfte hier bei einer noch absehbaren Möglichkeit zu einer Willensäußerung sicherlich die Abgabe einer entsprechenden mündlichen Erklärung gegenüber dem akut behandelnden Arzt, dem Pflegepersonal oder nahen Angehörigen genügen.

Wann ist die Einschaltung des Vormundschaftsgerichts notwendig?

Ebenfalls durch die bereits kurz dargestellte neuere Rechtsprechung des Bundesgerichtshofs ist vorbehaltlich einer künftigen gesetzgeberischen Regelung der Streit darüber ausgelöst worden, ob man trotz Patientenverfügung einen Betreuer benötigt, ob dieser anstelle des handlungsunfähigen Patienten handeln darf oder ob darüber hinaus sogar die Zustimmung des Vormundschaftsgerichts notwendig ist.

Würdigt man die Auffassung des Bundesgerichtshofs, so tritt der bestellte Betreuer als gesetzlicher Vertreter an die Stelle des einwilligungsfähigen Patienten, wenn Letzterer zur Frage von lebensverlängernden Maßnahmen und zum Abbruch von Weiterbehandlungsmaßnahmen nachvollziehbar keine Erklärung abgeben kann. Für Ärzte, Pflegepersonal und vor allem natürlich für den eingesetzten Betreuer wird es dann schwierig, wenn es sich um eine fremde Betreuungsperson handelt, die etwa durch das Vormundschaftsgericht bestellt wurde und vor der Übernahme der Betreuungstätigkeit überhaupt nicht mehr die Möglichkeit hatte, sich mit dem ggf. schwer erkrankten, derzeit handlungsunfähigen Patienten diesbezüglich zu verständigen. Natürlich muss sich ein Betreuer zunächst einmal an dem mutmaßlichen Willen des Betreuten orientieren, wenn er von Seiten des behandelnden Arztes vor eine entsprechende Entscheidung gestellt wird. Zudem sieht auch das Bürgerliche Gesetzbuch grundsätzlich für die Betreuungsfälle vor, dass entsprechend § 1901 BGB das „Wohl" der Betreuungsperson vorrangig im Vordergrund stehen muss.

Empfiehlt der Arzt aufgrund bestimmter medizinischer Erkenntnisse einen Abbruch der lebenserhaltenden Maßnahmen, wird der damit konfrontierte Betreuer sicherlich unverzüglich die Rücksprache mit ggf. aus den Krankenhausunterlagen bekannten nahen Angehörigen oder Vertrauenspersonen nehmen.

Manchmal müssen sich jedoch die bestellten Betreuer selbst bei Kenntnis einer Patientenverfügung die konkrete Frage stellen, ob sie für die Zustimmung zum Verzicht auf lebenserhaltende Maßnahmen eine Entscheidung des Vormundschaftsgerichts nach § 1904 BGB einholen müssen. Gerade im Fall eines Komas ist im Hinblick auf die teilweise kontroverse Rechtsprechung davon auszugehen, dass sich der erst später bestellte amtliche Betreuer die Zustimmung durch das Vormundschaftsgericht zum Behandlungsabbruch ergänzend einholen wird. Dies hat allerdings die manchmal kaum noch nachvollziehbare Konsequenz, dass bis dahin trotz klarer gegenteiliger ärztlicher Empfehlung die Ärzte und auch das Pflegepersonal zu einer Weiterführung von Behandlungsmaßnahmen verpflichtet bleiben. Andererseits kann sich ein bestellter Betreuer damit vor möglichen späteren strafrechtlichen Vorwürfen schützen.

Bei Komapatienten Vormundschaftsgericht einschalten

Derartige Konfliktsituationen treten jedoch häufig nur dann ein, wenn z. B. der behandelnde Arzt selbst Bedenken gegen die wirksame Errichtung einer ihm vorgelegten, früheren Patientenverfügung hat oder aber der Betreuer bei der ihm vorliegenden Anfrage der Umsetzung des Patientenwillens über eine vorliegende Patientenverfügung höchste Bedenken gegen die damalige Entscheidungsfähigkeit seiner Betreuungsperson hegt.

Ist eine Patientenverfügung gerichtlich durchsetzbar?

Kein sofort durchsetzbarer Anspruch

Egal ob es sich um eine selbst errichtete Patientenverfügung handelt oder um die Unterzeichnung einer erstellten Dokumentenvorlage durch einen zuvor konsultierten Notar bzw. Rechtsanwalt, einen sofort durchsetzbaren Anspruch auf Behandlungsabbruch gibt es wohl weder gegenüber den zur Entscheidung berufenen Ärzten noch gegenüber dem Pflegepersonal und selbstverständlich auch nicht gegenüber behandelnden Kliniken, Krankenhäusern oder Pflegeheimen als in Betracht kommende Rechtsträger.

Verweigert also der Arzt etwa im Fall eines Komapatienten den Abbruch der künstlichen Ernährung, kann dies allenfalls über einen langwierigen zivilrechtlichen Klageweg durchgesetzt werden. Ansonsten besteht immer noch das Recht der behandelnden Ärzte oder des Pflegepersonals, einen geltend gemachten Anspruch aus der vorgelegten Patientenverfügung, auch gegenüber dem Betreuer bzw. Angehörigen, aus ethisch-moralischen Gründen abzulehnen.

Medizinische Zweifelsfälle

Ist die medizinische Beurteilung, ob die Krankheit des Patienten schon einen tödlichen Verlauf genommen hat, nicht klar feststellbar, bleibt, falls der Abbruch lebenserhaltender Maßnahmen gewünscht wird, nur der Weg, dies durch Einschaltung des Vormundschaftsgerichts über den Klageweg klären zu lassen.

Strafrechtliche Aspekte und Hintergründe

Schutz des Lebens hat Vorrang

Zunächst gilt uneingeschränkt der Grundsatz, dass der Schutz des Lebens Vorrang hat. Jeder ärztliche Eingriff, lässt man den Fall einer absoluten Notfallsituation mit sofortigem, akutem Handlungsbedarf und unterstelltem Einverständnis außer Betracht, bedarf jedoch der vorherigen Einwilligung des Patienten. Ist kein mutmaßlicher Wille feststellbar, liegt keine frühere schriftliche oder mündliche Erklärung vor, kann sich bei fehlender Entscheidungsfähigkeit des zu behandelnden Patienten die Frage der Einschaltung von bekannten Vertrauenspersonen bzw. einer Betreuerbestellung stellen. Ansonsten ist jeder Arzt, auch das Pflegepersonal, verpflichtet, die medizinisch indizierten Behandlungsmaßnahmen mit der Zielrichtung einer Erhaltung des Lebens des Patienten mit allen damit verbundenen körperlichen Eingriffen und leider auch oft einhergehenden dauerhaften Schmerz- und Leidenssituationen fortzusetzen.

Die Frage der Strafbarkeit einer passiven oder indirekten Sterbehilfe stellt sich dann nicht, wenn verlangte Maßnahmen, aber auch der teilweise oder insgesamt ausgesprochene Verzicht darauf durch eine schriftliche Patientenverfügung als Wille des Patienten niedergelegt ist.

Patientenverfügung schafft Sicherheit

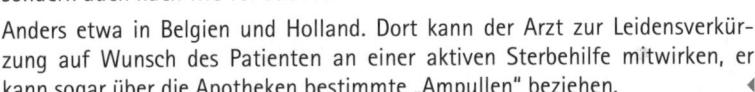

Aktive Sterbehilfe ist in Deutschland strafbar

Die „gezielte" Sterbehilfe, selbst wenn der Patient dies ausdrücklich verlangt, ist als aktive Sterbehilfe in Deutschland uneingeschränkt nicht nur unzulässig, sondern auch nach wie vor strafbar.

Anders etwa in Belgien und Holland. Dort kann der Arzt zur Leidensverkürzung auf Wunsch des Patienten an einer aktiven Sterbehilfe mitwirken, er kann sogar über die Apotheken bestimmte „Ampullen" beziehen.   ◄

Die Sterbehilfe ist auch ständiges Beratungsthema in der EU. Damit soll aber derzeit keinesfalls eine verbindliche Vorgabe für den deutschen Gesetzgeber herbeigeführt werden. Es ist allenfalls eine Resolution des Europaparlaments zu erwarten. Dabei stehen sich zwei Lager gegenüber: die Verfechter der Sterbehilfe wegen des Rechts auf Selbstbestimmung und die Abgeordnetengruppe zur Beibehaltung der allenfalls passiven Sterbehilfe wegen der Befürchtungen zum Missbrauch und dem Recht auf Leben.

Sterbehilfe und EU

Zur Kombination Patientenverfügung/Vorsorgevollmacht

Häufig wird empfohlen, die Patientenverfügung mit einer Vorsorge- und ergänzend mit einer Betreuungsvollmacht in einem Schriftstück, einer fest verbundenen Urkunde zu verbinden. Und auch in der Notarpraxis kommt dies häufig vor. Dabei stehen jedoch meist Kostenaspekte im Vordergrund. Sicherlich hat eine solche Kombination den Vorteil, dass die den Verfügungen zugrunde liegenden Motive und Wertvorstellungen abschließend hinreichend als bekannt und durchgesprochen angesehen werden können. Soweit keine direkte rechtliche Bezugnahmen etwa zur wechselseitigen Wirksamkeit bestehen, sprechen jedoch durchaus rein praktische Gründe dafür, zumindest die Patientenverfügung und die Vorsorge- und Betreuungsvollmacht getrennt niederzulegen.

Sensible Daten   Die Patientenverfügung hat prinzipiell einen anderen Geltungs- und Anwendungsbereich als eine Vorsorgevollmacht und enthält viele sensible Daten. Wird die Vorsorgevollmacht von Seiten des Vollmachtnehmers etwa zur Abgabe rechtsgeschäftlicher Erklärungen im Original vorgelegt, ist es wohl nicht notwendig, dass z. B. ein Dritter, ein Vertragspartner, eine Bank oder auch Behörde gleichzeitig Kenntnis von dem nur für den Ernstfall getroffenen Inhalt über eine Patientenverfügung erhält. Zudem können für Einzelbevollmächtigungen durchaus verschiedene Vertrauenspersonen in Betracht kommen, z. B. der Hausarzt in der Patientenverfügung, ein naher Angehöriger in der Vollmacht als Vertretungsperson.

Experten-Tipp

Patientenverfügung nicht unerwähnt lassen

Unerlässlich ist hingegen zumindest die Erwähnung einer vorhandenen Patientenverfügung in der separaten Vollmachten(Vorsorge- und Betreuungsvollmacht. oder die mündliche Erklärung gegenüber dem behandelnden Arzt.

Umgekehrt kann durchaus auch am Ende der Patientenverfügung der Hinweis auf eine separat erteilte Vorsorge- und Betreuungsvollmacht aufgenommen werden. ◀

Was muss ich bei der Vorsorgevollmacht bzw. Betreuungsverfügung beachten?

Sie kennen das: Wer bei bestimmten Vorgängen zur Abgabe rechtsgeschäftlicher Erklärungen verhindert ist, wird häufig die eine oder andere Vollmacht erteilen müssen.

Mit der Erteilung einer Vorsorgevollmacht möchte man sich – noch im Vollbesitz der geistigen Kräfte – für den Fall absichern, dass die Abgabe persönlicher Willenserklärungen (später) – aus welchen Gründen auch immer – nicht mehr möglich ist. Dies soll dann eine Vertrauens- bzw. Betreuungsperson in die Hand nehmen.

Häufig wird übersehen, dass es keine automatische, gesetzlich abgesicherte Vertretungsregelung gibt, nicht einmal wenn es sich um nahe Verwandte handelt. Eine solche Vertretungsmacht haben höchstens Eltern in Bezug auf ihre minderjährigen Kinder. Das kann bedeuten, dass nicht einmal der langjährige Ehepartner vollumfänglich, insbesondere im rechtsgeschäftlichen Bereich, über das Vermögen seines Partners frei verfügen kann. Fällt der Partner oder ein sonstiger Angehöriger wegen fehlender eigenverantwortlicher Entscheidungsfähigkeit für persönliche Angelegenheiten aus, so kann niemand an seiner Stelle handeln, falls nicht eine Vollmacht vorliegt oder ein gerichtlich bestellter Betreuer die Vertretung übernimmt. Meist reicht nicht einmal eine sog. Generalvollmacht aus, da diese eigentlich nur den Vermögensbereich umfassend abdeckt, jedoch nicht den großen Bereich der Gesundheitsfürsorge, also etwa die erforderliche Zustimmung zu ärztlichen Eingriffen, notwendigen Unterbringungen in Pflegeeinrichtungen bis hin zu Fragen der Organspende usw.

Verwandte nicht automatisch vertretungsberechtigt

Bei der Vorsorgevollmacht sollte man zwischen dessen Innen- und Außenwirkung unterscheiden: Im sog. Außenverhältnis, also gegenüber Dritten, gilt, vorbehaltlich einer unüblichen zeitlichen Festlegung mit konkreter Datumsangabe, diese Bevollmächtigung ab Unterzeichnung. Anders sieht es im Innenverhältnis aus. Die erteilte Vollmacht kann gegenüber dem Bevollmächtigten vorsehen, dass er diese erst dann einsetzen darf,

Innen- und Außenwirkung

- wenn der Vollmachtgeber selbst handlungsunfähig bzw. an der Ausübung seines eigenen Willens verhindert ist oder
- bereits dann, wenn zwar noch keine Handlungsunfähigkeit vorliegt, der Vollmachtgeber aber etwa altersbedingt, aus Gründen der eingeschränkten körperlichen Beweglichkeit bis hin zu Behinderungen nicht in der Lage und gewillt ist, seine persönlichen Angelegenheiten selbst wahrzunehmen, oder aber auch
- aufgrund von Einzelvorgaben, z. B. während eines längeren auswärtigen Aufenthalts bei uneingeschränkter Leistungsfähigkeit.

Klare Vorgaben Um jeglichen Missbrauch zu vermeiden, müssen die Vorgaben zur Verwendung klar geregelt und abgesprochen werden.

Widerrufbare Vollmacht

Wünschen Sie nur bei vorübergehendem „Ausfall" der körperlichen Handlungsfähigkeit eine Vertretung in eigenen Sachen, sollten Sie eine widerrufbare Handlungsvollmacht nur für Vermögensangelegenheiten und rechtsgeschäftliche Vertretungen erteilen.   ◄

Das Muster für die Vorsorgevollmacht in diesem Kapitel ist darauf ausgerichtet, dass ein Vertretungsfall tatsächlich erst eintreten soll, wenn die geistige Einsichts- und Wahrnehmungsfähigkeit beeinträchtigt und die Handlungsfähigkeit, egal aufgrund welcher Ursache, nicht mehr gegeben ist.

Soll hingegen diese einmal ausgestellte Vollmacht nach Weisung des Vollmachtgebers bei voll vorhandener eigener Entscheidungsfähigkeit vor diesen Ernstfällen eingesetzt werden, empfiehlt sich ggf. eine kurze schriftliche Vereinbarung mit dem Vollmachtnehmer im Innenverhältnis, zu welchem Zweck, für welchen Vorgang oder auch Zeitraum die ausgestellte Vorsorgevollmacht zum Einsatz kommen soll. Eine Grundbedingung ist dann natürlich die Aushändigung der Vollmacht an den Bevollmächtigten.

Praxis-Beispiel

Neffe als Vertrauensperson

Der in einem Altenheim wohnende Eigentümer mehrerer Mietwohnungen sieht sich bei der Verwaltung und der steuerlichen Behandlung der Einkünfte überfordert. Der Neffe als Vertrauensperson wurde bereits absprachegemäß als Bevollmächtigter in einer Vorsorgevollmacht eingesetzt. Er soll sich aber bereits jetzt, natürlich mit interner Rechenschaftspflicht, mit diesen finanziellen Angelegenheiten beschäftigen und sich hinreichend darum kümmern. Diese interne Ermächtigung könnte zur Sicherheit kurz schriftlich dokumentiert werden, einmal zum persönlichen Schutz des Vollmachtgebers beim Einsatz der Vollmacht, andererseits für den Fall, dass bei einem eintretenden Todesfall dies auch gegenüber Erben dokumentiert ist. Im Außenverhältnis wird der Neffe bei Vorlage der Vollmacht ansonsten entsprechend den darin enthaltenen rechtsgeschäftlichen Befugnissen als gesetzlicher Vertreter handeln und auftreten können. Möglich wäre darüber hinaus, dass der Neffe eine pauschale Vergütung für seine Dienste erhält.   ◄

Zum Wirkungsbereich der Vorsorgevollmacht

Das nachfolgende Muster der Vorsorgevollmacht gilt über den rechtsgeschäftlichen Bereich hinaus – es bietet die Möglichkeit, dass man auch in den vielfältigsten Lebenssituationen im großen Bereich der eigenen Gesundheitsangelegenheiten gegenüber Dritten allgemein einen vertrauenswürdigen Ansprechpartner hat.

Im Gegensatz zur Patientenverfügung, die sich vorrangig an das behandelnde Ärzteteam und das Pflegepersonal richtet, wird mit der umfassenden Vorsorgevollmacht die Möglichkeit geschaffen, dass die eingesetzte Vertrauensperson die notwendigen Erklärungen und Einwilligungen abgeben und durchaus auch anstehende Entscheidungen treffen kann. Bei entsprechender konkreter Bevollmächtigung kann die eingesetzte Vertrauensperson nicht nur Einsicht in die Arztunterlagen erhalten, Auskunft und Beratung für bestimmte Handlungsvorgänge in Anspruch nehmen, sondern auch die Zustimmung zur Fortsetzung bzw. zum Abbruch von Behandlungsmaßnahmen bei Beginn der Sterbephase etc. erteilen. Häufig wird daher die weitgehende Vorsorgevollmacht mit einer erweiterten Entscheidungsmöglichkeit auch im Bereich der Gesundheitsfürsorge als eine gewisse „zusätzliche" Kontrolle für Entscheidungen zu anstehenden Behandlungen empfunden.

Der in der Vorsorgevollmacht angesprochene und vorgesehene Bereich der Abgabe von Erklärungen in Gesundheitsangelegenheiten geht daher sehr

Einwilligungen und Entscheidungen

weit bis hin zu notwendigen Einwilligungen zu Operationen und anderen körperlichen Eingriffen. Er umfasst aber auch die Entscheidung über notwendige „freiheitsentziehende Maßnahmen", also Aufenthaltsbestimmung, Einweisung bzw. Unterbringung in Pflegeheimen bis hin zur Zustimmung zu medizinisch gebotenen Einzelmaßnahmen im Patienteninteresse zum Schutz vor Verletzungen, z. B. Anbringung von Bettgittern oder Gurten durch das Pflegepersonal.

Vollmachtsmuster und Formerfordernisse

Wer eine Vorsorgevollmacht selbst anfertigen will, muss volljährig sein. Wer noch nicht volljährig ist, wird hierfür auf jeden Fall die vormundschaftliche Genehmigung benötigen.

Schriftform   Schriftform ist auf jeden Fall erforderlich. Im Gegensatz etwa zur Errichtung eines eigenhändigen Testaments muss die Vorsorgevollmacht allerdings nicht komplett handschriftlich abgefasst werden. Es genügt die Verwendung eines Musters. Dabei sind natürlich die eigenhändige Unterschrift und die Datumsangabe ganz wichtig.

Inhaltliche   Unerlässlich ist – gerade bei Verwendung eines Musters – die inhaltliche
Prüfung   Prüfung, ob tatsächlich alle Ermächtigungen so erteilt werden sollen oder ob Hinzufügungen, besondere Wünsche, Vorgaben oder Verhaltensanweisungen ergänzend zu beachten sind. Bestimmte persönliche Weisungen sollten ergänzend im Innenverhältnis schriftlich niedergelegt werden, z. B. Hinweise für den Bevollmächtigten, dass bestimmte Personen, Institutionen oder z. B. auch Geschäftspartner und Banken aus bestimmten Gründen nach Vorgabe des Vollmachtgebers nicht eingeschaltet werden sollen. In den nachfolgenden Abschnitten finden Sie ergänzende Erläuterungen, u. a. auch zur Betreuungsverfügung.

Nachfolgend zunächst das Muster einer Vorsorgevollmacht bzw. Betreuungsverfügung:

Vorsorgevollmacht/Betreuungsverfügung

Ich, _____, geboren am _____, wohnhaft in _____, im Vollbesitz meiner geistigen Kräfte, will in Ausübung meines Selbstbestimmungsrechts Vorsorge dafür treffen, dass geschäftliche und persönliche Angelegenheiten aller Art jetzt und künftig in meinem Namen erledigt werden können, und zwar auch dann, wenn ein Eigenhandeln infolge körperlicher oder geistiger Behinderung oder infolge Ortsabwesenheit oder anderweitiger Verhinderung nicht möglich sein sollte. Damit soll Fremdbestimmung, wie sie das Betreuungsrecht vorsieht, vermieden werden, damit keine möglicherweise fremden Personen für mich Entscheidungen in meinen persönlichen Angelegenheiten treffen können. Die nachfolgenden Vollmachten und Verfügungen sollen aber unabhängig von meiner persönlichen Situation sofort wirksam sein. Dies vorausgeschickt, erkläre und erteile ich hiermit folgende

umfassende Allgemeinvollmacht
und Vorsorgevollmacht
mit Betreuungsverfügung.

§ 1
Allgemeine Vollmacht

Ich, _____, geboren am _____, wohnhaft in _____, bestelle zu meine__ Bevollmächtigten _____, geboren am _____, wohnhaft in _____ und ermächtige sie/ihn, mich in allen meinen Angelegenheiten gerichtlich und außergerichtlich gegenüber Behörden, Gerichten, Kreditinstituten sowie natürlichen und juristischen Personen ohne Ausnahme zu vertreten. Dies für den Fall, dass ich meine Angelegenheiten nicht mehr selbst erledigen kann.

Sollte mein__ Bevollmächtige__ aus tatsächlichen oder gesundheitlichen Gründen nicht in der Lage sein, meine Vertretung zu übernehmen, benenne ich hiermit folgende Person meines Vertrauens und bevollmächtige diese: _____, geboren am _____, wohnhaft in _____. Die Bestellung meines Ersatzbevollmächtigten gilt auch für den Fall, dass _____ zur Vollmachts- und Vertretungsübernahme nicht bereit ist.

D__ Bevollmächtigte__ ist berechtigt, jede Rechtshandlung, die ich selbst oder ein Stellvertreter gesetzlich für mich vornehmen könnte, für mich und mit derselben Wirkung vorzunehmen, als wenn ich sie selbst vorgenommen hätte.

D__ Bevollmächtigte ist von den Beschränkungen des § 181 BGB befreit, kann mich also auch bei Rechtsgeschäften mit sich selbst oder als Vertreter eines Dritten vertreten. Ich bin mir der Bedeutung dieser Befreiung und der damit unter Umständen verbundenen Risiken bewusst.

Diese Vollmachtserteilungen sollen durch meinen Tod nicht erlöschen. Die Vollmacht ist stets widerruflich. Die Bevollmächtigung umfasst also auch die Vermögensverwaltung und/oder Abwicklung nach meinem Tode bis zum Abschluss eines etwaigen Erbscheinverfahrens oder zum Beginn einer Testamentsvollstreckung, soweit mit den legitimierten Erben keine anderweitige Vereinbarung getroffen wird.

(Falls gewünscht, als Alternativregelung zu vorherigem Vorschlag:) Diese Vollmacht erlischt mit meinem Tode, sie ist an meine/n Erben herauszugeben.

D__ Bevollmächtigte darf die allgemeine Vollmacht nach § 1 ganz oder teilweise übertragen sowie Untervollmachten erteilen.

Die Vollmacht dient auch der Vermeidung einer notwendigen Betreuung, ansonsten sollte das zuständige Vormundschaftsgericht nach § 1897 Abs. 4 BGB dies als verbindlichen Vorschlag für eine Betreuereinsetzung unbedingt berücksichtigen, auf die vorsorglich hierzu abgefasste Betreuungsverfügung darf ich ergänzend hinweisen.

Die Vollmacht bleibt daher in Kraft, wenn ich nach ihrer Errichtung geschäftsunfähig geworden bin.

Die Vollmacht berechtigt zur Vornahme aller Rechtshandlungen und Rechtsgeschäfte im Namen des Vollmachtgebers im In- und Ausland, insbesondere – ohne dass durch die folgende beispielhafte Aufzählung die umfassende Vollmacht eingeschränkt wird –

- zur Verfügung über Vermögensgegenstände jeder Art, zum Erwerb und zur Verwaltung von Vermögensgegenständen, insbesondere Verkauf,
- zur Verfügung über Bankkonten, Depots und sonstiges Geldvermögen und zur Regelung aller Bankgeschäfte (entsprechende Konto-/Bankvollmachten bei meinen Kreditinstituten sind dort hinterlegt),

- zur Vertretung gegenüber Versicherungsgesellschaften und den Behörden, Dienststellen der Renten- und Sozialträger, Versorgungseinrichtungen o. Ä.,
- zur Regelung sämtlicher Steuerangelegenheiten und zu sämtlichen Erklärungen gegenüber Finanzbehörden oder eingeschalteten Beratern,
- zum Abschluss und der damit verbunden Aufenthaltsbestimmung und zur Auflösung von Heimverträgen, zur Vertretung gegenüber der jeweiligen Heimleitung,
- zu sämtlichen Prozesshandlungen und allen Verfahrenshandlungen jedes Rechtszweigs außergerichtlich und gerichtlich,
- zu allen Vertragsangelegenheiten, insbesondere Kündigung, Abwicklung und Abschluss von Verträgen,
- zur Vertretung in allen Wohnungsangelegenheiten, insbesondere Kündigung, Verwaltung und Abwicklung von Mietverhältnissen, aber auch anderer in meinem Eigentum stehenden Immobilien und Wohnungen,
- zu Maßnahmen nach § 1906 Abs. 1 und Abs. 4 BGB,
- zur Entgegennahme und Öffnung betimmter für mich bestimmter Poststücke und Nachrichten im Post- und Fernmeldeverkehr sowie zur Abgabe aller damit zusammenhängenden Willenserklärungen.

Bei allen Handlungen und Erklärungen für und/oder gegen mich muss und soll d__ Bevollmächtigte das Original dieser Vorsorgevollmacht mit sich führen und gegebenenfalls vorlegen können.

D__ Bevollmächtigte haftet lediglich für Vorsatz und grobe Fahrlässigkeit. Von einer weiteren Haftung mir gegenüber ist sie/er befreit. Dies wird einvernehmlich vereinbart.

D__ Bevollmächtigte hat ein von mir unterzeichnetes Original dieser Vollmacht erhalten, eine Kopie befindet sich in meinen persönlichen Unterlagen.

§ 2

Vorsorgevollmacht

Ich bevollmächtige d__ vorgenannte__ Bevollmächtigte__ außerdem, mich in meinen persönlichen Entscheidungen über mein Wohlergehen, über ärztliche Maßnahmen jeder Art, über meinen Aufenthalt sowie gegebenenfalls über den Abschluss, die Änderung und Beendigung von Heimverträgen in jeder Weise zu vertreten.

Diese Vorsorgevollmacht berechtigt auch

1. zu Einwilligungen in eine Untersuchung des Gesundheitszustands, eine Heilbehandlung oder einen ärztlichen Eingriff, wenn die begründete Gefahr besteht, dass ich aufgrund der Maßnahme sterben oder einen schweren und länger dauernden gesundheitlichen Schaden erleiden kann; dies gilt jedoch nur, wenn die Maßnahmen mit der in der separaten, am _____ eigenhändig errichteten Patientenverfügung geäußerten Wünschen vereinbar sind;

2. zur Abgabe und Durchsetzung aller in meiner Patientenverfügung formulierten Erklärungen gegenüber den behandelnden Ärzten/dem Pflegepersonal. Es darf damit auch, soweit ergänzend notwendig, die Einwilligung zum Abbruch oder Unterlassen lebensverlängernder Maßnahmen erteilt werden;

3. zu einer Unterbringung, die mit Freiheitsentziehung verbunden ist, dies jedoch nur, solange sie zu meinem Wohl erforderlich ist,
   a) weil aufgrund einer psychischen Krankheit oder geistigen oder seelischen Behinderung die Gefahr besteht, dass ich mich selbst töte oder mir erheblichen gesundheitlichen Schaden zufüge, oder
   b) weil eine Untersuchung des Gesundheitszustands, eine Heilbehandlung oder ein ärztlicher Eingriff notwendig sind, die ohne meine Unterbringung nicht durchgeführt werden können, und ich aufgrund einer psychischen Krankheit oder geistigen oder seelischen Behinderung die Notwendigkeit der Unterbringung nicht erkennen oder nicht nach dieser Einsicht handeln kann;

4. dazu, mir durch mechanische Vorrichtungen, Medikamente oder auf andere Weise über einen längeren Zeitraum oder regelmäßig die Freiheit zu entziehen, wenn ich mich in einer Anstalt, einem Heim oder einer sonstigen Einrichtung aufhalte, ohne untergebracht zu sein,

soweit diese Maßnahmen zu meinem Wohl erforderlich sind.

Dies gilt unabhängig davon, ob der/die Bevollmächtigte ggf. zu bestimmten Maßnahmen und Handlungen nach § 1904 und § 1906 BGB der vormundschaftsgerichtlichen Genehmigung bedarf.

Ich entbinde die mich behandelnden Ärzte/Pflegepersonal/nichtärztliches Personal gegenüber de__ Bevollmächtigten von seiner/ihrer Schweigepflicht. Die Ärzte sind verpflichtet, de__ Bevollmächtigten auf Anforderung jede gewünschte Auskunft über meine Erkrankung zu geben und Einsicht in die Krankenunterlagen zu gewähren.

Eine evtl. Unwirksamkeit einzelner Verfügungen bzw. Festlegungen über diese Vollmacht soll die Wirksamkeit der anderen Verfügungen nicht berühren.

§ 3
Betreuungsverfügung

Sollte die vorgenannte Vollmachtsregelung nicht zur Erledigung aller Aufgaben für mich ausreichen, schlage ich dem zuständigen Vormundschaftsgericht nach §§ 1897 Abs. 4, 1901a BGB mein__ in § 1 bestimmte__ Bevollmächtigte__, _____, als Betreuer__ vor. Im Verhinderungsfalle oder bei einer nicht erfolgten Übernahme der Betreuung als Ersatzperson meines Vertrauens _____, wie zuvor als Ersatzbevollmächtigte_ benannt.

Soweit eine Kontrollbetreuungsbestellung nach § 1896 Abs. 3 BGB erforderlich werden sollte, bitte ich hierfür die benannte Ersatzperson, ansonsten Frau/Herrn _____ hierfür vorzusehen.

Ergänzend wünsche ich, dass Frau/Herr _____ keinesfalls meine Betreuung übernehmen bzw. in ein amtliches Betreuungsverfahren eingebunden werden soll.

§ 4
Weitere Hinweise/Festlegungen

_____

_____

_____, den _____

_____

Unterschrift des Vollmachtgebers und Verfügenden

Zeugenbestätigung:

Zeuge 1:

Ich bestätige heute mit meiner Unterschrift, dass _____
obige allgemeine Vollmacht, Vorsorge- und Betreuungsvollmacht und eine
separat abgefasste Patientenverfügung eigenhändig und im Vollbesitz
seiner/ihrer geistigen und körperlichen Kräfte verfasst hat und Frau/Herr
_____ dies selbstbestimmt und ohne jeglichen
äußeren Einfluss verfügte. Frau/Herr _____ ist
nach voller Überzeugung des Unterzeichners, die auf den persönlichen Eindruck und dem ständigen Kontakt zu ihm beruht, ohne jeden Zweifel ge-
schäftsfähig/einsichtsfähig.

Als Zeuge: _____, geboren am _____,
wohnhaft in _____.

_____
Unterschrift des Zeugen

Zeuge 2:

Ich bestätige heute mit meiner Unterschrift, dass _____
obige allgemeine Vollmacht, Vorsorge- und Betreuungsvollmacht und eine
separat abgefasste Patientenverfügung eigenhändig und im Vollbesitz
seiner/ihrer geistigen und körperlichen Kräfte verfasst hat und Frau/Herr
_____ dies selbstbestimmt und ohne jeglichen
äußeren Einfluss verfügte. Frau/Herr _____ ist
nach voller Überzeugung des Unterzeichners, die auf den persönlichen Eindruck und dem ständigen Kontakt zu ihm beruht, ohne jeden Zweifel ge-
schäftsfähig/einsichtsfähig.

Als Zeuge: _____, geboren am _____,
wohnhaft in _____.

_____
Unterschrift des Zeugen

Soweit ein Arzt als Zeuge zur Verfügung steht und hierzu einwilligt, kann auch die besondere Zeugenbestätigung als Formulierungsvorschlag verwendet werden:

Als hinzugezogener Arzt bestätige ich hiermit, dass nach einem Beratungsgespräch über die medizinischen Konsequenzen zu den inhaltlichen Festlegungen in dieser Vollmacht diese heute in meiner Gegenwart eigenhändig unterschrieben wurde und im Weiteren keine Zweifel an der Einsichtsfähigkeit, der Selbstbestimmung des freien Willens und der Einwilligungsfähigkeit für die getroffene Verfügung bestehen.

(Ort, Datum und eigenhändige Unterschrift des Arztes mit Praxisstempel)

Wann wird eine Notarvollmacht erforderlich?

Das Bürgerliche Gesetzbuch schreibt vor, dass zumindest bei einer Verfügung rund um Immobilien/Grundstücksangelegenheiten diese im Wege einer notariellen Beurkundung zu erfolgen hat. Diese kann völlig ortsungebunden efolgen, d. h. Sie können die Abfassung einer öffentlichen Urkunde über die Erstellung einer Vorsorgevollmacht bei einem beliebigen Notar Ihrer Wahl vornehmen. Allerdings ist nicht ausgeschlossen, dass der Notar bei bestimmten Festlegungen für Grundstücke etc. Grundbuchauszüge u. Ä. benötigt, wobei im Regelfall die Vorlage einer unbeglaubigten Abschrift und die Versicherung der Richtigkeit zunächst genügt. Bei einer Vorsorgevollmacht mit einer Berechtigung für bestimmte Rechtsgeschäfte im Zusammenhang mit vorhandenen Grundstücken bzw. Immobilien kann bei gebotenem Handlungsbedarf noch die Genehmigung des Vormundschaftsgerichts eingeholt werden. Bedeutsam ist in diesem Zusammenhang sicherlich auch die Frage, wer als Bevollmächtigter bzw. Vertrauensperson eingesetzt wird.

Immobilien und Grundstücksangelegenheiten

Praxis-Beispiel

Der Verkauf des Hauses

Die im entfernten München wohnende Mutter ist aufgrund ihrer zunehmenden körperlichen Gebrechen nicht mehr in der Lage, vor Ort ihre Immobilie zu führen. Ihre Tochter ist sich mit ihr einig darüber, dass sie ihren Wohnsitz verlegen muss, um sich in der Nähe der Tochter aufzuhalten, ein Ortswechsel ist daher geboten. Egal ob die Mutter nun noch einen eigenen Haushalt in der Nähe der Tochter führt, in einem Pflegeheim lebt oder in die Familie der Tochter aufgenommen wird – bereits für die notwendige Abwicklung des Ortswechsels, verbunden auch mit einem Verkauf des dortigen Hauses, soll die Tochter als Vertrauensperson handeln können. Aufgrund der noch völligen Einsichtsfähigkeit bietet eine notariell beurkundete Vorsorgevollmacht die Sicherheit, dass nahezu alle relevanten Erklärungen gegenüber Behörden etc. damit abgegeben werden können. Zumal von Seiten der Mutter ohnehin die Erbeinsetzung der Tochter beim späteren Todesfall beabsichtigt ist.

Anders könnte es sich dann verhalten, wenn z. B. eine allein stehende Person einen langjährigen Freund, Bekannten oder den hilfsbereiten Nachbarn für den Fall einer eigenen Handlungsunfähigkeit, aber auch vielleicht jetzt schon für die verschiedensten Vorgänge bevollmächtigen möchte.

Uneingeschränkte Rechtsfähigkeit

Bei Vollmachtserteilung stellt sich natürlich auch immer die Frage der uneingeschränkten Rechtsfähigkeit. Entsprechend der vorherigen Erläuterung zum Thema „Vollbesitz der geistigen Kräfte" bietet natürlich eine durch einen Notar errichtete Urkunde über eine Vorsorgevollmacht den Beweis dafür, dass sich der Notar von der uneingeschränkten Geschäftsfähigkeit überzeugt hat. Nur dann wird er diese Erklärungen aufnehmen.

Praxis-Beispiel

Notar bietet Sicherheit

Die ältere Mitbürgerin möchte im Hinblick auf eine anstehende Operation und einen damit verbundenen Krankenhausaufenthalt auf jeden Fall noch eine persönliche Vorsorge auch für ihre finanziellen Verhältnisse treffen. Da keinerlei Kontakt mit einer entfernten Verwandten besteht und ohnehin ein gewisses Zerwürfnis feststellbar ist, erreicht sie durch das Gespräch mit einer ihr nahe stehenden Vertrauensperson, dass diese sich als Bevollmächtigte zur Verfügung stellt. Um bereits im Vorfeld spätere Diskussionen über die vollumfängliche Geschäfts- und Einsichtsfähigkeit zu vermeiden, wird der Notar aufgesucht. ◄

Auch als Inhaber oder Gesellschafter von Unternehmen sollten Sie auf Unternehmer keinen Fall die Kosten für eine notarielle Beurkundung scheuen, um sicherzustellen, dass z. B. die Firmenfortführung durch diese besondere Bevollmächtigung gewährleistet ist, mit allen damit zusammenhängenden Einzelfragen für Entscheidungen auf geschäftlicher Ebene.

Es gibt leider auch die Fälle der Schreibunfähigkeit, etwa aufgrund gewisser Schreib-
unfähigkeit körperlicher Gebrechen. Wenn Sie also nicht in der Lage sind, die Vollmacht auszudrucken und auch zu unterschreiben, kann der Notar Ihre gesonderte Erklärung aufnehmen und die Vollmachtsurkunde vollständig erstellen – übrigens auch nach entsprechender Vereinbarung in Ihrem Wohnbereich, im Krankenhaus o. Ä., also nicht notwendigerweise in den Diensträumen des Notariats.

Die Gebühren für die Einschaltung und Beauftragung eines Notars belaufen Gebühren sich durchschnittlich auf etwa 45 bis 156 Euro zuzüglich Mehrwertsteuer und Schreibauslagen. Die Gebühr ist meist abhängig von den Wertangaben und auch von der Regelung der Vermögensverhältnisse. Maximal fallen allerdings an reinen Beurkundungsgebühren ca. 403 Euro an. Eine vorherige Abfrage kann sich lohnen – selbstverständlich auch dann, wenn ein Rechtsanwalt beauftragt werden soll, da je nach Leistungsaufwand ggf. nach dem Rechtsanwaltsvergütungsgesetz (RVG) ein ggf. höherer Gebührenanspruch entsteht. Es könnte übrigens durchaus auch ein Festpreis ausgehandelt werden.

Wurde eine Vorsorgevollmacht durch den Notar erstellt, ist damit auch eine Registrierung Registrierung sichergestellt. Dies führt allerdings nicht zu automatischen Benachrichtigungen u Ä., wenn der Betreuungsfall eingetreten ist. Aber der Notar wird seinerseits die in der Urkunde enthaltenen Kernangaben und die persönlichen Daten des Vollmachtsgebers und -nehmers an das Zentrale Vorsorgeregister weiterleiten, soweit keine gegenteilige Anweisung erfolgt.

Einsetzung eines Bevollmächtigten bzw. einer Vertrauensperson

Es gibt dem Grunde nach keine Vorgaben, wer konkret zur Vertrauensperson wird. Dies können Familienangehörige sein, der Arzt, Anwalt, Bekannte oder sogar Dritte.

Man muss sich nicht auf eine Einzelperson beschränken, es kann durchaus auch die Vorgabe erfolgen, dass z. B. zwei eingesetzte Bevollmächtigte immer gemeinschaftlich handeln müssen. Das „Vier-Augen-Prinzip" wird manchmal gewählt, wenn bewusst im Hinblick auf finanzielle Dispositionen Wert auf eine gegenseitige Abstimmung gelegt wird. Allerdings ist – auch wegen der manchmal schwierigen Abstimmung bei zwei oder mehreren Beteiligten – diese Mehrfach-Bevollmächtigung in der Praxis nicht unbedingt empfehlenswert.

Ersatzbevollmächtigter

Wichtig ist auf jeden Fall die Benennung eines „Ersatzbevollmächtigten" für den Fall, dass der zunächst als Einzelperson eingesetzte Bevollmächtigte sein Amt, aus welchen Gründen auch immer, niederlegt. ◄

Kommen Bedenken bezüglich der Vorsorgevollmacht auf, reagieren nach den Erfahrungen der anwaltschaftlichen Praxis Behörden, Banken, aber insbesondere auch Krankenhäuser und Pflegeheime gelegentlich sehr aufmerksam.

Betreuungsperson nicht zuverlässig

Trotz mehrfacher Aufforderung durch die Pfleger im Krankenhaus kommt die durch Vorsorgevollmacht legitimierte Betreuungsperson ihren Aufgaben nicht nach. Hier könnte z. B. durch Unterrichtung etwa des Vormundschaftsgerichts der Vorgang aktenkundig gemacht werden, mit der Möglichkeit, dass das Vormundschaftsgericht eingreift und ggf. einen amtlichen Betreuer oder etwa für den Bereich der Vermögenssorge einen Ergänzungspfleger bestellt. ◄

Wie kann ich eine erteilte Vollmacht widerrufen?

Selbstverständlich können Sie die Bevollmächtigung jederzeit widerrufen, Ihre entsprechende Geschäfts-, Handlungs- und Einsichtsfähigkeit hierfür vorausgesetzt.

Widerruf der Vollmacht

Mit der im Jahr 2005 errichteten Vorsorgevollmacht wird der Neffe als Betreuungsperson/Bevollmächtigter eingesetzt. Er hat Kenntnis hiervon, es ist mit ihm besprochen worden. Die Vollmacht befindet sich aber noch im Eigenbesitz und wurde noch nicht ausgehändigt. Kommt es vielleicht schon nach einem Jahr zu einem Zerwürfnis, kann natürlich die Originalvollmacht entwertet werden. Soweit allerdings Kopien bei weiteren Vertrauenspersonen hinterlegt sind, verschlossen oder nicht, sollte die Information über den Entzug der Vollmacht zweckmäßigerweise weitergegeben werden. ◄

Handelt es sich um eine notariell errichtete Vorsorgevollmacht, gelten die gleichen Grundsätze. Zwar befindet sich die Abschrift der Vollmachtsurkunde im Notariat. Die Originalvollmacht wird jedoch im Regelfall, vorbehaltlich anderer Anweisung, dem Vollmachtgeber ausgehändigt. Dieser kann dann mit einem entsprechenden Vermerk die Ungültigkeit in seinen persönlichen Unterlagen dokumentieren. Eine Benachrichtigung des Notariats ist nicht notwendig, da anders als z. B. bei einem Testament, die Vollmacht nicht in die sog. amtliche Verwahrung kommt.

Schwierig wird es natürlich dann, wenn die erteilte Vollmacht bereits ausgehändigt ist. Hier muss nicht nur der Widerruf erklärt werden, sondern auch die uneingeschränkte Aufforderung zur sofortigen Rückgabe der Vollmacht erfolgen. Gibt es hierüber bereits Meinungsverschiedenheiten, sollte, um jeglichen Missbrauch zu vermeiden, sofortige anwaltschaftliche Hilfe in Anspruch genommen werden.

Vollmacht bereits ausgehändigt

Was geschieht beim Tod des Vollmachtgebers?

Es gibt einen Zeitpunkt, der auch eine Betreuungsperson in finanzieller Hinsicht zur Rechenschaft verpflichtet: der Tod des Vollmachtgebers. Nach Eintritt des Todesfalls besteht die Verpflichtung gegenüber den Erben, zumindest in finanzieller Hinsicht nicht nur Auskunft, sondern auch die entsprechenden Unterlagen vorzulegen bzw. sie zu übergeben. Vom Umfang der finanziellen Dispositionen aufgrund der Handlungsunfähigkeit der verstorbenen Betreuungsperson werden Umfang und Nachprüfung der Tätigkeit des Bevollmächtigten abhängen.

Experten-Tipp

Vollmacht über den Tod hinaus

In der Vorsorgevollmacht findet sich am Schluss der Hinweis darauf, ob die Vollmacht grundsätzlich mit dem Tod des Vollmachtgebers erlöschen soll oder nicht. Geht die Vollmacht über den Tod hinaus, steht den Erben natürlich dennoch ein uneingeschränkter Auskunfts- und Rechenschaftsanspruch zu sowie das Recht, die Vollmacht zu widerrufen.   ◄

Welchen Umfang soll die Vollmacht haben?

Jeder Vollmachtsgeber kann den Umfang der Vollmacht festlegen. In Frage kommen folgende Bereiche:

- Führung der Rechtsgeschäfte,
- Aufenthaltsbestimmung,
- Verfügung über das vorhandene Vermögen,
- Handlungsvollmacht für sämtliche Wohnungsangelegenheiten,
- Gesundheitsfürsorge.

Selbstverständlich können auch Einschränkungen vermerkt werden, etwa bei den Grundstücksgeschäften, etwa dass zwar eine Belastung, aber keine Veräußerung erfolgen darf.

> **Schutz vor Missbrauch**
>
> Soweit Sie beabsichtigen, die Vollmacht alsbald auszuhändigen, könnten Sie zum Schutz vor Missbrauch in der Vorsorgevollmacht vermerken, dass sie erst dann in Kraft treten darf, wenn durch ein ärztliches Attest die eingetretene Handlungsunfähigkeit bescheinigt ist. Damit wird erreicht, dass der Bevollmächtigte diesen Nachweis erst einholen muss. Allerdings kann dies zu rein praktischen Problemen führen – der Hinweis auf die Wirksamkeit in Abhängigkeit von einem entsprechenden ärztlichen Attest wird dazu führen, dass z. B. Banken bei Prüfung der Vollmacht auch zum Eintritt des Vollmachtsfalls einen Wirksamkeitsnachweis verlangen.   ◀

Notarielle Beglaubigung

Zumindest bei dem weiten Wirkungsbereich einer Vorsorgevollmacht sollten Sie, soweit keine Eile geboten ist, auf eine notarielle Beglaubigung der vollzogenen Unterschrift achten. Für die Beglaubigung beim Notariat fallen nur geringe Gebühren an. Selbstverständlich können Sie eine solche Beglaubigung auch durch einen eingesetzten Ratsschreiber bei Städten und Gemeinden oder die Betreuungsbehörden vornehmen lassen.

Aktuelles Datum

Vermerken Sie in absehbaren Zeiträumen durch eine kurze Bestätigung unter der bereits erstellten Vorsorgevollmacht, ggf. auch im Falle einer notariellen Vollmacht, dass diese Vollmacht auch weiterhin uneingeschränkt gilt, und zwar mit aktuellem Datumsvermerk und eigenhändiger Unterschrift.

Registrierung beim Vorsorgeregister?

Bundes-notarkammer

Die Bundesnotarkammer führt per Gesetz ein automatisiertes Register über Vorsorgevollmachten. War diese Registrierung früher nur für notarielle Vollmachten vorgesehen, so können seit 01.07.2004 auch selbst erstellte Vorsorgevollmachten – und übrigens auch Betreuungsverfügungen – dort registriert werden.

Anmeldung online vornehmen

Es ist der erklärte Wille des Gesetzgebers und natürlich auch der Bundesnotarkammer, dass man aus Vereinfachungsgründen eine Online-Anmeldung vornimmt. Zweckmäßigerweise übernimmt das gleich der Notar, wenn er mit der Errichtung einer Vorsorgevollmacht beauftragt war, oder aber z. B. der mit der Erstellung beauftragte Anwalt, ein eingeschalteter Betreuungsverein oder in diesem Bereich aktive, gemeinnützige Organisationen mit Mitgliederberatung. Die Adresse für die Online-Anmeldung lautet: www.zvr-online.de.

An und für sich gibt es keine Vorgabe in Bezug auf den Antrag auf Eintragung im Vorsorgeregister. Sie sollten jedoch zweckmäßigerweise die von der Bundesnotarkammer für die Anmeldung zur Verfügung gestellten Musterformulare einsetzen. Diese Formulare finden Sie auf Ihrer CD-ROM.

Gebühren Wer z. B. seinen Antrag auf Eintragung einer Vorsorgevollmacht schriftlich an das zentrale Vorsorgeregister schickt – Gleiches gilt für etwaige Änderungen, Ergänzungen oder Löschungen eines Antrags –, muss mit einer Gebühr von 18,50 Euro rechnen. Erfolgt der Antrag elektronisch über eine hierfür vorgesehene, von der Bundesnotarkammer zur Registrierung ermächtigte Stelle, ermäßigt sich diese Gebühr nach einer besonderen Gebührensatzung (Vorsorge-Registergebühren-Satzung) um drei Euro. Bei mehreren in der Vollmacht berücksichtigten Bevollmächtigten erhöht sich dieser Gebührenaufwand für jeden weiteren Bevollmächtigten um drei Euro, bei elektronischer Übermittlung um 2,50 Euro.

Weitere Gebühreneinsparungen können Sie erreichen, wenn Sie in die Zahlung durch Lastschrifteinzug einwilligen. Bei einem selbst gestellten schriftlichen Antrag beträgt dann die Gebühr mit einem vorgesehenen Bevollmächtigten 16 Euro, wer den elektronischen Weg wählt, wird nur mit einem Gebührenaufwand von 13,50 Euro rechnen müssen.

Datenschutz Ist die Anmeldung erfolgt, erfolgt nach einer entsprechenden Prüfung der Angaben die Eintragung unter genereller Beachtung von Datenschutz und Datensicherheit. Soweit der eingesetzte Bevollmächtigte nicht zugleich mit dem Antrag in die Speicherung der Daten zu seiner Person eingewilligt hat, wird er kurz schriftlich über die erfolgte Speicherung der Daten unterrichtet und hat dann die Möglichkeit, die Löschung seiner Daten zu verlangen. Ansonsten bestimmt natürlich ausschließlich der Vollmachtsgeber, ob Änderungen, Ergänzungen oder Löschungen von Eintragungen erfolgen sollen.

Klar geregelt ist auch die Möglichkeit der Auskunftserteilung. Neben dem Vollmachtgeber und den oder dem Bevollmächtigten kann auch das Vormundschaftsgericht ein Auskunftsersuchen stellen. Dabei ist zugunsten des Vollmachtgebers sichergestellt, dass auch elektronische Auskunftserteilungen protokolliert werden. Die Verordnung über das zentrale Vorsorgeregister vom 21.2.2005 (BGBl I 2005 S. 319) sieht vor, dass Eintragungen entsprechend § 4 Abs. 4 dann erst 110 Jahre (!) nach der Geburt des Vollmachtgebers zu löschen sind.

Auskunftserteilung

Wie aus den Muster-Antragsformularen (Datenformular für Privatpersonen zum Antrag auf Eintragung einer Vorsorgevollmacht der Bundesnotarkammer) erkennbar, gibt es unabdingbare Pflichtangaben zu den persönlichen Daten des Vollmachtgebers und des oder der vorgesehenen Bevollmächtigten und natürlich zum Zeitpunkt der Vollmachtserteilung. Daneben können über den Antrag zur Registrierung auch weitere Angaben zum Inhalt der Vollmacht gemacht werden, also zur Erledigung von Vermögensangelegenheiten, von Angelegenheiten der Gesundheitsvorsorge, der Aufenthaltsbestimmung sowie sonstiger persönlicher Angelegenheiten. Weiterhin kann man vermerken, ob die Vollmacht auch Angaben zum Umfang einer medizinischen Versorgung als Patientenverfügung enthält und/oder das Gericht über eine Betreuungsverfügung einen benannten Betreuer bestellen soll und wo die Vollmacht aufbewahrt ist. Zur Registrierung wird nämlich keinesfalls die Vorlage der Originalvollmacht oder einer Kopie verlangt.

Pflicht- und sonstige Angaben

Schriftliche Anträge sind an die Bundesnotarkammer – Zentrales Vorsorgeregister – Postfach 080151, 10001 Berlin, zu stellen. Über das zentrale Vorsorgeregister wird jedoch keinesfalls der vorgesehene Inhalt der Vollmacht oder weiterer Verfügungen überprüft. Weitere Auskünfte zur Abgabe oder Zielsetzung durch das zentrale Vorsorgeregister erhalten Sie im Internet unter www.vorsorgeregister.de.

Schriftliche Anträge

Der Vorteil einer Eintragung ist klar: Über das Register kann jederzeit etwa von einem Vormundschaftsgericht abgefragt werden, ob eine Vorsorgevollmacht vorhanden ist, ob ein Betreuer bestellt werden muss und ob es hierzu schon Vorschläge aus der Sicht der Betreuungsperson gibt. Dies ermöglicht es, sich sehr schnell mit dem genannten Bevollmächtigten in Verbindung zu setzen.

Vorteil

Experten-Tipp

> **Gemeinsame Meldung nicht möglich**
>
> Auch bei Eheleuten bzw. Partnern von Lebensgemeinschaften muss jeder für sich jeweils diesen Antrag auf Registrierung für die von ihm erteilte Vollmacht erstellen. Eine gemeinsame Meldung ist grundsätzlich nicht möglich. ◀

Wie wirkt sich das neue Betreuungsrecht aus?

Eine zentrale neue Vorgabe zur schriftlichen Betreuungsvollmacht enthält § 1901a BGB (neu): die Pflicht, Vorschläge oder auch bereits vorliegende Vollmachten bei amtlichen Betreuungsfällen dem Vormundschaftsgericht vorzulegen.

Ermächtigung bis hin zum Klageweg
Das neue Betreuungsrecht bringt eine für die Praxis durchaus interessante „Stärkung" des eingesetzten Bevollmächtigten bzw. Betreuers mit sich: Durch eine Änderung der Zivilprozessordnung ist nunmehr ausdrücklich vorgesehen, dass der Bevollmächtigte über den Nachweis der Vollmacht nicht nur außergerichtliche Rechtsbehelfe für den Vollmachtgeber führen kann, sondern ausdrücklich bis hin zur Beschreitung des Klagewegs ermächtigt ist. Denn durch eine Änderung des § 51 der Zivilprozessordnung wird ein Bevollmächtigter im Klageverfahren ausdrücklich zum „gesetzlichen" Vertreter des Vollmachtgebers, wenn der Vollmachtgeber „nicht mehr prozessfähig" ist und es sich beim Bevollmächtigten um eine volljährige natürliche Person handelt. Damit wird auch die bisher etwas umstrittene Rechtslage dahin gehend geklärt, dass eine zusätzliche Betreuerbestellung und eine Einschaltung des Vormundschaftsgerichts nach § 1902 BGB nicht mehr erforderlich wird.

Somit kann der Bevollmächtigte bei den verschiedensten gerichtlichen Verfahren wirksam auftreten, also bis hin vor das Finanzgericht, soweit es etwa um Steuerbescheide geht, und natürlich auch im außergerichtlichen Rechtsbehelfsverfahren (Einspruchsverfahren), aber auch vor den Verwaltungs- und Sozialgerichten sowie bei Angelegenheiten der freien Gerichtsbarkeit.

Wer haftet?
Gerichtliche Entscheidungen richten sich aber nach wie vor für und gegen den Vollmachtgeber, d. h. es wird nur dieser hieraus persönlich, je nach Sachverhalt bei vermögensrechtlichen Streitigkeiten, verpflichtet und nicht der Bevollmächtigte als gesetzlicher Vertreter. Eine Haftung käme nur in

Ausnahmefällen in Betracht, wenn der Bevollmächtigte gravierende Fehler bei der Interessenwahrnehmung zu Lasten des Vollmachtgebers verursacht hat, z. B. Fristversäumnisse u. Ä. In wenigen Ausnahmefällen sind es dann meist die späteren Erben, die z. B. bei einem verlorenen Prozess mit entsprechend hohen Anwalts- und Gerichtskosten und fehlendem Vertrauensverhältnis Regressmöglichkeiten prüfen.

Durch dieses umfassende Gesetzespaket gibt es auch interessante Änderungen mit Wirkung für Vollmachtgeber, Vollmachtnehmer und Betreuungspersonen bereits ab dem 01.07.2005. Dieses 2. Betreuungsrechtsänderungsgesetz v. 21.04.2005, verkündet im BGBl 2005 I S. 1073, ist ein sog. Artikelgesetz und enthält damit auch die Änderung von zehn weiteren geltenden Gesetzen zur Anpassung an die neuen Vorgaben. Gleichzeitig ist damit das seit 1998 geltende Berufsvormündergesetz außer Kraft getreten.

Unterstützung durch die Betreuungsbehörden

Der Schwerpunkt liegt zunächst in der Änderung der einschlägigen BGB-Vorschriften zu §§ 1836 ff. BGB. Das neue Vormünder- und Betreuervergütungsgesetz (BGBl I 2005 S. 1076) enthält Stundensätze zur Vergütung für berufsmäßig tätige Vormünder und Betreuer, auch zum Aufwandsersatz für Betreuungsvereine bzw. Behördenbetreuer. Außerdem gibt es neue Vorgaben zu Kontrollmöglichkeiten und zu den persönlichen Anforderungen an Betreuer. Dies betrifft im Weiteren auch die neuen Beratungsmöglichkeiten durch die örtlichen Betreuungsbehörden, darüber hinaus Vereinfachungsregelungen etwa zur Beglaubigung von Vorsorgevollmachten, aber auch konkrete juristische Auswirkungen für eine Vertretung durch Bevollmächtigte.

Hier ein kurzer Überblick:

- Die örtlichen Betreuungsbehörden bei Städten und Landkreisen haben nunmehr ausdrücklich auch den Auftrag, Personen bei der Errichtung von Vorsorgevollmachten zu unterstützen und zu beraten. Damit soll erreicht werden, dass über eine abgefasste Vorsorgevollmacht eine durch das Vormundschaftsgericht nach wie vor mögliche Bestellung als amtlicher Betreuer oder die Einsetzung eines Betreuers entbehrlich wird. § 4 des insoweit einschlägigen Betreuungsbehördengesetzes sieht vor, dass die Behörde Betreuer und Bevollmächtigte auf Wunsch bei der Wahrnehmung ihrer Aufgaben berät und unterstützt, insbesondere auch bei der Erstellung eines Betreuungsplans.

Die neuen Regelungen

- Hieraus folgt, dass die allgemeine Beratungs- und Unterstützungspflicht der Behörden für Betreuer nunmehr auch ausdrücklich auf eingesetzte Bevollmächtigte, etwa über die Erteilung einer Vorsorgevollmacht, ausgedehnt wird.

- Hinzu kommt auch ein interessanter Aspekt in Bezug auf Beglaubigungsvorgänge: Wie zuvor dargestellt, war es bisher an und für sich dem Notar vorbehalten, eine Unterschriftsbeglaubigung vorzunehmen. Mit Wirkung ab dem 01.07.2005 können auch die Betreuungsbehörden öffentliche Beglaubigungen für Unterschrift (oder ein Handzeichen) auf der Vorsorgevollmacht vornehmen. Es geht hier im Übrigen nur um die Unterschriftsbeglaubigung, es findet also keine Niederschrift für eine Beurkundung wie bei Einschaltung eines Notars statt. Im Gegensatz zu einem Beurkundungsvorgang vor dem Notar besteht insoweit auch eine Einschränkung dahin gehend, dass diese Behörde über den Inhalt und die Tragweite der erteilten Vollmacht weder beraten noch belehren muss. Dem Grunde nach wird damit nur die „Echtheit" der von der Behörde vollzogenen eigenhändigen Unterschrift für die Vorsorgevollmacht bestätigt.

Experten-Tipp

> **Gebührenvorteil**
>
> Für die Unterschriftsbeglaubigung ist eine Gebühr von zehn Euro als Gebührenpauschale, ohne zusätzliche Erhebung von Auslagen (§ 4 Abs. 5 des Betreuungsbehördengesetzes) vorgesehen. Dadurch entsteht ein gewisser Gebührenvorteil gegenüber der Beglaubigung durch einen Notar. Denn bei Beglaubigungen darf der Notar eine Gebühr von zehn bis 130 Euro zuzüglich Mehrwertsteuer, je nach festgestelltem Geschäftswert der Vollmacht, verlangen. Sind Sie mittellos, so kann Ihnen auf begründeten Antrag die Pauschale sogar ganz erlassen werden. ◄

Zur Amtsbetreuung

Wie bereits aus den vorherigen Ausführungen erkennbar, akzeptiert und würdigt nunmehr der Bundesgesetzgeber auch die freie Willensentscheidung eines Vollmachtgebers zur Benennung eines oder mehrerer Bevollmächtigten. Kommt jedoch, aus welchen Gründen auch immer, keine Erstellung einer Vorsorgevollmacht in Betracht, kann das Vormundschaftsgericht aktiv werden, wenn erkennbar ist, dass eine Unterstützung durch die Einleitung eines Betreuerbestellungsverfahrens notwendig wird.

Zunächst aber gilt der unumstößliche Grundsatz, dass gegen den freien Willen eines Volljährigen ein Betreuer nicht bestellt werden darf (§ 1896 Abs. 1a BGB). Nur für den Fall, dass eine Person überfordert ist, es also an der Einsichtsfähigkeit und der Fähigkeit, nach dieser Einsicht zu handeln, erkennbar fehlt, kann sich die Frage einer Betreuerstellung ergeben. Ist dies streitig, entscheidet letztendlich das Vormundschaftsgericht hierüber, wobei zu der Kernfrage der fehlenden Einsichtsfähigkeit sogar ein Sachverständigengutachten eingeholt werden kann.

Mit einer Vielzahl von Änderungen des Bürgerlichen Gesetzbuchs wurde nun mit Wirkung ab dem 1.7.2005 nicht nur das Betreuerbestellungsverfahren neu geregelt, sondern auch im Wege der Einzelbetreuerbestellungsverfahren die damit verbundenen vormundschaftsgerichtlichen Zuständigkeiten bis hin zu Detailregelungen zu den Vergütungsansprüchen von eingesetzten Betreuern, egal ob für ehrenamtlich Tätige, als Berufsbetreuer oder z. B. für die Tätigkeit der Betreuungsvereine. **Neuregelung des Betreuerbestellungsverfahrens**

Hierzu nachfolgender Kurzüberblick:

- Selbst wenn über eine separate Betreuungsvollmacht ein Betreuungsvorschlag erfolgt ist, kann die Bestellung als Betreuer unterbleiben, wenn Bedenken gegen den vorgesehenen Betreuer bestehen.
- Bei der Betreuerauswahl ist an und für sich das Vormundschaftsgericht (auch aus verständlichen Kostengründen) gehalten, zunächst einen ehrenamtlich tätigen Betreuer bzw. Vormund zu bestellen.
- Besondere Prüfungspflichten vor der Bestellung gibt es für die sog. Berufsbetreuer. Wer also berufsmäßig die Betreuung übernimmt, muss beispielsweise ein Führungszeugnis und eine Auskunft aus dem Schuldnerverzeichnis vorlegen, um zu vermeiden, dass vor allem Vorstrafen oder eine Überschuldung die geforderte Objektivität bei der Antragsweise beeinträchtigen könnten.
- Im Regelfall wird jedoch das Vormundschaftsgericht für die Notwendigkeit der Bestellung eines amtlichen Betreuers oder Vormunds dem Vorschlag der Betreuungsperson, etwa über eine Betreuungsvollmacht, folgen.

- Es gibt in diesem Zusammenhang eine erkennbare „Hierarchie" für die Bestellung von Betreuern. Zunächst ist das Vormundschaftsgericht gehalten, der Eignung von benannten natürlichen Personen in Verfügungen und Hinweisen der Betreuungsperson nachzugehen. Liegen solche Hinweise nicht vor bzw. scheidet der eine oder andere Vorschlag aus, ggf. wegen der Ablehnung der Übernahme einer Betreuung, ist zu prüfen, ob es der Betreuungsperson nahe stehende Personen gibt oder, falls das nicht der Fall ist, auch etwa familienfremde Betreuer.

Praxis-Beispiel

Gewählter Betreuer ist verhindert

Der bereits in einer Betreuungsverfügung vorgesehene Betreuer ist wegen eines Auslandsaufenthalts daran gehindert, die Betreuung zu übernehmen. Es handelt sich um den einzigen nahe stehenden Angehörigen der zwischenzeitlich geschäftsunfähigen Betreuungsperson. Ergibt sich nun, etwa durch Rücksprache mit dem behandelnden Arzt, Pflegepersonal oder durch Kontaktaufnahme zu Pflegeeinrichtungen, dass sich z. B. ein früherer Bekannter aus dem persönlichen Umfeld der Betreuungsperson sehr intensiv um diese kümmert, könnte, vorbehaltlich der Zustimmung zur Übernahme der Betreuungstätigkeit, diese Person dann als ehrenamtlich bestellter Betreuer eingesetzt werden.   ◀

Betreuungs-verein oder -behörde Erst wenn sich im näheren Umfeld des zu Betreuenden keine geeignete Person für diese Aufgabe findet, soll als gesetzlicher Betreuer ein Betreuungs- oder Vormundschaftsverein oder eine Behörde, ansonsten ein Berufsbetreuer bzw. Berufsvormund bestellt werden. Hierbei muss es sich um einen ausdrücklich anerkannten Betreuungsverein handeln, Betreuungsbehörde kann z. B. das Sozial- oder Jugendamt werden.

Berufsbetreuer Ansonsten wird das Vormundschaftsgericht einen Berufsbetreuer einsetzen. Zur Bestimmung des Aufgabenbereichs von Berufsbetreuern wurden die Anforderungen, aber auch Auskunftpflichten teilweise deutlich verschärft. So verlangt z. B. das Vormundschaftsgericht nunmehr von einem berufsmäßig tätigen Betreuer in bestimmten Fällen, dass zu Beginn der Betreuung ein sog. Betreuungsplan erstellt wird, in dem die Ziele der Betreuung und die zur Erreichung vorzunehmenden Maßnahmen konkret darzustellen sind. In dieser derzeit noch etwas umstrittenen Vorgabe wurden auch die Überwachungsmöglichkeiten des Vormundschaftsgerichts konkretisiert. So kann

z. B. ein Betreuer bei Vorliegen eines bestimmten Grundes nunmehr auch entlassen werden, wenn er eine erforderliche Abrechnung vorsätzlich oder falsch erteilt hat. Neben den ohnehin schon bestehenden Aufsichts- und Kontrollmöglichkeiten, auch zur Rechnungslegung, ist nunmehr sogar eine gesetzliche Prüfungsfrist neu aufgenommen – selbst bei längerer Betreuungsbedürftigkeit muss ein Vormundschaftsgericht spätestens sieben Jahre nach der Bestellung über die Aufhebung oder Verlängerung der Betreuung nochmals entscheiden.

Weitere Einzelheiten für amtlich bestellte Betreuungsvorgänge:

- Umfangreich ist nun durch das neue Gesetz über die Vergütung von Familienbetreuern (Vormund- und Betreuergesetz – VBVG) die Neuregelung der Betreuervergütung. So erhält z. B. ein bestellter Vormund für jede Stunde der für die Führung der Vormundschaft aufgewendeten, erforderlichen Zeit 19,50 Euro Vergütung, wobei sich der Betrag je nach persönlicher Qualifikation auf bis zu 30,50 Euro erhöhen kann. Diese Vergütung zahlt die Staatskasse.

- Bei Berufsbetreuern beginnt die Vergütung bei 27 Euro und erhöht sich wiederum je nach Qualifikation auf 44 Euro. Dies gilt auch für eine Vergütung bei Einschaltung eines Betreuungsvereins.

- Auf Betreuungsvereine kommt durch die gesetzliche Neuregelung nunmehr eine besondere Aufgabenstellung zu. Diese können nach § 1908 f. BGB neben Betreuern auch Bevollmächtigte und sogar Personen bei der Errichtung einer Vorsorgevollmacht beraten, und zwar wegen der Übernahme vormundschaftlicher/betreuerischer Tätigkeiten bei Einschaltung des Vormundschaftsgerichts. Dies wird jedoch sicherlich von einer Mitgliedschaft abhängig sein.

| **Literaturhinweis**

Eine hervorragende Darstellung zum neuen Betreuungsrecht, mit Gesetzessynopse und mit zahlreichen Arbeitshilfen zur Betreuervergütung, Berechnungsmodulen, Muster u. v. m. enthält die Neuerscheinung von Prof. J. Tänzer, Das neue Betreuungsrecht. Vorsorgevollmacht – Vergütung – Verfahren, Berlin 2005, R. Haufe Verlag. ◄

Zur Betreuungsverfügung und ihrer Bedeutung

Wer, aus welchen Gründen auch immer, nicht in der Lage ist, seine persönlichen Angelegenheiten umfassend und selbst zu regeln, erhält durch Einschaltung des Vormundschaftsgerichts eine amtliche Betreuung. Die rechtliche Vorgabe hierzu enthält § 1896 BGB: Das Vormundschaftsgericht bestellt auf Antrag oder von Amts wegen einen Betreuer, wenn ein Volljähriger aufgrund einer psychischen Krankheit oder einer körperlichen, geistigen oder seelischen Behinderung seine Angelegenheiten ganz oder teilweise nicht mehr (selbst) besorgen kann. Ab 1.7.2005 gilt als Grundaussage: Gegen den freien Willen eines Volljährigen darf ein Betreuer nicht bestellt werden (§ 1896 Abs. 1a BGB).

Meist auf Antrag Das Vormundschaftsgericht wird meist auf Antrag tätig. Damit können etwa Familienangehörige, aber auch außen stehende Dritte, mit einem entsprechenden Kontakt zu Personen, die einer Betreuung bedürfen, tätig werden und das Vormundschaftsgericht einschalten. In der Pflegepraxis geschieht dies auch durch Pflegeheime, Altenheime, teilweise durch Krankenhäuser und vergleichbare Einrichtungen, wenn aufgrund einer stationären Behandlung z. B. erkennbar wird, dass die Einsichtsfähigkeit und auch die Möglichkeit zur Entscheidung für bestimmte Vorgänge aufgrund bestimmter Erkrankungen und wegen des körperlichen oder geistigen Zustands einen Handlungsbedarf erkennen lässt.

Manchmal genügen aber auch entsprechende, konkrete Hinweise bzw. Empfehlungen – dann wird das Vormundschaftsgericht, häufig bei Alleinstehenden ohne soziale Kontakte zu Angehörigen oder Freunden, tätig.

Geeignete Personen Wird das Vormundschaftsgericht auf Antrag oder von Amts wegen aktiv, so wird zunächst einmal konkret ermittelt und festgestellt, in welchem Umfang eine „Betreuung" notwendig ist und wer die Betreuung übernehmen kann. Liegen keine Vorschläge oder Empfehlungen für bestimmte Personen, Organisationen etc. vor, versucht das Vormundschaftsgericht aufgrund seiner Erfahrungswerte einen geeigneten „Betreuer" zu finden. Ob ein ehrenamtlicher Betreuer, ein Betreuungsverein oder sogar ein beruflicher Betreuer eingesetzt wird, entscheidet dann das Vormundschaftsgericht, auch mit einem sehr großen Erfahrungshintergrund, im Interesse des Betreuungsbedürftigen. Dabei geht es von dem Grundsatz: „Zum Wohl der Betreuungsperson" aus.

Entsprechend § 1901 BGB kann eine Betreuung für Teilbereiche oder eine **Umfang** umfassende Betreuung angeordnet werden. Die Betreuung sollte aber alle erforderlichen Tätigkeiten umfassen, um über die Betreuung die Angelegenheiten der Betreuungsperson rechtlich besorgen lassen zu können.

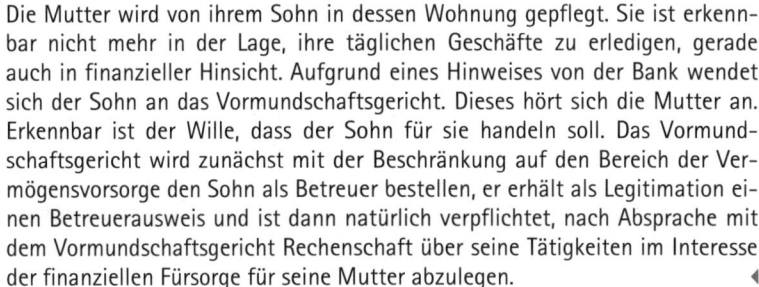

> **Der Sohn als Betreuer in finanziellen Fragen**
>
> Die Mutter wird von ihrem Sohn in dessen Wohnung gepflegt. Sie ist erkennbar nicht mehr in der Lage, ihre täglichen Geschäfte zu erledigen, gerade auch in finanzieller Hinsicht. Aufgrund eines Hinweises von der Bank wendet sich der Sohn an das Vormundschaftsgericht. Dieses hört sich die Mutter an. Erkennbar ist der Wille, dass der Sohn für sie handeln soll. Das Vormundschaftsgericht wird zunächst mit der Beschränkung auf den Bereich der Vermögensvorsorge den Sohn als Betreuer bestellen, er erhält als Legitimation einen Betreuerausweis und ist dann natürlich verpflichtet, nach Absprache mit dem Vormundschaftsgericht Rechenschaft über seine Tätigkeiten im Interesse der finanziellen Fürsorge für seine Mutter abzulegen. ◄

Die Betreuung kann natürlich auch umfänglicher sein, wenn z. B. die Mutter an einer erkennbar fortschreitenden Demenzerkrankung leidet und unbedingt einer umfassenden und dauerhaften Pflege bedarf. Das Vormundschaftsgericht kann hier eine umfassende Betreuung veranlassen.

Bei Bedarf kann das Vormundschaftsgericht auch zusätzlich einen Ergänzungsbetreuer bestellen. Wird beispielsweise erkennbar, dass die geringe **Ergänzungs-** Witwenrente oder das Pflegegeld entsprechend der Einstufung nicht ausrei- **betreuer** chen, um die umfassenden Kosten durch die dauerhafte stationäre Unterbringung in der Pflegeeinrichtung abdecken zu können, wird eventuell der Verkauf einer Immobilie notwendig. Dazu benötigt der Betreuer die Zustimmung des Vormundschaftsgerichts. Dieses wiederum wird hier ggf. einen Ergänzungsbetreuer bestellen, der im Einvernehmen mit dem eingesetzten Betreuer die notarielle Kaufvertragsabwicklung begleitet und die notwendigen Zustimmungen bzw. Erklärungen für die Betreuungsperson erteilt. Der Kaufpreis wird in entsprechender Weise „mündelsicher" bei einem Kreditinstitut angelegt und teilweise jetzt schon für die laufenden Pflegekosten eingesetzt.

Einfluss nur über Betreuungsverfügung möglich

Um eine oft schon zu Lebzeiten gewünschte „Steuerung" dahin gehend zu erreichen, dass bei fehlender eigener Entscheidungsfähigkeit das Vormundschaftsgericht bei der Anordnung einer Betreuung einen nahen Angehörigen oder engen Vertrauten berücksichtigt, ist eine Betreuungsverfügung wichtig.

Dazu gibt es grundsätzlich keine besonderen Formvorgaben, d. h. Sie können eine Betreuungsverfügung handschriftlich oder am PC selbst abfassen. Natürlich können Sie auch einen Notar oder Rechtsanwalt damit beauftragen. Vorausgesetzt ist dabei immer der Vollbesitz der geistigen Kräfte. Wichtig ist auch die genaue Angabe, wann die Betreuungsverfügung abgefasst wurde, und die eigenhändige Unterschrift.

Zeugen

Wie bereits zum Thema Vorsorgevollmacht hinreichend dargestellt, können auch hier Zeugen eine wichtige Rolle spielen, damit es nachher nicht zu Streitigkeiten kommt. Lassen Sie sich also zeitnah mit der Errichtung durch einen beliebigen Zeugen oder mehrere Zeugen bestätigen, dass bei Ihnen nach Auffassung des Zeugen eine volle Einsichtsfähigkeit vorhanden war, und zwar wiederum mit Datumsangabe und Unterschrift. Bei einer durch den Notar erstellten Verfügung ist dies entbehrlich, denn der Notar bescheinigt ja die volle Einsichts- und Willensfähigkeit, sonst wird er diese Urkunde von sich aus nicht erstellen.

Experten-Tipp

Notarielle Beglaubigung

Optimal ist natürlich die notarielle Beglaubigung der Unterschrift durch die Neuregelung oder die neue Möglichkeit der Unterschriftsbeglaubigung durch Betreuungsbehörden, um jegliche Bedenken, auch in Bezug auf die „Echtheit" der eigenen Unterschrift unter dieser persönlichen Verfügung, von Anfang an ausräumen zu können. ◄

Medizinische Beurteilung

Dem Grunde nach sollten Sie über eine erstellte Betreuungsverfügung sogar festlegen, wer für die medizinische Beurteilung, ob ein Betreuungsfall vorliegt, eine Stellungnahme bis hin zu einem Gutachten gegenüber dem Vormundschaftsgericht abgeben soll. Dafür kann z. B. der Hausarzt in Frage kommen oder ein sonstiger Arzt Ihres Vertrauens.

Weitere Festlegungen

Zudem könnten Sie über eine Betreuungsverfügung ganz persönliche Anweisungen mit aufnehmen, die der Betreuer zu erfüllen hat. Im Regelfall wären dies gewisse finanzielle Festlegungen, ergänzende Anweisungen zur Pflege einer Grabstätte u. Ä. Sie könnten auch durchaus festlegen, dass Sie so lange wie möglich in der eigenen Wohnung gepflegt und betreut werden möchten. Allerdings ist der Ausschluss der Unterbringung in einem externen Pflegeheim bzw. einer Pflegeeinrichtung kaum durchsetzbar.

Ob nun die vorhandene Betreuungsverfügung möglicherweise entbehrlich ist, weil z. B. über die umfassende Vorsorgevollmacht kein weiterer Handlungsbedarf vorhanden ist und eine Einschaltung des Vormundschaftsgerichts nicht in Betracht kommt, ist zukunftsorientiert natürlich schwer zu entscheiden. Aber diese Verfügung gibt zumindest die Sicherheit, dass für jegliche Fälle der Einschaltung des Vormundschaftsgerichts schon einmal eine klare Aussage zur Vertrauensperson vorliegt, was auf jeden Fall bei der gerichtlichen Betreuung berücksichtigt wird. *Betreuungsverfügung bei Vorsorgevollmacht entbehrlich?*

Der Betreuungsverfügung kommt neben der Vorsorgevollmacht insbesondere für den manchmal notwendigen Handlungsbedarf bei später kranken bzw. pflegebedürftigen Selbstständigen, Gewerbetreibenden und Gesellschaftern besondere Bedeutung zu. *Unternehmer*

Der pflegebedürftige Geschäftsführer

Herr Buchner war bislang Gesellschafter-Geschäftsführer bei einer von ihm gegründeten GmbH. Durch einen Schlaganfall wird er fortdauernd pflegebedürftig. Es gibt zwar in dem Unternehmen auf geschäftlicher Ebene einige bestellte Bevollmächtigte, z. B. Prokuristen, und weitere Geschäftsführer. Wenn Herr Buchner aber nicht mehr persönlich entscheiden und handeln kann, etwa für den Erwerb von Grundstücken, die Aufnahme weiterer Gesellschafter oder sogar den Verkauf des Unternehmens, muss zur Abgabe bestimmter Erklärungen ein gesetzlicher Vertreter handeln, was die Einschaltung des Vormundschaftsgerichts bedeuten kann. ◄

Im Zusammenhang der Möglichkeit der Registrierung der Vorsorgevollmacht können Sie dem zentralen Vorsorgeregister übrigens auch ergänzend eine Angabe für eine erstellte Betreuungsverfügung mitteilen. *Registrierung*

Wie jede Vollmacht können Sie natürlich auch die Betreuungsverfügung jederzeit widerrufen, abändern oder ergänzen. Dokumentieren Sie auch hier in regelmäßigen Abständen mit Datumsangabe und Unterschrift die Beibehaltung der getroffenen Entscheidung. Wenn über eine notarielle Urkunde *Widerruf oder Abänderung* eine Vorsorgevollmacht und Betreuungsverfügung erstellt wurde und z. B. die darin vorgesehene und früher eingesetzte Vollmacht – oder Betreuungsperson – ausgewechselt werden soll, müssen Sie Kontakt zu einem Notar aufnehmen.

Ihre persönliche Bestandsaufnahme

Was wird aus meinem Vermögen?

Es ist eines der Hauptanliegen dieses Ratgebers, dass Sie sich in Ruhe Gedanken darüber machen, wie Sie sich persönlich für Ihren eigenen „Eventualfall" vorbereiten. Vielleicht möchten Sie aber auch wissen, wie Sie Beratung suchende Angehörige, Freunde, Bekannte, vielleicht aber auch Hilfe suchende Dritte unterstützen können.

Bereits die ausführlichen Erläuterungen insbesondere zur Vorsorgevollmacht zeigen Ihnen, dass Sie sich für persönliche, aber auch finanzielle Dispositionen bereits jetzt einige Gedanken machen und auch bald konkrete Schritte zur Umsetzung einleiten sollten. Treffen Sie jetzt, im Vollbesitz Ihrer geistigen Kräfte und rechtzeitig vor unkalkulierbaren persönlichen Ereignissen bis hin zum Tod, einige wichtige Entscheidungen.

Sich ernsthafte Gedanken über seine künftigen Erben zu machen setzt zunächst einmal voraus, dass Sie sich auch einen kleinen persönlichen Überblick verschaffen, was Sie persönlich unter dem „Erbe" verstehen, ob Sie einer oder mehreren Personen, Institutionen usw. im Todesfall etwas hinterlassen wollen, ob Sie Ihr Vermögen insgesamt oder nur einzelne Gegenstände bzw. Vermögenswerte vererben möchten etc. *Überblick verschaffen*

Wie auch immer Sie sich festlegen: Ihre bisherige wirtschaftliche Entscheidungsfreiheit vorausgesetzt, können Sie dem Grunde nach noch bis kurz vor Ihrem Ableben anderweitige Dispositionen treffen. Vorrangig – dies sollte man an dieser Stelle nicht vergessen – geht es zunächst um Sie persönlich. Also auch um Überlegungen, ob Sie bereits zu Lebzeiten Vermögenswerte übertragen und welche Entscheidungen zur Absicherung Ihrer persönlichen Bedürfnisse im Alter bzw. Ruhestand erforderlich sind.

Das vorrangige Ziel lautet, über die Bestandsaufnahme hinaus ruhigen Gewissens sagen zu können, dass die wichtigsten Bereiche „geordnet" sind, falls durch Krankheit, Unfall oder sogar den eigenen Todesfall keine

Möglichkeit mehr zum gebotenen Handeln bestehen sollte. Ob gegenüber nahen Angehörigen oder Dritten: Mit Ihren Festlegungen, Anweisungen und Wünschen lässt sich im Fall der Fälle vieles schnell und in Ihrem Sinne erledigen.

Um gleich zu Beginn einer gelegentlich auftauchenden Auffassung entgegenzuwirken: Solange Sie noch Ihre Entscheidungskraft besitzen, sind Sie an bereits getroffene finanzielle Dispositionen für den Fall des Verlustes der freien Willensäußerung durch körperliche Beeinträchtigungen oder Ihres eigenen Todes nicht endgültig gebunden. Sie können als „Eigentümer" Ihrer Vermögenswerte noch immer eine andere Entscheidung treffen, lässt man bestimmte Formerfordernisse zunächst außer Betracht. Auch Ihre finanziellen Reserven können Sie so einsetzen, wie Sie dies aktuell für notwendig erachten.

Praxis-Beispiel

Meinungsänderung immer möglich

Eine bestimmte Person/Institution soll beim Todesfall des Erblassers ein wertvolles Gemälde erhalten. So ist es in einem älteren Testament festgelegt. Entschließt sich der Erblasser noch kurz vor seinem Ableben, das Gemälde an jemand anders zu verschenken, es zu verkaufen o. Ä., entfällt beim späteren Todesfall der Anspruch auf Erfüllung dieses Vermächtnisanspruchs. ◀

Erbeinsetzung Vergleichbares gilt natürlich auch bei schon zu Lebzeiten bekannt gegebener „Erbeinsetzung". Das beste Testament läuft im Todesfall ins Leere, wenn der Erblasser, aus welchen Gründen auch immer, noch zu Lebzeiten z. B. das früher einmal vorhandene Kapitalvermögen selbst aufgebraucht hat. Für die persönliche Disposition auf den Todesfall hin bedeutet dies, dass Sie zwar vielleicht eine gewisse sittliche Verpflichtung haben, erworbene Ersparnisse, Familienbesitz etc. an Begünstigte weiterzugeben, aber daraus ergibt sich kein juristisch einklagbarer Anspruch, wenn Vermögenswerte nicht mehr vorhanden sind. Vorausgesetzt, es war der Erblasser, der noch zu Lebzeiten darüber verfügt hat!

Keine rechtliche Verpflichtung Eine rechtliche Verpflichtung, lässt man einmal bestimmte notarielle Erbverträge oder besondere bestehende Vorgaben zur Erhaltung von Vermögenswerten außer Betracht (z. B. durch Vor- und Nacherbschaftsregelungen), besteht damit gegenüber dem potenziellen Erben nicht. Dies soll kein

Aufruf dafür sein, Ihre Reserven zu Lebzeiten zu verschleudern. Das Interesse, Ihren „Lieben" etwas zu hinterlassen, sollte aber andererseits nicht so weit gehen, dass Sie sich zu Lebzeiten ständig Sorgen darüber machen, wie Sie die spätere Erbmasse noch nachhaltiger verbessern.

Leider kann man bei vielen Beratungsgesprächen noch immer feststellen, dass dieses Interesse an der Weitergabe bestimmter Vermögenswerte für begünstigte Personen bei den Erblassern sogar zum Teil dazu führt, dass selbst grundlegende persönliche Interessen nur unter diesem Blickwinkel zurückgestellt werden. Es gibt viele ältere Mitbürger, die mit besorgtem Blick auf nahe Angehörige selbst auf gewisse Grundbedürfnisse teilweise verzichten.

Andererseits kann man die gravierenden Veränderungen in der Gesellschaft, die neue Anforderungen an eine immer wichtiger werdende persönliche Absicherung für Krankheit, Alter und Pflege in den letzten Jahren stellen, nicht übergehen. In der Konsequenz kann dies bedeuten, dass Absicherungen bzw. Reserven gebildet werden müssen, die durchaus auch zu einer besonderen Vorsicht bei Vermögensdispositionen zu Lebzeiten, z. B. bei beabsichtigten Schenkungen, führen können.

Was soll mit Ihrem Vermögen geschehen?

- Analysieren Sie zunächst im ersten Schritt Ihre persönliche Vermögenssituation, Ihre Besitz- und Eigentumsverhältnisse, aber auch Ihre bestehenden bzw. künftigen finanziellen Verpflichtungen.

- Besteht für Sie schon zu Lebzeiten Handlungsbedarf, hinsichtlich einer Vermögensübertragung oder Schenkung? Was benötigen Sie dann als eiserne Reserve für den Krankheits- oder Pflegefall bzw. Ihren künftigen Alterswohnsitz?

- Hiervon ausgehend: Wer soll dann als Erbe/Erben berufen werden? Wo und für wen sind, über ohnehin schon bestehende familiäre Bindungen hinaus, weitere Zuwendungen bzw. Verfügungen auf den Todesfall hin geboten?

- Hieran unbedingt anschließend: Welche Verfügungen auf den Todesfall hin sind schon getroffen? Was müssen Sie neu aufsetzen, überarbeiten, vielleicht erstmals für den eigenen Todesfall festlegen?

- Wurde ergänzend auch schon das Thema Patientenverfügung/Vorsorgevollmacht angegangen?

■ Gibt es für Bevollmächtigte, Vertrauenspersonen und natürlich auch die vorgesehenen Erben eine schnell auffindbare Übersicht Ihrer persönlichen Verhältnisse ohne finanziellen Hintergrund?   ◄

Diese kurze ToDo-Liste soll Ihnen bei den vielen Detailinformationen und -hinweisen als Vorgabe dienen. Sie ist gleichzeitig auch nachvollziehbare Grundlage beim Ausfüllen der sowohl in diesem Ratgeber als auch auf der beigefügten CD-ROM enthaltenen Übersichten für die verschiedensten Bereiche.

Schenken statt vererben?

Was geschieht mit dem Haus?

Die Eheleute Fleißig haben endlich ihren Ruhestand erreicht. Beide Ehepartner beziehen eine, wenn auch bescheidene, aber immer noch ausreichende Altersrente. Das vor Jahrzehnten schon gebaute Zweifamilienhaus ist bei der Bank zwischenzeitlich abbezahlt, die eine Wohnung wird weiterhin selbst genutzt, im Obergeschoss wohnt jetzt die Tochter mit Mann und Familie gegen eine moderate Miete. Soll die Tochter erst im Todesfall das Haus zum Eigentum erhalten?   ◄

Sichern Sie sich ab   Soweit es in der Familie keinen Streit oder Spannungen in größerem Umfang gibt, ist es manchmal durchaus empfehlenswert, schon zu Lebzeiten bezüglich bestimmter Vermögenswerte für klare Verhältnisse zu sorgen. Bevor Sie jedoch an eine derartige Schenkung – egal, ob es sich um ein Wohngrundstück, um Kapitalvermögen oder Ähnliches handelt – herangehen, sollten Sie sich zunächst den richtigen Überblick für eine künftige private Absicherung verschaffen.

Sind Sie ausreichend abgesichert?	ja	nein
Sind hinreichende finanzielle Mittel vorhanden, falls Sie oder Ihr Ehepartner die letzten Tage in einem Heim verbringen müssen, vielleicht als Pflegefall? Die dort anfallenden Unterbringungskosten belaufen sich, je nach Leistungspaket und Komfort, auf mindestens 2.000 bis weit über 5.000 € im Monat.		
Haben Sie einen ausreichenden finanziellen Spielraum für besondere medizinische/begleitende pflegerische Behandlungen und Leistungen, die eben nicht mehr über bisherige gesetzliche oder private Versicherungsträger abgedeckt sind? Dies u. a. durch das Schreckgespenst „Gesundheitsreform" mit vielen oft nicht einkalkulierten Zuzahlungen oder Eigenbeteiligungen?		
Sind Ihre sonstigen persönlichen Interessenlagen, z. B. Ortsveränderungen oder größere Auslandsaufenthalte, Kuren ,die zu einem größeren einmaligen oder weiter gehenden monatlichen finanziellen Bedarf/Aufwand führen, abgedeckt? Wie können stagnierende Alterseinkünfte, Rentenzahlungen und Verteuerung allgemein noch dabei abgefangen werden?		

Checkliste

Dies können nur einige Hinweise sein, was Sie bei Entscheidungen, mehr oder weniger in aller Offenheit auch mit den möglichen Begünstigten, seien es Kinder oder nahe stehende Dritte etc. durchsprechen sollten.

Nochmals zurück auf den Beispielsfall: Da Sie sich im Alter nicht unbedingt mehr mit notwendigen Hausreparaturen und Instandsetzungen beschäftigen möchten, andererseits aber ein Interesse daran haben, dass das Elternhaus weiterhin im Familienbesitz bleibt, könnten Sie hier schon zu Lebzeiten mit dem Notar wegen eines Entwurfs für einen notariellen Übergabevertrag sprechen, in dem einerseits die Verpflichtung Ihrerseits, das Hausgrundstück etwa auf Ihre Tochter als alleinige Eigentümerin zu übertragen, verankert ist, andererseits aber auch, dass für Sie und Ihren Lebenspartner ein lebenslängliches Wohnrecht in der bisherigen Wohnung grundbuchrechtlich abgesichert ist und dazu noch eine im Einzelnen festzulegende Pflegefallverpflichtung besteht.

Übergabevertrag

Sie sollten zudem vorbesprechen, ob es ggf. notwendig ist, zusätzlich für einen bestimmten Zeitraum den Verkauf des Hauses auszuschließen. Sollte zusätzlich eine Rückfallklausel etwa bei grobem Undank oder tief greifenden Zerwürfnissen vereinbart werden? Oder auch für den Fall, dass Ihre Tochter aus persönlichen Gründen innerhalb eines bestimmten Zeitraums als Neueigentümerin das Hausgrundstück verkaufen will?

Diese Kernfragen sollten Sie zumindest im Vorgespräch mit einem Notar/ Anwalt klären.

Wenn weitere Kinder vorhanden sind

Nehmen Sie nun den Fall, dass neben der begünstigten Tochter im Ausgangsbeispiel noch weitere Geschwister vorhanden sind. Wie können Sie bereits jetzt jegliche Auseinandersetzungen auf einen Todesfall hin vermeiden und dabei eine wirtschaftlich und auch rechtlich vernünftige Lösung finden, damit Ihre Kinder gleichgestellt sind? Was ist festzulegen, wenn z. B. das im Haus mit wohnende Kind bereits finanzielle Eigenleistungen beim Ausbau der Wohnung erbracht hat?

Um grobe Benachteiligungen für den späteren Erbfall auszuschließen, haben Sie die Möglichkeit, einen separaten Übergabevertrag oder ergänzenden vorzeitigen Erbteilsverzicht durch entsprechende notarielle Beurkundung herbeizuführen, falls z. B. die anderen Kinder vergleichbare zusätzliche finanzielle Leistungen erhalten sollen. Damit werden spätere Streitigkeiten vermieden, jeder der Beteiligten weiß nachvollziehbar Bescheid und kann sich darauf einstellen, wenn der spätere Todesfall eintreten sollte. Auch dies setzt natürlich eine Offenheit über die beabsichtigten Dispositionen für den Eventualfall voraus. Es ist durchaus ein wichtiger Schritt, sich zumindest im engen Angehörigenkreis bereits frühzeitig mit dem sonst üblichen Tabuthema des Todesfalls auseinander zu setzen.

Die Schenkung im Überblick

Zum Thema Schenkung zu Lebzeiten, wozu im Regelfall auch die Vermögensübertragung gerechnet wird, kurz folgender Überblick:

Bei einer Schenkung handelt es sich eigentlich um ein abzugebendes Versprechen in notarieller Form. Abgesehen von dem Fall, dass es sich beim

Schenkungsobjekt um Grundbesitz handelt, werden eventuelle Formfehler durch den Vollzug der Schenkung geheilt, d. h. die Schenkung erlangt in dem Moment Gültigkeit, in dem der Beschenkte einen Gegenstand oder Geldbetrag zum Eigentum erhält.

Das Schenkungsobjekt kann von dem Schenker nur dann zurückgefordert werden, wenn

- der Schenker bedürftig ist oder
- der Beschenkte schwere Verfehlungen gegen den Schenker begeht.

Wie ist das mit den Steuern?

Für die Schenkungsteuer gelten dieselben Freibeträge, Steuerklassen und Steuersätze wie für die Erbschaftsteuer. Allerdings werden bei der Schenkungsteuer keine Versorgungsfreibeträge berücksichtigt.

Dazu noch ein kleiner Hinweis: Der Fiskus behandelt Schenkungs- oder Erbschaftsfälle steuerlich nahezu gleich, zumindest wenn es um Vorgänge bzw. Begünstigte im Familienkreis geht.

Außerdem sollten Sie als kleine Faustregel wissen, dass bei Immobilien immer noch ca. 60 bis 70 % des tatsächlichen Verkehrswerts (des fiktiven Verkaufspreises) in Ansatz gebracht werden, also derzeit noch der günstigere Steuerwert herangezogen wird. Aber spannend bleibt es im Schenkungsteuerbereich dennoch: Für das Jahr 2005 wird nun endlich die Grundsatzentscheidung des Bundesverfassungsgerichts aus Karlsruhe erwartet, ob das geltende Erbschaft- und Schenkungsteuerecht noch verfassungsgmäß ist oder der Gesetzgeber handeln muss. Dies sind dann sicher Signale, die so manchen besorgten Mitbürger zu Regelungen bereits zu Lebzeiten veranlassen werden. Hierbei geht es u. a. um die Grundsatzfrage, ob es noch vertretbar ist, dass Immobilienwerte bei Schenkungsfällen zu Lebzeiten oder bei Rechtsübergang im Todesfall steuerlich besser behandelt werden dürfen als Kapitalvermögen.

Bewertung von Immobilien

Wenn dann, wie im Ausgangsbeispiel, der Übernehmer noch weiter gehende vertragliche Leistungen erbringt, also z. B. die Bewilligung eines entsprechenden lebenslänglichen Wohnrechts, einer möglicherweise umfassenden Pflegefallverpflichtung, bis hin zur Übernahme von Restverbindlichkeiten für die Ablösung von Grundschulden etc., wird dies unter Berücksichtigung der relativ hohen persönlichen Steuerfreibeträge für die Kinder, auch abhängig davon, ob nur ein halber Grundstücksanteil oder Volleigentum übertragen wurde, zunächst ggf. zu keinerlei schenkungsteuerrechtlichen Konsequenzen führen.

205.000 € alle zehn Jahre steuerfrei
Sie müssen immer mit berücksichtigen, dass jeder Elternteil nur einmal alle zehn Jahre jeweils an die Kinder verschenken oder vererben darf, ohne dass diese Schenkung bzw. dieses Erbe der Besteuerung unterliegt. Innerhalb der zehn Jahre werden alle Schenkungen, aber auch ein möglicher Erbfall zusammengerechnet. Doch spätestens nach zehn Jahren ist wiederum „Luft", soweit noch weitere schenkungsteuerfreie oder auch auf den Erbfall bezogene Zuwendungen erfolgen sollen.

Zwischen Eheleuten ist das Finanzamt eigentlich noch großzügiger. Die sog. ehebedingten Zuwendungen zu Lebzeiten sind schenkungsteuerfrei.

Halber Miteigentumsanteil

Der Ehemann ist Eigentümer des von seinen Eltern erhaltenen Wohnhauses. Er kann die Hälfte des Eigentums, also den halben Miteigentumsanteil, an seine Frau übertragen.   ◄

Zudem gibt es bei Zuwendungen, aber auch im Erbfall zwischen Eheleuten einen persönlichen Steuerfreibetrag von 307.000 €, wobei auch hier die Zusammenrechnung von Schenkungen und einem etwaigen Erbfall innerhalb von zehn Jahren zu beachten ist.

Unabhängig von der Steuer gilt folgender Grundsatz: Wenn Sie Vermögenswerte, egal ob Immobilien, Kapitalvermögen, Sachwerte oder sonstiges Vermögen, einmal übertragen haben, können Sie allenfalls über eine konkrete vertragliche Gestaltung noch einen gewissen wirtschaftlichen Einfluss nehmen. Denn das Eigentum als umfassende Rechtsposition ist im Regelfall übergegangen!

Beachten Sie in diesem Zusammenhang die Zehnjahresschenkung auch im Hinblick auf die Anrechnung bei Sozialleistungen im Pflegefall, unter Hinweis auf die Ausführungen im Lexikonteil Ihres Ratgebers.

Noch ein aktueller Steuerhinweis vorab: Die Zehnjahresfrist soll ab Jahresanfang 2006 künftig für eine steuerliche Entlastung von Familienbetrieben sorgen. Mit einem Vorstoß zur Änderung des Erbschaftsteuergesetzes soll damit bei Übergabe an nahe Angehörige oder durch den Erbfall das Betriebsvermögen steuerfrei bleiben, wenn der Familienbetrieb fortgeführt, statt veräußert oder geschlossen wird. Gesetzestechnisch soll das über eine Stundung der auf das Vermögen entfallenden Erbschaft- und Schenkungsteuer gelöst werden (§ 28 ErbStG neu). Wird dann der Betrieb, egal ob Gewerbebetrieb oder Praxis bei Freiberuflern, zehn Jahre lang ohne Veräußerung weitergeführt, erlischt der Steueranspruch. Sollte vorzeitig eine Veräußerung/Betriebsaufgabe stattfinden, ist dies innerhalb der ersten fünf Jahre wie bisher steuerschädlich. Danach ermäßigt sich aber die Steuer für jedes Behaltensjahr. Das heißt, sie beträgt nur noch 50 % bei mehr als fünf Jahren, 40 % bei Veräußerung im sechsten Jahr und für jedes weitere Jahr erhält man eine Ermäßigung jeweils 10 %.

Diese vom Mittelstand sehr begrüßte Gesetzesinitiative wirkt sich voll bei Betriebsvermögen bis zu 100 Millionen € aus, höheres Vermögen wird teilweise noch begünstigt, ab 160 Millionen € kommt wieder das bisher geltende Erbschaftsteuerrecht voll zur Anwendung.

Diese Gesetzesregelung soll noch vor dem Herbst 2005 parlamentarisch verabschiedet werden, wobei abzuwarten bleibt, ob ggf. über den Bundesrat nicht doch noch Änderungen erfolgen.

Bei Betriebsübergabe steuerlich beraten lassen

Steht eine Betriebs- oder Praxisübergabe z. B. aus Altersgründen an und wird der Betrieb durch Familienmitglieder fortgeführt, sollten Sie beim vorgesehenen Übergabezeitpunkt dieses Gesetzgebungsverfahren (Entwurf eines Gesetzes zur Sicherung der Unternehmensnachfolge) aufmerksam weiterverfolgen und mitberücksichtigen. Lassen Sie sich dabei steurlich beraten!

Gerade für viele eingesessene Handwerksbetrieb mit einem anstehenden Generationenwechsel ist dies eine Möglichkeit, die Familientradition ohne größere steuerliche Konsequenzen fortführen zu können.   ◄

Bleibt es beim vorgesehenen Zeitpunkt des Inkrafttretens nach dem Gesetzentwurf (Stand Mai 2005), kommen die Steuerentlastungsmaßnahmen bereits ab dem 1.1.2006 zur Anwendung. Weitere Hinweise zu Steuern, Steuerklassen, aber auch Steuertabellen finden Sie im ABC-Teil beim Stichwort „Steuern".

Wie sieht es bei Kapitalvermögen aus?

Natürlich will das Finanzamt auch bei Geldschenkungen, der Schenkung von Wertpapieren, der Übertragung ganzer Depots oder sonstiger Vermögenswerte (Gold, Münzsammlungen etc.) dem Grunde nach genau wissen, was hier an Werten einem Begünstigten zugewendet wird. Für jeden Erbfall gelten vergleichbare steuerliche Vorgaben, besteuert wird also je nach Steuerklasse der steuerpflichtige Erwerb unter Abzug ggf. persönlicher Freibeträge.

Wie Sie bei Ihren Bankgeschäften vorsorgen

Erbschein als Legitimation Die Vorsorge für einen Ausfall von Ihnen zu Lebzeiten, aber auch für den Todesfall beginnt bereits bei der Kontoeröffnung. Denn in der Regel wird die Bank nur Personen über Vermögenswerte des Kontoinhabers verfügen lassen, die z. B. eine Vollmacht, etwa die Vorsorgevollmacht, oder im Todesfall einen Erbschein als Legitimation vorlegen.

Die Ausstellung eines solchen Erbscheines kann unter Umständen auch einmal länger dauern. Dann kann es vorkommen, dass die Hinterbliebenen in finanzielle Schwierigkeiten geraten, weil sie bereits fälligen Forderungen gegen den Erblasser nachkommen müssen, bevor sie über den Nachlass verfügen können, z. B. wenn noch offene Rechnungen zu bezahlen sind.

Solche Abwicklungsprobleme lassen sich vermeiden: Schon bei der Kontoeröffnung können Kunden entsprechende Vorsorgemaßnahmen treffen, die auch in der Zeit zwischen dem Todesfall und der Erblegitimation Verfügungen erlauben.

Vorsorgemaßnahmen bei Gemeinschaftskonten

Für Ehe- oder Lebenspartner, die ein Giro- oder Sparkonto als Gemeinschaftskonto einrichten wollen, ist die Form des „Oder"-Kontos zu empfehlen:

Oder-Konto Zu Lebzeiten können beide Partner unabhängig voneinander verfügen. Wenn ein Partner wegen Erkrankung oder Unfall handlungsunfähig ist, vielleicht sogar verstirbt, bleibt der andere noch allein verfügungsberechtigt. Ebenso verfügungsberechtigt wird natürlich die Erbengemeinschaft als Rechtsnachfolger des allein stehenden Verstorbenen.

Im Vergleich dazu ist das „Und"-Konto sehr umständlich, denn für die Ver- *Und-Konto* fügungen ist immer die Unterschrift beider Partner nötig. Wenn dann ein Partner stirbt, kann es Probleme geben, weil die Bank den Überlebenden nicht allein verfügen lassen kann, solange nicht klar ist, dass er tatsächlich auch alleiniger Erbe ist.

Vorsorgevollmacht erteilen

Auch hier kann die Vorsorgevollmacht selbst bei fehlenden Festlegungen gegenüber Kreditinstituten/Banken weiterhelfen. Je nachdem, was von Ihnen gewollt ist, sogar für die erste Zeit über den eigenen Todesfall hinaus. ◄

Vorsorgemaßnahmen bei Einzelkonten

Bei Einzelkonten mit Einzelverfügung entstehen die wenigsten Probleme, *Vollmacht* wenn zusätzlich eine Vollmacht über den Tod hinaus oder für den Todesfall erteilt wird.

Natürlich sollten Sie sich als Bankkunde genau überlegen, wem Sie eine solche Vollmacht geben. Denn das Risiko, dass sie missbraucht wird, ist nicht auszuschließen. Allerdings könnte man bei gleichzeitiger Information gegenüber der Bank z. B. Abhebungen durch Bevollmächtigte auf einen monatlichen Gesamtbetrag begrenzen, auch unter Ausschluss jeglicher Kontoüberziehung/Kreditaufnahme zu Lasten des Vollmachtgebers.

Eine Vollmacht bleibt grundsätzlich so lange in Kraft, als sie nicht von den Erben widerrufen wird. Oder Sie legen von Anfang an fest, dass sie mit dem Todesfall erlischt. Wobei natürlich auch zu Lebzeiten der Widerruf mit der Aufforderung zur Vollmachtsrückgabe jederzeit erfolgen kann.

Wie übertragen Sie Wertpapiere?

Wünscht ein Depotinhaber, dass die Wertpapiere nach seinem Tod einer bestimmten Person zufallen, sind rechtlich eindeutige Verfügungen zu treffen, die gewährleisten, dass der im Erbfall Begünstigte tatsächlich auch Depotinhaber und Eigentümer der Papiere wird.

Grundsätzlich müssen Sie bei Wertpapierdepots immer den schuldrechtlichen Anspruch auf Herausgabe der zu einem bestimmten Depot verwahrten Papiere sowie das sachenrechtliche Eigentum an diesen Papieren rechtswirksam übertragen.

Testament Dies können Sie als Depotinhaber einmal dadurch erreichen, dass Sie ein Testament errichten und darin bestimmen, wer Depotinhaber und Eigentümer der zu diesem Depot verwahrten Papiere werden soll.

Vertrag zugunsten eines Dritten Es gibt aber auch eine vom Testament unabhängige Lösungsmöglichkeit, indem Sie mit der Bank einen Vertrag zugunsten eines Dritten über die Verfügung über das Wertpapierdepot abschließen. Die Banken stellen hierfür spezielle Formulare zur Verfügung. Darin wird genau festgelegt, zu welchem Zeitpunkt – also z. B. im Erbfall – alle Rechte aus dem Depot und das Eigentum an den Papieren auf den Begünstigten übergehen. Der bzw. die Begünstigte unterschreibt diesen Vertrag ebenfalls. Sie können aber auch bereits zu Lebzeiten Anweisungen zur Verfügung erteilen, etwa beim Erreichen eines bestimmten Alters des von Ihnen vorgesehen Begünstigten oder zu einem bestimmten festgelegten Zeitpunkt.

Damit ist an und für sich sichergestellt, dass Erben später keine Rechte mehr geltend machen können. Eine solche Regelung hat folgende Vorteile:

Vorteile
- Die Vermögenswerte fallen nicht mehr in den Nachlass, d. h. der Begünstigte muss seine Ansprüche keinesfalls erst gegen die Erben durchsetzen.
- Der Begünstigte kann im Erbfall sofort über das Depot verfügen und wird damit auch unmittelbarer Eigentümer der Papiere.
- Der Depotinhaber bleibt bis zu seinem Tod allein verfügungsberechtigt, d. h. er kann nach wie vor Wertpapiere verkaufen oder hinzukaufen.
- Die Erträge, die dem Depotinhaber zufließen, werden bei ihm allerdings bis zum Vollzug der Schenkung oder dem Erbfall – also bis zum Lebensende – auch einkommensteuerlich als Kapitalerträge zugerechnet. Die Erträge bleiben steuerfrei, soweit sie zumindest noch für das Steuerjahr 2005 nicht über dem Sparerfreibetrag von 1.424 € (Ledige) bzw. 2.842 €

(Verheiratete) liegen – keine höheren nachgewiesenen Werbungskosten vorausgesetzt (Sparerfreibetrag von 1.370 € bzw. 2.740 € sowie Werbungskostenpauschale von 51 € bzw. 102 €).

Was weiß das Finanzamt?

Sicherlich erfährt das Finanzamt nicht sofort von internen „Schenkungen". Aber anzeigepflichtig sind sie dennoch. Zudem stößt das Finanzamt bei den unterschiedlichsten Sachverhalten oft auf schenkungsrelevante Vorgänge.

Schenkungen sind anzeigepflichtig

Ihre Tochter kauft sich eine Eigentumswohnung

Ihre Tochter erhält von Ihnen eine größere Finanzspritze. Zusammen mit ihren Ersparnissen und einer entsprechenden Finanzierung kauft sie sich ein halbes Jahr später die lang ersehnte Eigentumswohnung.

Fast routinemäßig ist damit zu rechnen, dass das Finanzamt bei Ihrer Tochter direkt abfragen wird, mit welchen Mitteln sie die Wohnung gekauft hat. Spätestens dann wird für die Behörde erkennbar, dass hier innerhalb der Familie Geld geflossen ist, unabhängig davon, ob dies schenkungssteuerliche Konsequenzen auslöst.   ◄

Sinkende Zinserträge

Über einige Jahre hinweg haben Sie als Eltern über die Anlage KAP über die Einkommensteuererklärung Ihre Zinserträge ordnungsgemäß erklärt. Aus der Anlage zur Steuererklärung 2004 wird erkennbar, dass Sie im Unterschied zu fast konstanten Beträgen jetzt plötzlich geringere Zinseinkünfte angegeben haben. Die Ursache war die Schenkung größerer Geldbeträge als Finanzierungsspritze an beide Kinder für den Hausbau.

Auch dies kann für das Finanzamt ein Anlass sein, ggf. über den Verbleib größerer Differenzen bei den erklärten Zinsen nachzufragen, seit dem 1.4.2005 sogar mit der Möglichkeit, eine globale Abfrage zu vorhandenen Konten/ Bankverbindungen laufen zu lassen. Denn die Kreditinstitute sind seither gegenüber dem Bundesamt für Finanzen verpflichtet, die persönlichen Angaben über alle geführten Konten/Depots mitzuteilen. Zwar nicht die „Kontostände", aber immerhin kann das Finanzamt so erfahren, wo Konten/Depots bestehen und welche Bankverbindungen ortsunabhängig vorhanden sind.

Ab 1.7.2005 kommt dann noch der EU-weite Informationsaustausch hinzu – dies als ergänzender Hinweis für vorhandene Auslandskonten.

Bei dem Ausgangsbeispiel ist ergänzend zu berücksichtigen, dass das Finanzamt sogar für das längst abgelaufene Kalenderjahr 2004 verlangen kann, dass die Eltern zusätzlich zu den Angaben in der ESt-Erklärung die von den Kreditinstituten ausgestellten Jahresbescheinigungen über Kapitalvermögen und Veräußerungsgeschäfte vorlegen müssen. Daraus lassen sich sämtliche Erträge zum Abgleich gegenüber den Angaben in der Steuererklärung leicht entnehmen. Also nicht nur die „Zinsen", sondern auch Wertpapierverkäufe.   ◄

Nochmals: Selbst wenn im Einzelfall der Betrag keine Schenkungsteuer auslöst, werden vollzogene Schenkungen, aber auch etwa eine direkte Zuwendung auf den Todesfall hin, bei der begünstigten Zehnjahresfrist zusammengerechnet. Dies wird übrigens nach dem Todesfall nochmals über die Erbschaftsteuererklärung abgefragt – unabhängig von einer möglichen Kenntnis des Finanzamts.

Wie ist das mit dem Nießbrauch?

Noch ein Hinweis an dieser Stelle zu dem großen Thema „Nießbrauch". Soweit Sie unabhängig vom wirtschaftlichen Übergang von Vermögenswerten ein persönliches, vielleicht aber auch finanzielles Interesse daran haben, weiterhin die „Früchte" aus den überlassenen Vermögensgegenständen zu ziehen, können Sie dies z. B. über eine Nießbrauchsvereinbarung regeln.

Bei Immobilien lässt sich so erreichen, dass z. B. der bisherige Eigentümer auch weiterhin die Mieteinkünfte erhält, obwohl im Grundbuch nun ein neuer Eigentümer eingetragen ist. Eine Vereinbarung, die gerade unter nahen Angehörigen häufig praktiziert wird, wenn Sie als Eltern oder Elternteil noch längerfristig auf fortlaufende Zusatzeinkünfte zur bisherigen Altersversorgung angewiesen sind. Klärungsbedürftig ist daher in diesem Zusammenhang die Frage der Instandhaltung, Reparaturen und allgemein der Kostenübernahme, wobei natürlich die Ausgaben und Einkünfte auch steuerlich dem Nießbraucher zugerechnet werden.

Nießbrauch von Kapitalvermögen

Derartige Nießbrauchsvorbehalte/-vereinbarungen gibt es auch im Bereich des Kapitalvermögens.

Nießbrauch bei Wertpapierdepots

Sie übertragen Ihrem Sohn bereits zu Lebzeiten Ihr Wertpapierdepot. Dabei vereinbaren Sie aber, dass die Dividenden/Erträge hieraus weiterhin Ihnen zufließen sollen. Steuerlich werden die Erträge damit Ihnen zugerechnet. ◄

Häufig überlegen sich Kapitalanleger, bereits jetzt – außerhalb größerer erbrechtlicher Regelungen – festzulegen, dass im Falle ihres Todes ein bestimmter Betrag ausgezahlt werden soll.

Auch die Kinder der Alleinerbin sollen bedacht werden

Die Tante hat in ihrem Testament ihre Nichte bereits zur Alleinerbin eingesetzt. Sie möchte darüber hinaus, dass die minderjährigen Kinder der Nichte bei ihrem Todesfall noch einen bestimmten Geldbetrag direkt erhalten. Wegen der Minderjährigkeit möchte sie eigentlich zum jetzigen Zeitpunkt eine Kapitalschenkung noch nicht vornehmen. Auch soll die Nichte hiervon noch nichts erfahren. Die bis zum Todesfall auflaufenden Zinsen möchte die Tante zudem selbst behalten.

Kein Problem: Die Tante erhält über die Bank die beiden Sparbriefe, die laufenden Zinserträge fließen ihr zu. Tatsächlich würde die Kapitalforderung dann erst beim Todesfall den beiden begünstigten Kindern zustehen. ◄

Soweit Sie also bei Ihrer jetzigen Planung, auch in Bezug auf Vermögensübertragungen, daran denken, immer noch die wirtschaftliche Verfügungsbefugnis über gewisse Kapitalerträge zu behalten, können Sie hier etwa mit Verträgen zugunsten Dritter etc. durchaus auch finanzielle Vorkehrungen mit Blinkwinkel auf den eigenen Todesfall treffen.

Das heißt in obigem Beispiel, wenn die Tante ein Sparguthaben auf die Namen der Kinder anlegt, hätte sie keinerlei Einflussnahme mehr auf ihre ursprüngliche Kapitalforderung. Natürlich würden auch die Zinsen den begünstigten Kindern zufließen, dem Grunde nach liegt dann bereits eine vollzogene Schenkung vor.

**Einkommen-
steuerliche
Entlastungen**

Dazu noch ein steuerlicher Hinweis: Soweit Sie aus den eigenen laufenden Steuerunterlagen ersehen können, dass für den Bereich des Kapitalvermögens der bisherige Sparerfreibetrag sehr stark überschritten wird, und ohnehin vorgesehen ist, dass ein bestimmter Betrag in absehbarer Zeit, spätestens im Todesfall aber etwa an nahe Angehörige (Kinder etc.) übergehen soll, sollten Sie im Gespräch mit dem Begünstigten prüfen, ob sich eine Schenkung zu Lebzeiten vielleicht auch steuerlich für Sie lohnt. Haben Sie auch noch größere sonstige Einkünfte, wird ein Teil der Erträge, die über dem jahresbezogenen Sparerfreibetrag liegen, durch die Einkommensteuer wieder „abgeschöpft". Eine zum jetzigen Zeitpunkt vorgenommene Übertragung von Teilbeträgen kann dazu führen, dass Sie einkommensteuerlich entlastet werden.

Zudem kommen die Auswirkungen durch das Alterseinkünftegesetz mit der schrittweisen Berücksichtigung der Renteneinkünfte spürbar wohl erstmals für das Kalenderjahr/Steuerjahr 2005 hinzu. Ab 2005 werden bereits alle Bestandsrenten, aber auch Neuzugänge mit 50 % besteuert. Für neue Rentenfälle steigt der Besteuerungsanteil durch dieses nachgelagerte Rentenbesteuerungsverfahren bis 2040 auf 100 %. Was wiederum bei zusätzlichen Einkünften, etwa aus Kapitalvermögen, Miet- oder Nießbrauchseinkünften, sehr schnell zu Steuerbelastungen führen kann, obwohl der neu geregelte Sonderausgabenabzug bei Durchschnittsrenten ab dem Steuerjahr einiges an Zusatzbelastungen auffangen wird.

Experten-Tipp

Sich vorher über steuerliche Folgen informieren

Auf jeden Fall sollten Sie sich vor einer Nießbrauchsbestellung genau bei Ihrem Berater erkundigen, welche einkommensteuerlichen Folgen sich hieraus tatsächlich ergeben können. Soweit Sie sich bereits im Ruhestand befinden, sollten Sie zur Sicherheit auch der Frage nachgehen, ob Sie möglicherweise künftig wieder eine ESt-Erklärung abgeben müssen.   ◄

Auf angemessenes Restvermögen achten

Die Steuer ist die eine Sache und für viele Bürger ein Reizwort. Aber dennoch sollten Sie immer daran denken, dass Sie bei allem Interesse an steueroptimalen Lösungen für eine ausreichende Altersvorsorge bzw. Existenzsicherung auf jeden Fall ein angemessenes Restvermögen benötigen. ◄

Vorsicht Kindergeldfalle

Wird Geldvermögen auf volljährige Kinder übertragen, die sich noch in Ausbildung oder im Studium befinden, sollten Sie stets auf die berühmte Kindergeldfalle achten. Führt die Vermögensübertragungs-, ggf. mit Nebenverdienst, und Kapitaleinkünften nämlich zu hohen Einkünften beim Nachwuchs, fallen nicht nur das Kindergeld weg, sondern auch alle Ihnen persönlich zustehenden kinderbedingten steuerlichen Erleichterungen. ◄

Banken und Bausparkassen bieten als Alternative zur strikten Besteuerung bei Zufluss/Zinsgutschrift durchaus entsprechende renditeträchtige Anlagen mit einer Zinsverlagerung bzw. späteren Zinsendfälligkeit an.

Die Spekulationsbesteuerung

Mit in dieses finanzielle Umfeld gehört an dieser Stelle natürlich auch ein kleiner Hinweis auf die sog. „Spekulationsbesteuerung". Demnach bleiben Zinsgewinne per Gesetz nur dann steuerfrei, wenn mindestens ein Jahr zwischen Erwerb und Verkauf vergangen ist. Hier laufen derzeit umfangreiche Kontrollen bei den Finanzämtern an, u. a. über die besondere Anlage „SO" bei der Einkommensteuererklärung. Auch die bereits erwähnt neue Jahresbescheinigung über Kapitalerträge und Veräußerungsgeschäfte macht selbst den Bereich Wertpapierverkauf für die Finanzämter mehr als transparent und nachvollziehbar.

Bei Immobilien müssen Sie für fremdvermietete Wohnungen auf jeden Fall die Zehnjahresfrist zwischen Abschluss des Kaufvertrags und einem möglichen Verkauf in Betracht ziehen. Auch dies wird nun systematisch kontrolliert. Ausgenommen ist hiervon die von Ihnen selbst genutzte Immobilie, soweit Sie diese, aus welchen Gründen auch immer, schon zu Lebzeiten verkaufen wollen.

Immobilien: Zehnjahresfrist

Zehnjahresfrist bei Immobilienverkäufen

Sie haben 2000 von einem Nachbarn ein recht günstiges Grundstück erworben, das Ihr Sohn entweder noch zu Ihren Lebzeiten erhalten oder spätestens im Todesfall auf ihn übergehen soll.

Zwischenzeitlich liegt das Grundstück in einem fertigen Bebauungsgebiet, es melden sich zahlreiche Interessenten. Hier gilt es nun aufzupassen, denn der problemlos erzielte Veräußerungsgewinn könnte durch die Besteuerung nach § 23 EStG erheblich reduziert werden, wenn Sie bzw. Ihr Sohn sich als Besitzer bereits vor Ablauf der Zehnjahresfrist zu einem Verkauf des Grundstücks entschließen.   ◀

Wichtig: Bei allen Fällen, in denen schon vor 1999 die frühere, zweijährige Behaltensfrist abgelaufen ist, unbeding Einspruch gegen neue Steuerbescheide mit der Festsetzung von Veräußerungsgewinnen einlegen und Steuerberater einschalten!

Es empfiehlt sich daher, bei Vermögensübertragungen mit einer Verkaufsabsicht im Hintergrund, aber natürlich auch bei etwaigen Erbfällen, ggf. vor dem notariellen Abschluss des Verkaufs den steuerlichen Berater zum Thema Veräußerungs- bzw. Spekulationsgewinn zu befragen. Hinzu kommt, dass die derzeitige Besteuerung von Immobilienerlösen bei Veräußerung fremdvermieteter Objekte innerhalb der vorgesehen Zehnjahresfrist verfassungsrechtlich umstritten ist und zahlreiche Steuerverfahren anhängig sind. Weitere Hinweise zu den Themen Vermögensübertragung, Erbschaftsteuer und Immobilienbewertung finden Sie nachfolgend in Ihrem Lexikonteil!

Die Vorsorge für den Todesfall

Bereits die Tatsache, dass Sie sich schon zu Lebzeiten mit möglichen Vorsorgemaßnahmen hinsichtlich Ihres eigenen Ablebens oder dem eines Ihrer Angehörigen beschäftigen wollen, unterscheidet Sie in wirklich positiver Weise von unzähligen anderen Bürgerinnen und Bürgern unseres Landes.

Erb-
streitigkeiten
vermeiden

Jeder Berater wird Ihnen auf Anhieb mehr oder weniger haarsträubende Fälle aus seiner Praxis erzählen können, wenn er auf das Thema Vorsorgemaßnahmen für den Todesfall im Mandantenkreis angesprochen wird. Gänzlich fehlende Regelungen für den Todesfall, vielleicht aber auch nur lückenhafte, fehlerhafte oder sogar zeitlich überholte Verfügungen sind im Ernstfall oft genug Ursache für Streitereien zwischen den Erben oder anderen Anspruchsberechtigten.

Erbstreitigkeiten sind heute bei vielen Gerichtsverhandlungen schon fast an der Tagesordnung und unzählige Anwaltskanzleien oder Notariate beschäftigen sich fast ständig damit.

Erbstreitigkeiten können zudem, je nach vorhandenem Nachlass, zu erheblichen finanziellen Problemen führen. Sein „Recht" in Erbangelegenheiten durchzusetzen kann im Einzelfall auch bedeuten, dass man gerichtliche Schritte, vielleicht sogar gegenüber einer größeren Anzahl von Personen, einleiten muss. In den meisten Fällen muss man zur Durchsetzung seiner Ansprüche auch noch die Kosten vorlegen. In zeitlicher Hinsicht kommt hinzu, dass sich Erbstreitigkeiten vor den Zivilgerichten je nach Ausgangsfall und Ausschöpfung der Rechtslage über Jahre hinziehen können.

Dabei lassen sich derartige negative Erlebnisse im Regelfall völlig vermeiden. Jeder hat das Recht, über sein Vermögen für die Zeit nach dem Tode die aus seiner Sicht erforderlichen Bestimmungen zu treffen. Hier keinen Fehler zu machen ist sicherlich nicht leicht. Sie sollten aber nicht die unzähligen, vielleicht viel wichtigeren Positionen übersehen, die sich eben nicht nur ausschließlich um das „liebe Geld" drehen.

Über den Verbleib Ihres Vermögens bestimmen

In diesem Zusammenhang über sich selbst, vielleicht aber auch gerade über Ihre Umgebung nachzudenken lohnt sich auf jeden Fall, insbesondere wenn Sie das Thema „Todesfall" ohne den oft sehr harten Druck einer persönlichen Erkrankung, durch die Sie plötzlich und unerwartet nicht mehr voll handlungsfähig sind, oder Ähnlichem angehen.

Mit der persönlichen Bestandsaufnahme entsprechend der Vorlage auf Ihrer CD-ROM, sind Sie auf jeden Fall für sich und Ihre Vertrauenspersonen auf dem richtigen Weg – auch wenn es auf den ersten Blick etwas mühsam sein sollte, sich alle Daten und Informationen aus Ihren Unterlagen, Dokumenten etc. zu beschaffen.

Ihr Vorteil: Sie erhalten bereits jetzt zu Lebzeiten einen genauen Überblick über Ihre wirtschaftliche Situation und haben gleichzeitig sowohl für den Betreuungs- oder Pflege- als auch für den eigenen Todesfall klar nachvollziehbare Unterlagen/Anweisungen vorliegen. Somit ist davon auszugehen, dass man noch konkreter in Ihrem Interesse handeln und verfügen wird.

Bleiben wir beim Ernstfall: Einige kurz gefasste, dafür aber klare weiter gehende Hinweise über testamentarische Verfügungen hinaus für Ihre Angehörigen oder sonstige mit Ihren persönlichen Dingen betrauten Personen können dazu beitragen, dass im Falle Ihres Todes gewisse Abläufe zumindest in den wesentlichen Bereichen auch tatsächlich so gesteuert werden, wie Sie dies für sich zu Lebzeiten festgelegt haben.

Zeitlichen Vorteil nutzen

Übersehen Sie auch nicht den jetzt noch vorhandenen zeitlichen Vorteil, wenn Sie sich über den Weg einer persönlichen Bestandsaufnahme zum Thema Betreuung und Todesfall noch in aller Ruhe einige Gedanken machen können. Leider lässt sich in der Praxis vermehrt feststellen, dass diese Überlegungen tatsächlich nur dann angestellt werden, wenn im näheren Umkreis plötzlich eine derartige Situation eingetreten ist oder man sich vielleicht vor Antritt einer größeren Reise oder bei einer sonstigen wichtigen Veränderung seiner persönlichen Lebenssphäre entschließen will, jetzt „noch schnell" die eine oder andere Verfügung für den Todesfall zu treffen. Die leider nicht auszuschließende Möglichkeit, dass man bereits bei einem Unfall leider sehr schnell zu einem schweren Pflegefall ohne eigene Steuerungsfähigkeit oder Entscheidungsmöglichkeit werden kann, wird hierbei jedoch nur selten mitberücksichtigt. Erfahrungsgemäß ist der Blick vielmehr ausschließlich auf den Todesfall gerichtet. Dies ist sicher nicht falsch, im Gegenteil, man sollte auf jeden Fall handeln und das kurzfristig „Machbare" verwirklichen.

Eheleute ohne Testament

Nach mehrfacher direkter Frage ihres Sohnes stellen die Eheleute fest, dass sie noch kein Testament haben. Das schon länger anstehende Beratungsgespräch mit dem Notar wegen eines Erbvertrags mit Übergabe des Wohnhauses wurde bislang nicht realisiert. Damit zumindest etwas geregelt ist, fassen die Eheleute daraufhin abends kurz handschriftlich das gegenseitige Ehegattentestament mit dem Sohn als Schlusserben ab, das anschließend in den Unterlagen verschlossen verwahrt wird.   ◄

Damit ist zumindest eine Grundabsicherung zwischen den Eheleuten erreicht. Mit der Vorlage dieser Verfügung findet dann später das Erstgespräch beim Notar zur Erstellung eines ausführlichen Vertragsentwurfs statt.

Optimal wäre dann ergänzend die Abfassung der Vorsorge- und Betreuungsverfügungen für den Fall des Verlustes der eigenen Einsichts- und Entscheidungsfähigkeit und zusätzlich – falls gewollt – eine Patientenverfügung. In den nachfolgenden Abschnitten finden Sie die wichtigsten Erläuterungen hierzu und entsprechende Mustervorlagen.

Nochmals zur Klarstellung: Sie regeln damit im Wesentlichen nur Vorgänge, die bis zu Ihrem möglichen Sterbefall eintreten können. Den weiteren Schritt, nämlich die Anweisungen und Vorgaben, was nach Ihrem Tode an einzelnen Schritten und Handlungen erwartet wird, müssen Sie unabhängig davon über eine letztwillige Verfügung oder einen Erbvertrag regeln.

Es liegt daher an Ihnen, sich anhand der nachfolgenden Ausführungen in aller Ruhe Gedanken darüber zu machen, was im Falle Ihres Todes geschehen soll und – auch das ist wichtig – was Sie veranlassen müssen, wenn Sie sich etwa über Testamente oder sonstige Verfügungen bereits gebunden haben. Vielleicht ist dieser Ratgeber gerade jetzt Anlass dafür, über frühere Absichten nochmals intensiver nachzudenken, dann aber für den Fall einer Änderung auch die bereits getroffenen Verfügungen nochmals mit Ihrem Berater (Anwalt, Notar) durchzusprechen.

Zur besseren Illustration folgender Beispielsfall aus der Praxis:

Änderung der Lebenssituation

Witwe A setzt nach dem frühen Tode ihres Ehemannes eine gemeinnützige Organisation zu ihrem Alleinerben ein, da Kinder nicht vorhanden sind. Das Testament wurde von ihr vor ca. 20 Jahren errichtet. Sie lernt nach einiger Zeit einen neuen Lebenspartner kennen; schon wegen der laufenden Rentenbezüge entschließt man sich, nicht nochmals eine Ehe einzugehen. Beide Partner leben über Jahre hinweg unbeanstandet zusammen, bis plötzlich die Lebenspartnerin verstirbt. Folge: Aufgrund der Erbenstellung verlangt die Organisation das noch vorhandene Vermögen komplett bis hin zum persönlichen Inventar heraus.

Völlig unstreitig war, dass beide Partner beabsichtigten, sich im Falle des Todes wegen fehlender Verwandtschaft gegenseitig zum Alleinerben einzusetzen. Nur: Es wurde ganz einfach vergessen, die Sache schriftlich zu fixieren. Um so größer war daher das Erstaunen, als plötzlich das vor Jahren schon hinterlegte Testament auftauchte, mit allen hieraus sich ergebenden Konsequenzen. Bittere Erfahrungen, die sich vermeiden lassen.   ◄

Vorsorgemaßnahmen

Sie müssen jetzt also zwei Schritte tun:

- Prüfen Sie Ihre bereits bestehenden Verfügungen von Todes wegen auf Aktualität, d. h. daraufhin, ob der von Ihnen vielleicht schon vor Jahren eingesetzte Erbe oder Begünstigte/Vermächtnisnehmer tatsächlich noch Ihr volles Vertrauen genießt.

- Richten Sie Ihren Blick nach vorne, gehen Sie bitte Schritt für Schritt Ihre persönliche Vermögensaufstellung durch. Legen Sie auch in Bezug auf einen möglichen Todesfall jetzt schon fest, wie Ihre Bestattung und alle damit zusammenhängenden tatsächlichen und rechtlichen Verpflichtungen weiter laufen sollen. Auch laufende Verträge, etwa bei Unfall- und Lebensversicherungen, oder sonstige erworbene Anwartschaften, die auf den Todesfall einen Geldanspruch vorsehen, sollten Sie auf die Bezugsberechtigung hin sorgfältig überprüfen. ◄

Die Vorsorge durch ein Testament

Testaments-
eröffnung

Zunächst sollten Sie wissen, dass der/die Erben oder sonstige Begünstigte beim Todesfall eine Testamentskopie mit der Mitteilung der Testamentseröffnung erhalten. Aber auch das Nachlassgericht kann einen Termin zur Testamentseröffnung bestimmen. Begünstigte, die hierbei nicht anwesend sind, werden dann nach der Testamentseröffnung von dem Termin und dem „Ergebnis" informiert.

In eine besondere inhaltliche Prüfung steigt das Nachlassgericht zunächst nicht ein. Es prüft allenfalls, ob gegen das oder die Testamente formelle Bedenken bestehen.

Erbschein-
Antrags-
verfahren

Wollen Sie Ihre Erbberechtigung schwarz auf weiß haben, müssen Sie das separate Erbschein-Antragsverfahren in Gang bringen. Im Rahmen dieses Verfahrens stellt dann das Nachlassgericht die Erbberechtigung bzw. die einzelnen Erbanteile fest, aber nur dem Grundsatz nach, keinesfalls in Bezug auf die Höhe. Der Erbschein enthält auch keinerlei Aussagen über zu erfüllende Vermächtnisse. Ein Vermächtnisnehmer muss daher aufgrund der ihm zur Kenntnis gebrachten letztwilligen Verfügung selbst an den/die Erben herantreten, also diesen Begünstigten gegenüber den Anspruch auf Vermächtniserfüllung geltend machen. Im Erbscheinverfahren berücksichtigt werden allerdings z. B. die angeordnete Testamentsvollstreckung oder auch die Festlegung einer Vor- und Nacherbschaft.

Zu Ihrer Sicherheit: Rechtsberatung

Wollen Sie bei der Abfassung Ihres letzten Willens „auf Nummer sicher" gehen, sollten Sie den fachkundigen Rat eines Rechtsanwalts oder Notars in Anspruch nehmen. Beide können Sie umfassend über erbrechtliche Gestaltungen beraten und ergänzend informieren.

Rechtsanwalt oder Notar?

Soweit Sie den Notar aufsuchen, kann dieser das Testament gleich abfassen und damit errichten. Seine Arbeit kann sich aber auch auf eine Beratung beschränken, bis hin zur Möglichkeit der Prüfung eines vorgelegten, von Ihnen selbst verfassten handschriftlichen Testaments. Zudem besteht ein Vorteil, der bereits im Zusammenhang mit den Verfügungen und Vollmachten in den vorangegangenen Kapiteln erläutert wurde: Ein Notar wird nur dann ein Testament errichten, wenn er von der uneingeschränkten Geschäftsfähigkeit des Testierenden überzeugt ist. Damit wird für diesen Zeitpunkt gleichzeitig der Vollbesitz der geistigen Kräfte dokumentiert.

Ähnlich ist die Beratungstätigkeit des Rechtsanwalts. Dieser muss sich allerdings darauf beschränken, einen schriftlichen Testamentsentwurf zu verfassen oder ein von Ihnen handschriftlich errichtetes Testament zu prüfen.

Nur Notar kann Testament errichten

Ausschließlich der Notar kann ein Testament aufnehmen und hierüber eine Urkunde erstellen. Den vorgelegten Entwurf Ihres Anwalts müssen Sie daher eigenhändig, also handschriftlich, abschreiben. Gleiches gilt natürlich für die diversen Testamentsvorschläge und Muster in diesem Ratgeber und auf Ihrer CD. Nur handschriftlich erhält das Testament angesichts der strengen Formvorschriften Gültigkeit.

Soweit Sie aus persönlichen Gründen an der eigenhändigen Abfassung eines Testaments gehindert sind, etwa wegen eines Krankenhausaufenthalts oder körperlicher Gebrechen, sollten Sie daher zweckmäßigerweise gleich den Notar mit der Errichtung des Testaments beauftragen. Auch die ordnungsgemäße Verwahrung ist damit unproblematisch sichergestellt, wobei Sie als Verfügter eine entsprechende Abschrift des Notartestaments für Ihre persönlichen Unterlagen erhalten. Der Notar kann u. U. sogar am Krankenbett Ihre Wünsche aufnehmen und diese dann als Notartestament abfassen.

Keine Orts-gebundenheit Es gilt übrigens keine Ortsgebundenheit des aufzusuchenden Notars bzw. Anwalts. Sie können sich also an einem x-beliebigen Ort Rechtsrat bis hin zur Mithilfe bei der Testamentserstellung holen.

Verwahrung des Testaments Soweit ein Notar Ihr Testament errichtet, geht diese Information unabhängig von dem konkreten Inhalt an das Standesamt Ihres Wohnorts. Auf diesem Wege ist bereits sichergestellt, dass bei einem späteren Todesfall die Meldung über ein hinterlegtes Notartestament beim zuständigen Standesamt vorliegt. Diese Wirkung erreichen Sie bei handschriftlichen Testamenten allenfalls dann, wenn Sie Ihr eigenes Testament bei einem Notariat in amtliche Verwahrung geben.

Soweit Sie einen Rechtsanwalt als Person Ihres Vertrauens mit dem Entwurf Ihres Testaments beauftragen, ist dieser im Regelfall auch bereit, das Originaltestament bei sich in Verwahrung zu nehmen (Hinterlegung in einem Safe) oder die Hinterlegung beim Notariat zu veranlassen.

Bei einer Eigenverwahrung sollten Sie natürlich das Originaltestament ausschließlich bei Ihren höchstpersönlichen Unterlagen verwahren, mit dem Ziel, dass das Original bei Eintritt des Todesfalls an einer bestimmten Stelle tatsächlich „auffindbar und greifbar" ist. Es würde nämlich sofort Probleme geben, wenn beim Todesfall lediglich eine Fotokopie auftaucht, das Originaltestament, aus welchen Gründen auch immer, aber nicht auffindbar ist.

Verwahrung des Originaltestaments

Bewahren Sie das Originaltestament sicher, also in geeigneten Unterlagen oder im Bankschließfach, auf, z. B. in Ihrem Familienstammbuch oder sonstigen persönlichen Unterlagen. Eine verschlossene Kopie mit einem in dem Umschlag enthaltenen Hinweis, wo sich das Originaltestament befindet, können Sie dann auch guten Freunden oder nahe stehende Personen übergeben. Und zweckmäßigerweise vermerken Sie den Aufbewahrungsort auch in Ihrer persönlichen Vorsorgecheckliste. Oder Sie überlassen das Testament – etwa bei Auslandsaufenthalten oder stationären Aufenthalten im Krankenhaus – einer anderen Person Ihres Vertrauens, z. B. Ihrem Steuerberater oder Anwalt.

Erbvertrag Die gleichen strengen formellen Grundvoraussetzungen gelten auch für Erbverträge. Hier müssen Sie für die Abfassung den Notar einschalten. Der

Vertrag kann vom Notar nur in Anwesenheit aller über den Erbvertrag betroffenen Personen geschlossen werden.

Auch darüber sollten Sie Bescheid wissen: Beim Rechtsgespräch, egal ob beim Notar oder Anwalt, können natürlich jederzeit mit ausdrücklicher Zustimmung des „Veranlassers" auch weitere Personen Ihres Vertrauens anwesend sein. Beim Notartermin können Sie zu Beginn der mündlichen Beratung zur Unterstützung einen beauftragten Rechtsanwalt mitbringen, selbstverständlich aber auch etwaige durch das Testament Begünstigte, soweit Sie dies persönlich wünschen und für notwendig erachten.

Das Ehegattentestament

Sind keine leiblichen Abkömmlinge vorhanden, ist es bei Ehegatten an und für sich üblich, dass sich diese gegenseitig zu Alleinerben einsetzen. Soweit hierüber Einvernehmen zwischen den Ehepartnern besteht, kann das nachfolgende Testamentsmuster als Grundlage herangezogen werden.

Möglich ist natürlich auch, dass die Ehegatten ihren letzten Willen in jeweils getrennten Einzeltestamenten niederlegen..

Gesetzliche Erbfolge

Soweit kein Testament erstellt wird, werden der überlebende Ehegatte und die Eltern gesetzliche Erben von Verheirateten ohne Kinder. Soweit die Eltern bereits verstorben sind, sind deren Nachkommen, also zunächst etwaige Geschwister des/der Verstorbenen dann neben dem überlebenden Ehegatten gesetzliche Erben.   ◄

Haben die Eheleute (wie im Regelfall) im Güterstand der Zugewinngemeinschaft gelebt, so hat der überlebende Ehegatte ein Erbrecht in Höhe von drei Vierteln.

Anders bei notariell vereinbarter Gütertrennung oder Gütergemeinschaft: Hier wird der Ehegatte nur zur Hälfte gesetzlicher Erbe.

Für viele Partner von Lebensgemeinschaften ohne Trauschein an dieser Stelle folgender Hinweis: Verfassen Sie unbedingt zwei Einzeltestamente, in denen Sie den anderen Partner jeweils als Erben einsetzen. Selbst bei glei-

Lebensgemeinschaft ohne Trauschein

chem Inhalt dürfen Sie auf keinen Fall ein gemeinschaftliches Testament wie bei Eheleuten abfassen!

Bitte verwechseln Sie die Lebensgemeinschaft ohne Trauschein nicht mit den eingetragenen Lebenspartnerschaften, also die mögliche Heirat zwischen gleichgeschlechtlichen Partnern.

Pflichtteilrecht Was ist mit dem Pflichtteilrecht, falls testamentarisch oder über einen notariellen Erbvertrag ein anderer Erbe oder mehrere Erben berücksichtigt werden sollen?

Pflichtteil

Pflichtteilsberechtigt sind ausschließlich die Eltern des Erblassers und der überlebende Ehegatte, beim Tode der Eltern dann weitere erbberechtigte Verwandte bzw. Angehörige. ◀

Bei Alleinstehenden sowie Ehepartnern mit Kindern, stehen auch diesen beim Todesfall Pflichtteilsansprüche zu. Vorausgesetzt, auch sie wären im Falle der gesetzlichen Erbfolge „Erben" geworden. Der Pflichtteilanspruch beläuft sich auf die Hälfte des Werts des gesetzlichen Erbteils. Dies kurz als Einstieg; im ABC-Teil im Anschluss finden Sie weitere konkrete Hinweise!

Erste Hinweise zur Testamentserrichtung

Das gemeinschaftliche Testament

Im Folgenden ein Beispiel, wie ein gemeinschaftliches Ehegattentestament für ein Ehepaar ohne Kinder aussehen könnte:

Unser letzter Wille

Wir, die Eheleute _____ und _____, setzen uns hiermit gegenseitig als Alleinerben ein. Diese Verfügungen sind wechselbezüglich.

Ort, Datum   Eigenhändige Unterschrift des einen Ehepartners

Ort, Datum   Eigenhändige Unterschrift des anderen Ehepartners ◀

Obwohl es sich um ein relativ einfaches und kurz gehaltenes Testament handelt, sollten Sie sich über die Rechtsfolgen im Klaren sein.

Eine Änderung dieses gemeinschaftlichen Testaments ist an und für sich nur möglich, wenn beide Ehepartner zustimmen. Es tritt also eine Bindungswirkung der Eheleute ein. Will einer der Ehepartner z. B. eine andere Verfügung treffen und stimmt der andere noch lebende Ehepartner nicht zu, bleibt zur Beseitigung dieser Rechtswirkung nur der Weg, dass Sie zu Lebzeiten durch einseitige Erklärung vor einem Notar den Widerruf der Verfügung erklären oder eine vor dem Notar beurkundete Änderung des Testaments dem anderen Ehepartner zustellen.

Bindungswirkung

Einvernehmlich können Sie das handschriftliche gemeinschaftliche Testament jederzeit ändern, also auch ein neues gemeinschaftliches Testament jederzeit erstellen. Das alte Testament ist entweder im neuen Testament zu widerrufen oder zweckmäßigerweise zu vernichten.

Widerruf

Unter Widerruf aller bisheriger Verfügungen, zuletzt durch Testament vom _____, lege ich/wir hiermit Folgendes fest:

_____

_____

_____

_____   ◀

Testierfreiheit einräumen

Soweit Sie diese relativ starke Bindungswirkung durch die wechselseitige letzte Verfügung vermeiden wollen, empfiehlt sich bei einem gemeinschaftlichen Testament, dem überlebenden Ehegatten von vornherein eine gewisse Testierfreiheit einzuräumen.

Dies gilt z. B. für den Fall, dass Sie gleichzeitig über das Ehegattentestament bestimmte weiterführende Anordnungen treffen, z. B. Vermächtnisse zugunsten anderer Personen, oder über das gemeinschaftliche Testament schon vorsehen wollen, dass nach dem Tode des Letztversterbenden bestimmte Personen Schlusserben werden sollen. Je nach dem Zeitpunkt der Errichtung dieses gemeinschaftlichen Testaments können sich natürlich zu einem späteren Zeitpunkt die tatsächlichen Verhältnisse verändern. Es könnte beispielsweise zu Meinungsverschiedenheiten mit einem eingesetzten Begünstigten bzw. Vermächtnisnehmer kommen oder die bestehende persönliche Beziehung zu den beabsichtigten Schlusserben entwickelt sich anderes als ursprünglich gedacht.   ◄

Um den überlebenden Ehegatten in seiner erbrechtlichen Dispositionsfreiheit von vornherein nicht zu sehr einzuschränken, können Sie die im vorgenannten Testament enthaltene wechselbezügliche Bindung entsprechend dem nachfolgenden Testamentsvorschlag aufheben:

Unser letzter Wille

Wir setzen uns gegenseitig zu Alleinerben ein.

Schlußerbe nach dem Tode des letztversterbenden Ehepartners oder bei gleichzeitigem Tod soll [Vor- und Nachname, Anschrift] werden.

Als Ersatzerbe für den eingesetzten Schlußeren wird Frau/Herr [Vor- und Nachname, Anschrift] bestimmt.

Diese Verfügungen nach dem Tode des letztversterbenden Ehegatten sind ausdrücklich nicht wechselbezüglich. Jeder Ehegatte kann nach dem Tode seines vorverstorbenen Ehepartners diese Verfügung durch eine neue, letztwillige Verfügung abändern.

Ort, Datum   Vor- und Zuname des einen Ehepartners

Dies ist auch mein letzter Wille

Ort, Datum   Vor- und Zuname des anderen Ehepartners.   ◄

Vermächtnisse

Über entsprechende testamentarische Einzelverfügungen können Sie durchaus auch neben der Einsetzung bestimmter Erben, etwa aus dem Kreis der Angehörigen, Zuwendungen an bestimmte Personen und Organisationen vornehmen, beispielsweise als Dank für eine Unterstützung bzw. Betreuung zu Lebzeiten.

Vermächtnis als Dank für Betreuungsleistungen

Eine Alleinstehende wird über Jahre hinweg persönlich von einer Nachbarin betreut. Die nächsten Angehörigen leben weit außerhalb des Wohnorts. Die Erblasserin kann über ein eigenhändiges Testament oder Notartestament ihre Angehörigen als Schlusserben einsetzen. Für Betreuungsleistungen der Nachbarin kann eine Sach- oder Geldzuwendung als Vermächtnis im Testament berücksichtigt werden.   ◄

Gerade bei Alleinstehenden ohne größeren Kontakt zu Angehörigen spielt die Betreuung speziell im Alter durch karitative Organisationen, Vereine und Verbände eine durchaus wichtige Rolle. Kirchliche Institutionen, sozial engagierte Vereine und Wohlfahrtsverbände ermöglichen immer häufiger neben der reinen Betreuung, der notwendigen Pflege etc. den sehr wichtigen Sozialkontakt.

Karitative Organisationen und Vereine

Daher geschieht es immer häufiger, dass über entsprechende Testamente diese sozial engagierten Organisationen als Erben eingesetzt werden, wenn sich keine Personen aus dem nahen Angehörigen- oder Freundeskreis finden und keine Motivation besteht, vorhandenes Familienvermögen auch im entfernteren Angehörigenkreis zu erhalten.

Wenn eine größere Organisation erben soll

Wenn Sie eine solche soziale Organisation als Erbe berücksichtigen wollen, sollten Sie zuvor zweckmäßigerweise mit dem bekannten örtlichen Träger einer derartigen Organisation Rücksprache nehmen. Denn meist wird es sich um unselbstständige Dienst- oder Geschäftsstellen von größeren Organisationen handeln. Die Einsetzung einer solchen gemeinnützigen Organisation bedeutet dann, dass der Nachlass beim Todesfall insgesamt und vollständig der Organisation direkt zufällt. Über die letztwillige Verfügung können Sie hier durchaus auch eine Verpflichtung von Seiten der Organisation als Erben dahin gehend vornehmen, dass bestimmte Teile, insbesondere bestimmte Geldbeträge, bei Annahme der Erbschaft z. B. zur Unterstützung eines bestimmten Ortsvereins, zum Ausbau einer bestimmten Betreuungsstelle, für die Jugendarbeit o. Ä. verwendet werden müssen.   ◄

Bei kleineren Organisationseinheiten, also rechtlich selbstständigen Vereinen, z. B. bestimmten Sozialvereinen, wird die von Seiten des Erblassers beabsichtigte gezielte Mittelverwendung für bestimmte Projekte bzw. Vorhaben mit Sicherheit später keine Probleme bereiten, zumal diese Vereine sich meist ausschließlich dauerhaft für eine bestimmte Verwirklichung ihres entsprechend der Satzung vorgegebenen idealistischen Zwecks engagieren.

Große Organisationen als begünstigte Testamentserben müssen selbstverständlich ebenfalls jegliche Zuwendungen ausschließlich für ihre satzungsmäßigen Zwecke einsetzen. Eine Erbeinsetzung ohne jegliche Vorgabe für die Verwendung der Mittel könnte aber zumindest theoretisch dazu führen, dass die Zuwendungen für allgemeine haushaltspolitische Zwecke eingesetzt werden, also Beschäftigung von Personal, Verwendung der Zuwendung für notwendige Investitionen etc.

Aus der Sicht des Erblassers macht es daher durchaus Sinn, bestimmte Zweckzuwendungen gleich testamentarisch festzuhalten.

Zweckzuwendungen

Wollen Sie eine kirchliche Institution begünstigen und soll eine Mittelverwendung für bestimmte Projekte erfolgen (z. B. für eine neue Orgel, für ein bestimmtes laufendes Projekt im Ausland oder ganz einfach nur zur Begünstigung einer bestimmten Kirchengemeinde), sollten Sie diese Vorgabe erwähnen. ◄

Theoretisch können Sie natürlich über karitative/kirchliche Organisationen hinaus jede sonstige Körperschaft begünstigen. Einsetzbar ist also jeder Verein, egal ob er sich für wissenschaftliche, umweltpolitische, sportliche oder sonstige Zwecke engagiert.

Vermächtnis bei Regelung in einem Testament

§ 3 Vermächtnisse

Meine eingesetzten Erben werden verpflichtet, die nachfolgenden Vermächtnisse zu erfüllen:

a) mein Neffe Theo _____, wohnhaft _____ erhält die in X-Stadt gelegene Eigentumswohnung, Anschrift _____, mit der Maßgabe, dass er auch die bestehende geringe Restgrundschuld übernimmt.

b) Meine in _____ wohnende Nichte Maria _____ soll den bei der X-Bank für mich verwahrten Sparbrief über _____ € einschl. aller bis dahin aufgelaufenen Zinsen erhalten.

c) Der Musikverein „Freudig" e. V. in _____ soll den in meiner Wohnung stehenden Flügel nebst Noten erhalten.

d) Als Dank und Anerkennung für ihre Unterstützung im Haushalt soll Frau _____ mit Wohnanschrift in _____ einen einmaligen Geldbetrag von ____ € erhalten.

Weitere Verfügungen möchte ich heute nicht treffen. ◄

Fälligkeit des Vermächtnisses festlegen

Durch ausgesetzte Vermächtnisse erwirbt der Begünstigte einen schuldrechtlichen Anspruch gegen den oder die Erben auf Erfüllung nach Eintritt des ihm ggf. auch durch das Nachlassgericht bei Testamentseröffnung angezeigten/ mitgeteilten Vermächtnisanspruchs, ohne dass dies wie bei den Erben zu einer umfassenden Erbenhaftung führen kann. Bei größeren Geldvermächtnissen empfiehlt es sich daher, die Fälligkeit gleich angemessen mit festzulegen, also einen Auszahlungszeitraum vorzusehen, gerade wenn z. B. Kapitalvermögen/ Vermögenswerte länger gebunden sind und nicht gleich eingesetzt werden können. ◄

Das Ledigentestament

Entgegen weit verbreiteter Ansicht ist es oft durchaus angebracht, wenn man gerade als Lediger schon zu Lebzeiten festlegt, wer im Einzelnen Erbe werden soll, bis hin zu einzelnen Anordnungen auch in Bezug auf den Todesfall.

Denn anders als etwa bei Ehegatten, hat man als Lediger, vielleicht mit Ausnahme der nichtehelichen Lebensgemeinschaft, kein größeres Interesse an einer weiter gehenden Vorsorge nach dem Todesfall. Andererseits tritt automatisch die gesetzliche Erbfolge ein, wenn Sie als Lediger kein Testament mit bestimmten Verfügungen errichtet haben.

> **Vorgaben für Vertrauensperson**
>
> Auch unter Hinweis auf die in diesem Ratgeber bereits erwähnten Ausführungen und Empfehlungen zur Vorsorgevollmacht können Sie damit auch Vorgaben für die eingesetzte Vertrauensperson machen. Vielleicht ist die dort vorgesehene Vertrauensperson Ihr möglicher Erbe. Dann müssen Sie dies unbedingt außerhalb der Verfügung in der Vorsorgevollmacht durch ein Testament schriftlich festhalten.   ◄

Sie sollten auch nicht auf eine Testamentserrichtung deshalb verzichten, weil ja dann ohnehin Ihre direkten, nahen Angehörigen erben. Sterben Sie als Lediger erst im hohen Alter, kann es dann durchaus vorkommen, dass die Ihnen vertrauten nahen Angehörigen bereits vorverstorben sind und jetzt aufgrund der gesetzlichen Erbfolge Personen begünstigt werden, die Ihnen zu Ihren Lebzeiten völlig unbekannt waren oder zu denen keine näheren Beziehungen bestanden haben.

Übersicht zu den finanziellen Verhältnissen

Auf Ihrer CD-ROM finden Sie eine Übersicht, anhand derer Ihnen die Möglichkeit geboten wird, sich vorab einmal Klarheit über Ihre persönlichen Vorgänge zu verschaffen – wenn Sie so wollen, Ihre persönliche stichtagsbezogene „Inventur". So haben Sie nicht nur jederzeit Ihre Vermögensverhältnisse im Blick und bei der Hand, sondern Sie können auch eventuelle Versorgungslücken leicht entdecken. Sie können diese Übersicht jederzeit in Ihre Textverarbeitung übernehmen bzw. sie ausdrucken und die notwendigen Eintragungen handschriftlich vornehmen.

Dies ist auch für die zuvor erläuternden Hinweise zur Vorsorgevollmacht, bzw. der Einsetzung von Vertrauenspersonen eine nicht zu unterschätzende Unterstützung. Gerade für den persönlichen Fall, dass Sie wegen eines Unfalls oder schwerer Krankheit, unabhängig vom nicht einkalkulierten eigenen Sterbefall, nicht mehr in der Lage sein sollten, Ihre Angelegenheiten selbst regeln zu können.

Sie müssen die Übersicht nicht unbedingt perfekt ausfüllen oder bei jeder Position einen Eintrag machen.

Zum Todesfall: Maßnahmen und Hinweise

Tod durch Herzschwäche

„Tod durch Herzschwäche" – mit dieser kurzen Bemerkung informierte der herbeigerufene Notarzt die Wohnungsnachbarin vom Tod ihrer langjährigen, direkt nebenan wohnenden Bekannten. „Bitte benachrichtigen Sie heute gleich noch das Standesamt, sicherlich haben Sie die Adressen der nahen Angehörigen parat, die sich um alles Weitere kümmern werden." ◀

Wer muss die Abwicklung des Todesfalls in die Hand nehmen?

Mit vergleichbaren Aussagen wie in obigem Beispiel werden bei einer Vielzahl eingetretener Sterbefälle zumindest im häuslichen Umfeld zunächst oft nahe stehende Bekannte bzw. Freunde konfrontiert. Häufig gerade dann, wenn eben wegen altersbedingter oder sonstiger familiärer Gründe ein ständiger Kontakt zum familiären Umkreis nicht mehr besteht.

Wird dann die Nachbarin aufgrund ihrer persönlichen, vielleicht sogar langjährigen Bekanntschaft zur weiteren Abwicklung des Todesfalls verpflichtet? Antwort: Allenfalls dann, wenn sie aufgrund eigener Erkenntnisse oder vorgefundener Dokumente eingesetzt und auch nach erkennbarem Willen der Verstorbenen dazu berufen ist, sich um alles Weitere zu „kümmern", wenn der Todesfall eingetreten ist.

In juristischer Hinsicht sagt das Gesetz klipp und klar, dass nicht nur der Nachlass auf die Erben übergeht, sondern sich hieraus auch automatisch die Verpflichtung zur Abwicklung des Trauerfalls ergibt.

Erben müssen Trauerfall abwickeln

Handlungsbedarf fällt sofort an, wenn

- der/die Verstorbene über eine letztwillige Verfügung (eigenhändiges Testament, Notartestament, Erbvertrag) schon bereits verbindlich festgelegt hat, wer als besonders vertrauenswürdig diese Aufgabe übernehmen soll;
- der Trauerfall sich innerhalb einer bestehenden familiären Gemeinschaft ereignet hat, etwa Tod des Ehepartners oder Tod eines der Kinder, und es ergibt sich damit die Befugnis und sittliche Verpflichtung als berufenes Familienmitglied. Erfahrungsgemäß wird bei Ehegattentestamenten immer davon ausgegangen, dass sich der überlebende Ehepartner um die weitere Todesfallabwicklung kümmert.

Zurück zum traurigen Ausgangsfall: Selbst ein sehr gutes Nachbarschaftsverhältnis verpflichtet diese Mitbewohnerin zunächst noch nicht. Die Nachbarin wird sicherlich zunächst die – hoffentlich bekannten – Angehörigen zwecks direkter Veranlassung von dort benachrichtigen.

Es müssen nicht immer die Familienangehörigen sein

Nicht unbedingt ist immer ein Streit unter nahen Angehörigen der Auslöser dafür, dass nach dem Willen des Verstorbenen vielleicht Dritte beauftragt werden, die sich aus dem Todesfall ergebenden Schritte einzuleiten.

Tochter im Ausland

Der verwitwete Vater übersiedelt nach dem Eintritt in den Ruhestand an die Nordseeküste. Die einzige Tochter ist im Ausland verheiratet. Aufgrund einer persönlichen Freundschaft zu einem langjährigen, in seiner Nähe lebenden Bekannten möchte er diesen für den Fall seines Todes als Vertrauensperson einsetzen, ohne dass die Tochter als testamentarisch eingesetzte Erbin in finanzieller Hinsicht beeinträchtigt wird. ◀

Drei Möglichkeiten Bezüglich der Form, eine solche Regelung zu treffen, bieten sich u. a. diese drei Möglichkeiten an:

1. Unter Bezugnahme auf ein bereits vorliegendes Testament können Sie durch ein separates Schriftstück festlegen, dass die Abwicklung des Todesfalls, ggf. nach bestimmten Vorgaben, einer bestimmten Person übertragen werden soll. Nicht unbedingt empfehlenswert ist der kurz gefasste Hinweis, dass die Abwicklung des Trauerfalls durch ein Bestattungsinstitut erfolgen soll. Denn im Regelfall wird häufig eben noch keine persönliche Kontaktaufnahme zum Bestattungsinstitut zu Lebzeiten stattgefunden haben, sodass diese professionell mit der Abwicklung von Trauerfällen befassten Unternehmen trotz aller Bereitschaft wiederum erst Kontakt mit nahen Angehörigen aufnehmen müssen, um Einzelheiten zur Abwicklung des Sterbefalls in Erfahrung bringen zu können.

   Abwicklung einer bestimmten Person anvertrauen

2. Bereits über Testament bzw. Erbvertrag, durchaus auch als separate Verfügung von Todes wegen, können Sie im Hinblick auf eine umfassende Abwicklung des Erbfalls einen Testamentsvollstrecker benennen. Eine rechtzeitige Kenntnis von der Benennung als Testamentsvollstrecker vorausgesetzt, wird diese Person dann zum direkten Ansprechpartner für Behörden, ggf. sogar auch gleich für das Bestattungsinstitut. Soweit Sie als Erblasser davon ausgehen, dass, wie z. B. im Ausgangsfall, nahe Angehörige nicht gleich erreichbar sind, wäre es dann hilfreich und sinnvoll, auch dem Testamentsvollstrecker, unabhängig von der sich später ergebenden Vermögensauseinandersetzung, vielleicht sogar in einem separaten Schriftstück, einige Anordnungen bzw. Angaben zu machen, wie die ersten organisatorischen Schritte in Bezug auf Bestattung, Trauerfeier etc. nach den persönlichen Wünschen durchzuführen sind.

   Testamentsvollstrecker benennen

3. Ausgehend vom Regelfall, dass Sie als Erblasser eben doch mehr oder weniger nahe stehende Angehörige zu Ihren Erben einsetzen, können Sie über einen separaten Brief bzw. über ein sonstiges Schriftstück deren Benachrichtigung wegen des Todesfallereignisses gleich festlegen. Zweckmäßigerweise sollten Sie natürlich diese Hinweise an einem geeigneten Ort deponieren, der sehr schnell zugänglich ist bzw. ein Auffinden des Schriftstücks möglich macht. Wenn Sie alleine leben, können Sie sonstige Bekannte kurz davon informieren, dass für den Fall des Falles diese Anweisung sich an einer bestimmten Stelle befin-

   Benachrichtigung nahe stehender Angehöriger veranlassen

det. Oder aber Sie übergeben diese Erstinformationen bereits zu Lebzeiten nahe stehenden Personen, ggf. Ihrem Hausarzt.

Ausgehend vom Beispielsfall könnte daher die umfassende Bevollmächtigung auf eine Berufung als Testamentsvollstrecker hinauslaufen oder aber auch nur als Vertrauensperson mit genauen Hinweisen auf Benachrichtigungen, Adressen und auch Informationen darüber, dass es an bestimmter Stelle für den Todesfall weitere Schriftstücke, Hinweise etc. gibt.

Dies setzt also zunächst einmal voraus, dass man selbst dazu berufen ist, sich persönlich für die Abwicklung des Trauerfalls einzusetzen. Keine Diskussion gibt es etwa dann, wenn der Erblasser Ihnen aufgrund familiärer Bindungen besonders nahe gestanden hat, etwa als Ehepartner oder Elternteil.

Schon bei weiteren nahe stehenden Personen, selbst bei entfernten Verwandten, stellt sich hingegen gleich die Frage, ob diese tatsächlich befugt sind, die Abwicklung des Erbfalls von sich aus in die Hand zu nehmen.

Prüfen Sie Ihre Berechtigung

Prüfen Sie daher zunächst, ob Sie aufgrund der gesetzlichen Erbfolge, einer Ihnen bekannten Verfügung von Todes wegen oder sonstiger vorliegender Dokumentationen des Erblassers berechtigt (und damit vielleicht auch verpflichtet) sind, die weitere Abwicklung des Erbfalls persönlich in die Hand zu nehmen. ◀

Falls Sie als Erbe nicht in Betracht kommen und sonstige Vollmachten oder Verfügungen von Todes wegen für Sie nicht feststellbar sind, müssen Sie nach Sach- und Rechtslage davon ausgehen, dass Sie bei einem Todesfall in Ihrer persönlichen Nähe – so wird man es unter Juristen ausdrücken – quasi als Geschäftsführer ohne Auftrag auftreten, wenn Sie sich um die Abwicklung kümmern wollen.

Dies klingt zugegebenermaßen sehr hart. Es hat jedoch unter Umständen sehr weit reichende rechtliche Folgen, da Sie nicht nur über alle weiteren finanziellen Dispositionen Auskunft und Rechnungslegung gegenüber den Erben oder sonstigen Berechtigten erteilen müssen. Sie müssen vielleicht sogar damit rechnen, dass man Ihnen schon bei der Frage der Durchführung der Bestattung in Einzelpunkten widerspricht, obwohl Sie sich sicherlich ausschließlich von persönlichen Gefühlen, Beziehungen und Erfahrungen zu dem Verstorbenen emotional leiten lassen.

Suchen Sie das Gespräch

Sollte der Überraschungseffekt eintreten, dass Sie auf einmal von dem Ihnen persönlich gar nicht näher bekannten Erben oder sonstigen Anspruchsberechtigten schon kurz nach dem Todesfall hierauf angesprochen werden, empfiehlt es sich auf jeden Fall, alsbald ein klärendes Gespräch dahingehend zu suchen, wie Sie sich unter Umständen gemeinsam in gebotener pietätvoller Weise die weiter gehende Abwicklung des eingetretenen Trauerfalls vorstellen.

Falls Sie als Betroffener Widerstände spüren, sollten Sie unbedingt versuchen, eine immer im Hintergrund stehende finanzielle Abwicklung unbedingt von den unstreitig vorhandenen persönlichen Gefühlen zu trennen. Erfahrungsgemäß werden auch unbekannte Erben und sonstige Anspruchsberechtigte dies akzeptieren und eine der Würde des Verstorbenen entsprechende Durchführung der Bestattung und die damit verbundenen notwendigen Ausgaben unter Ihrer Aufsicht und Leitung gestatten. ◀

Es mag zwar Ihre persönlichen Gefühle sehr stören – versuchen Sie aber auch in dieser Situation jeglichem Misstrauen dadurch vorzubeugen, dass Sie von sich aus alle anfallenden Aufwendungen und wichtigen Vorgänge notieren, um unter Umständen später auch zur Ausgabenseite umfassend Auskunft geben zu können.

Müssen Sie Erbe sein, um einen Todesfall abzuwickeln?

Das Gesetz sieht für den Todesfall kurz gefasst vor, dass das gesamte Vermögen des Erblassers als Ganzes auf die Erben übergeht (§ 1922 BGB). Hier tritt, wenn kein Testament vorhanden ist, die gesetzliche Erbfolge ein. Welche Auswirkungen das hat, soll Ihnen das folgende Praxisbeispiel als Ausgangspunkt verdeutlichen.

Lebensgemeinschaft

Seit nahezu 20 Jahren lebt die Witwe N mit Herrn P zusammen. Warum im Alter noch heiraten, zumal sich mit der Witwen- bzw. der Altersrente des jeweiligen Partners ein gemeinsamer Haushalt mit allen Annehmlichkeiten für das Alter relativ problemlos finanzieren lässt. Was ist zu tun, wenn einer der Partner verstirbt?   ◄

Wie viel zählt die Lebensgemeinschaft?

Der plötzlich auftauchende Verwandte

Obwohl der Lebenspartner durch den harten Schicksalsschlag meist schon sehr schwer getroffen ist, wird seine persönliche Situation um den Verlust des Lebensgefährten in Einzelfällen noch dadurch erschwert, dass sich vielleicht ein bislang überhaupt nicht bekannter Verwandter mehr oder weniger direkt aufgrund der Benachrichtigung über den Todesfall anmeldet. Die leidvolle Erfahrung, dass bei Eintritt eines Erbfalls „pekuniäre" Überlegungen immer mehr in den Vordergrund rücken, ist hinreichend bekannt.

Dies gilt insbesondere in den Fällen, wo von Seiten des Erblassers auf seinen Todesfall hin keine nachweisbaren Verfügungen getroffen worden sind. Es ist dann den gesetzlichen Erben – auch wenn über Jahrzehnte hinweg kein persönlicher Kontakt mehr bestanden hat – laut Gesetz vorbehalten, in die Rechte und Pflichten des Verstorbenen quasi als Nachfolger einzutreten.

Fast in unmittelbarem zeitlichen Zusammenhang mit dem Todesfall tauchen dann schon neugierige Fragen nach der „Erbschaft" auf. Dies muss nicht zwangsläufig so sein. Es handelt sich jedoch um einen höchst sensiblen Bereich, der bei einem Trauerfall zusätzlich zu erheblichen persönlichen Belastungen führen kann.

Schreiben Sie ein eigenhändiges Testament

Gerade bei Partnern, die in nichtehelicher Lebensgemeinschaft, heute zum Teil als „Lebensabschnittspartner" bezeichnet, auf gewisse Dauer zusammenleben, sollte auf jeden Fall bald ein klärendes Gespräch darüber stattfinden, was geschieht, wenn einer der Partner verunglückt oder verstirbt.

Bereits an dieser Stelle sei darauf hingewiesen, dass für eine Erbeneinsetzung auf jeden Fall ein eigenhändiges Testament (keinesfalls ein gemeinschaftliches Testament wie z. B. bei Eheleuten!), das die Berücksichtigung der Verwandtschaft aus gesetzlicher Erbfolge ausschließt, notwendig ist.

Es sollte zumindest für den Todesfall eine kleine Checkliste mit persönlichen Anweisungen und vielleicht auch eine Vollmacht über den Todesfall vorhanden sein. Dies erleichtert organisatorische Schritte und weist die berufenen Erben darauf hin, dass hier eben etwas mehr als eine Wirtschaftsgemeinschaft zu Lebzeiten vorliegt. ◄

Problemlos ist Ihre Abwicklungsbefugnis daher als Erbe, wenn der Erblasser Sie schon zu Lebzeiten über den Inhalt der von ihm getroffenen Verfügungen in ausreichendem Maße in Kenntnis gesetzt hat. Im Hinblick auf Ihre starke persönliche Belastung kann ein zusätzlicher schriftlich fixierter Maßnahmenkatalog für den Todesfall die optimale Hilfe sein.

Können Sie aus Unterlagen, Hinweisen in den persönlichen Papieren, aber auch ggf. durch Rücksprache mit Pflegepersonal im Fall des Todes außerhalb der Wohnung in Erfahrung bringen, ob eine Vollmacht über den Todesfall hinaus bestanden hat, ggf. über eine separate Vorsorgevollmacht? Dann suchen Sie unbedingt die Abstimmung mit den eingesetzten Vertrauenspersonen, um die weitere Vorgehensweise abzustimmen. Möglicherweise gibt es auch in der Vollmacht ergänzende Hinweise, Festlegungen oder Wünsche rund um den Trauerfall.

Nicht vergessen: Vorgefundene Testamente und Verfügungen von Todes wegen müssen Sie im vorgefundenen Zustand – also verschlossen – umgehend an das Nachlassgericht am Wohnort des Verstorbenen weiterleiten. Achten Sie dabei ggf. auf eine Zugangsbestätigung.

Das persönliche Gespräch nach dem Todesfall

Meist ist es der anwesende Hausarzt, der den Angehörigen des Verstorbenen aufgrund seiner vielleicht langjährigen Betreuung eine persönliche Betreuung bietet. Dann ist natürlich – in erster Linie bei kirchlicher Bindung – der Seelsorger ein traditionell wichtiger Ansprechpartner.

Arzt oder Seelsorger

Seelsorger muss nicht gleich Pfarrer sein. Soweit aus den Angaben des Verstorbenen erkennbar wird, dass er keinerlei Bindung zu einem kirchlichen Seelsorger wünscht, eine kirchliche Beerdigung daher auf jeden Fall entsprechend den erkennbaren Wünschen des Verstorbenen ausscheidet, können Sie auch Seelsorger bzw. Trauerredner ohne Kirchenzugehörigkeit beauftra-

Wenn keine Kirchenbindung besteht

gen, etwa die Trauerfeier durchzuführen. Ansprechpartner hierfür benennt das Bestattungsinstitut oder die Friedhofsverwaltung.

Experten-Tipp

| **Kirchliche Bestattung auch nach Kirchenaustritt möglich**

Ein Kirchenaustritt allein ist nicht unbedingt ein Grund dafür, dass Sie auf den Beistand eines Geistlichen/Seelsorgers verzichten müssen. Gerade bei sonst religiöser Zugehörigkeit, aber auch vielleicht entsprechend den Wünschen der Angehörigen mit Verbundenheit zu einer der Kirchen bzw. Glaubensgemeinschaften sollten Sie durchaus die Rücksprache mit dem Seelsorger vor Ort nehmen. Dort findet sich häufig die Bereitschaft, einen Gottesdienst bzw. eine Trauerfeier zu übernehmen und durchzuführen.   ◄

Die ersten Maßnahmen

Es gibt gewisse persönliche Aufgaben, deren Erledigung man von Ihnen zum Teil unmittelbar nach dem eingetretenen Todesfall verlangt:

Standesamt Dem Grundsatz nach muss der Todesfall spätestens an dem nachfolgenden Werktag gegenüber dem Standesamt des Bezirks, in dem der Verstorbene zuletzt wohnhaft war, angezeigt werden. Das Bürgermeisteramt wird den Sterbefall schriftlich aufnehmen.

Die Anzeigepflicht obliegt zunächst den unmittelbaren Familienangehörigen. Tritt der Sterbefall in einer fremden Wohnung ein, muss hier theoretisch zunächst der Wohnungsinhaber diese Meldung erstatten. Die Anzeigepflicht hat darüber hinaus natürlich auch jeder Dritte, etwa Nachbar, Bekannte etc., soweit der Eintritt des Todesfalls in Abwesenheit von näheren Angehörigen festgestellt werden musste.

Tod im häuslichen Wirkungsbereich

Arzt rufen Werden Sie mit einem Todesfall in Ihrer eigenen Wohnung konfrontiert, müssen Sie sofort einen Arzt, etwa den Ihnen bekannten Hausarzt, herbeirufen. Ist dieser nicht erreichbar, sollten Sie den ärztlichen Notfalldienst benachrichtigen.

Lässt sich von Seiten des Arztes nach der Untersuchung die (natürliche) Todesursache alsbald klären, wird über den Todesfall eine entsprechende Bescheinigung ausgestellt (Totenschein).

Tod im Krankenhaus/Heim

Bei einem Sterbefall im Krankenhaus wird von dort aus meist auch für die ersten Schritte nach Eintritt des Todesfalls gesorgt und der Totenschein erteilt. Dies gilt auch bei Todesfällen in Pflege- oder Altenheimen. Die aus den persönlichen Unterlagen (Anmeldungen, Vorträge) bekannten Angehörigen werden verständigt. Auskünfte über die Todesursache erteilt das ärztliche Personal meist nur den direkten nahen Angehörigen oder den durch Vollmacht ausgewiesenen Vertrauenspersonen bis hin zu amtlich bestellten Betreuern.

Sterbefall auf öffentlichem Gelände

Tritt der Tod auf öffentlichen Straßen oder Plätzen ein, kümmern sich zunächst die zuständigen Behörden um den Verstorbenen und benachrichtigen die Angehörigen.

Tod im Ausland

Ereignet sich der Tod im Ausland, hat an und für sich das Standesamt am Ort des Todesfalls für die Klärung der Formalitäten zu sorgen und nach der Untersuchung durch einen beigezogenen Arzt eine entsprechende Todesfall-Bescheinigung zu erteilen. Von Einzelfragen wie etwa der Durchführung des Rücktransports des Leichnams einmal abgesehen, sollten Sie durch Rücksprache mit einem Bestattungsunternehmen gleich klären, welche Einzelformalitäten für die Beachtung der zum Teil recht unterschiedlichen behördlichen Bestimmungen vor Ort notwendig sind.

Für die Überführung eines Verstorbenen in sein Heimatland sind eine Reihe von Genehmigungen einzuholen, wobei im Regelfall zunächst auch

Überführung in das Heimatland

eine ortspolizeiliche Bestätigung erforderlich ist. Für den Rücktransport werden u. a. benötigt:

- eine amtliche Sterbeurkunde oder eine Todesfall-Bescheinigung des Standesamts,
- z. B. eine ärztliche Unbedenklichkeitsbescheinigung für die Überführung sowie
- schriftliche Erklärungen über die vorschriftsmäßige Einsargung des Verstorbenen zum Transport.

Schiffsreise Ereignet sich der Sterbefall etwa aus Anlass einer Schiffsreise, ist für die Bestattung am Heimatort erforderlich, dass hier ergänzende spezielle amtliche Papiere am letzten Wohnort des Verstorbenen vorgelegt werden.

Urkunden mitnehmen

Für den Fall, dass ein Angehöriger im Inland von Ihrem Todesfall in einem anderen Land benachrichtigt wird, sollten Sie zweckmäßigerweise zur Erleichterung der Formalitäten gleich weiter gehende Urkunden (Geburts-, Abstammungs- oder Heiratsurkunde) auf die Reise mitnehmen. ◄

Bei natürlicher Todesursache Bei Todesfällen mit natürlicher Ursache wird die Abwicklung des Sterbefalls im Ausland auch durch internationale Abkommen erleichtert. Nicht nur für die Bewältigung der Formalitäten, sondern auch für eine geordnete Überführung in das Inland, ggf. auch für eine Bestattung am Sterbeort, sollten Sie im Hinblick auf die dort vorhandenen Erfahrungen gleich ein Bestattungsunternehmen einschalten. Hilfestellungen sind auf jeden Fall über konsularische Vertretungen im Ausland oder zum Teil bereits durch Vertretungen von Automobilclubs (insbesondere im Fall eines Unfalltodes etc.) zu erhalten.

Ungeklärte Todesursache: Was geschieht?

Es ist wohl selbstverständlich, dass beim Verdacht auf einen gewaltsamen Tod, Selbstmord oder den leider häufig anzutreffenden Unfalltod die Polizei bzw. Kriminalpolizei eingeschaltet werden muss. Meist wird bereits ein hinzugezogener Arzt bei Verdacht auf einen unnatürlichen Tod von sich aus die Polizei benachrichtigen. Bei einem Verkehrsunfall geschieht dies automatisch, wenn eine polizeiliche Unfallaufnahme stattgefunden hat.

In derartigen Fällen ist u. U. mit einer zeitlichen Verzögerung der Bestattung zu rechnen. Bei nicht abschließend geklärter Todesursache oder bei Verdacht auf Fremdverschulden wird der Leichnam unter Einschaltung der Staatsanwaltschaft meist sofort in das nächstgelegene rechtsmedizinische Institut überführt. Erst wenn von der Staatsanwaltschaft und dem Amtsgericht ein Beerdigungsschein erteilt wird, kann die Bestattung durchgeführt werden. Soweit dann schon ein Bestattungsinstitut eingeschaltet ist, wird sich dieses um die Freigabe des Leichnams zu Bestattungszwecken kümmern und ggf. zeitnah die Beerdigung bzw. Trauerfeier zeitlich abstimmen. *Zeitlich verzögerte Bestattung*

Bei Verdacht auf eine ansteckende Krankheit ist zudem damit zu rechnen, dass der verständigte Arzt auch das Gesundheitsamt im Hinblick auf seuchen- bzw. hygienerechtliche Vorschriften informiert. Bei Kenntnis von einer solchen Krankheit trifft diese Verpflichtung im Übrigen auch Angehörige oder unmittelbare Kontaktpersonen des Verstorbenen. *Ansteckende Krankheit*

Die Leichenschau

Im Regelfall läuft bei Eintritt des Todes die Beiziehung eines Arztes unproblematisch ab. Der Arzt wird sich von dem Todesfall überzeugen, er wird die Leichenschau bestätigen und – was natürlich wichtig ist für die Durchführung der anschließenden Überführung bzw. Bestattung – die Ausstellung des Totenscheins vornehmen. Sicherlich noch unproblematisch ist diese Vorgehensweise dann, wenn es sich etwa um den Hausarzt handelt, der seinen Patienten „kannte". Natürlich wird auch jeder andere Mediziner feststellen können, ob die Todesursache der Herztod ist – aber vielleicht fehlt es doch an näheren Hintergründen bzw. medizinischen Unterlagen darüber, was Anlass für diesen Herztod war. *Ausstellung des Totenscheins*

Zur Klarstellung: Natürlich ist davon auszugehen, dass hier eine sehr sorgfältige Untersuchung stattfindet. Es kann aber einem herbeigerufenen (fremden) Arzt durchaus Probleme bereiten, wenn er entsprechend der früheren Handhabung meist in relativ kurzer Zeit entscheiden muss, ob nun tatsächlich eine natürliche oder vielleicht auf Anhieb nicht aufklärbare Todesursache vorliegt. Probleme, die z. B. bei der Beiziehung eines Notfallarztes durchaus auftauchen können.

Regelung in Baden-Württemberg

Verschiedene Bundesländer haben hierauf bereits reagiert. In Baden-Württemberg ist z. B. seit dem 1.11.2000 vorgeschrieben, dass bereits bei der Ausfüllung des Totenscheins durch eine gewisse „Formularhürde" eine gewisse Vorabentscheidung zu treffen ist. War es bislang üblich, dass sich der Arzt vor Ort zwischen einer natürlichen oder einer unnatürlichen Todesursache entscheiden musste, so kann sich jetzt der Notfallarzt wegen der Feststellung des Todes auf eine nicht ermittelbare Ursache beschränken – ohne dass dies gleich, wie etwa beim Verdacht eines unnatürlichen Todes, zu polizeilichem Eingreifen bzw. zu weiter gehenden Untersuchungen über die Rechtsmedizin führt. Auf jeden Fall ist so auch sichergestellt, dass auf jeden Fall vor Feuerbestattungen eine sehr weit gehende amtsärztliche Leichenschau stattfindet.

Nachbeschauung

Je nach Bundesland verschieden ist im Übrigen auch noch die in der Praxis übliche „Nachbeschauung", dem Grunde nach die Durchführung einer zweiten Leichenschau. In Baden-Württemberg war schon bislang vorgesehen, dass nach sechs Stunden eine weitere Leichenschau durch den Arzt stattfinden sollte, zwischenzeitlich wurde diese Zeitspanne auf zwei Stunden verkürzt.

Gebühren tragen die Erben

Regelmäßig wird man natürlich davon ausgehen können, dass z. B. der Hausarzt bei Kenntnis der Krankenvorgeschichte seinerseits hierauf verzichtet, zumal auch diese Todesfallfeststellung des Arztes eben kein Vorgang ist, der etwa über die Krankenkasse des Verstorbenen regelmäßig abgedeckt ist, sondern, wie auch im Falle der regelrechten zweiten Leichenschau bei Feuerbestattungen, ein Gebührenanspruch entsteht, der von dem bzw. den Erben zu tragen ist.

Festzuhalten ist jedoch auf jeden Fall, dass – auch ausgelöst durch vereinzelte Kritik aus dem Bereich der Öffentlichkeit und manchmal auch in der Presse bekannt gemachte Fälle bei späterer Exhuminierung bei Erdbestattungen – der Umfang der Untersuchung in Bezug auf Todesursachen eindeutig verschärft wurde, einmal völlig unabhängig von der umstrittenen ärztlichen Kompetenz.

Erdbestattungen

Bei Erdbestattungen ist es natürlich relativ für eine sehr lange Zeit möglich – beispielsweise bei auftauchenden Bedenken, ob tatsächlich eine natürliche Todesursache vorgelegen hat –, noch entsprechende medizinisch gebotene

Untersuchungen vorzunehmen. Die Rechtsmedizin kann hier durch immer wieder verfeinerte Untersuchungsmethoden auch in späteren Zeiträumen selbst bereits vorliegende Obduktionsberichte widerlegen.

Nicht mehr möglich ist dies natürlich für den Fall der Feuerbestattung. Dies erklärt, weshalb auf jeden Fall vor der Freigabe zur Verbrennung eine gesamte zweite Leichenschau stattfinden muss, und zwar durch eine separate amtsärztliche Untersuchung.

Feuer-
bestattungen

Hinzu kommt, dass vor der Verbrennung im Krematorium eine gesonderte polizeiliche Unbedenklichkeitsbescheinigung vorliegen muss. Ausgestellt wird diese Bescheinigung im Regelfall durch die so genannte Ortspolizeibehörde, also z. B. über Standesämter, je nach Datenstruktur. Ohne diese Unbedenklichkeitsbescheinigung dürfen Friedhofsverwaltungen die vorgesehene Verbrennung des Leichnams nicht durchführen.

Man wird durchaus die Prognose wagen können, dass sicherlich in den nächsten Jahren hier noch ein sensiblerer Umgang mit der Feststellung der Todesfallursache stattfinden wird. Vielleicht wird es auch bei natürlichen Todesfällen, jedoch ungeklärten Feststellungen zur Todesursache, die eine oder andere Obduktion geben, einmal unabhängig von der sich hieran erst anschließenden Bestattungsart.

Wer sollte informiert werden?

Falls Sie dazu berufen sind, bei einem Trauerfall die Bestattung des Verstorbenen und die weitere organisatorische Abwicklung des Erbfalls zu übernehmen, bedeutet das, dass Sie jetzt zu einem zentralen Ansprechpartner nicht nur für Angehörige, Freunde und Bekannte werden, sondern auch für Behörden, Institutionen, Vereine etc.

Scheuen Sie sich nicht davor, in dem einen oder anderen Fall doch noch die Hilfe von Personen Ihres Vertrauens in Anspruch zu nehmen. Auch bei dem recht großen Komplex der Durchführung der Bestattung mit allen zusammenhängenden organisatorischen Fragen sollten Sie im Regelfall sofort und ohne langes Zögern auf die Erfahrung der ortsansässigen Bestattungsunternehmen zurückgreifen. Bis hin zur finanziellen Abwicklung des Trauerfalls, zumindest im Zusammenhang mit der Bestattung, können Sie sich hierdurch einen gewissen Freiraum verschaffen, den Sie sicherlich wegen der Belastung durch den eingetretenen Trauerfall benötigen.

Haben Sie den finanziellen Überblick?

Nicht nur der Staat, sondern auch sonstige Institutionen und bis dahin überhaupt nicht bekannte Dritte werden an Ihnen als „zuständigem" Hinterbliebenem ein mehr oder weniger lebhaftes Interesse haben. Es bleibt bei der Faustregel: Finanzielle Verpflichtungen des Erblassers bleiben grundsätzlich bestehen. Leistungen im Hinblick auf den Todesfall können Sie im Regelfall nur dann erwarten, wenn Sie von sich aus tätig werden!

Das bedeutet: Falls Sie als Betroffener trotz Ihres persönlichen Schmerzes in der Lage sind, sollten Sie zunächst Schritt für Schritt die Checkliste ab Seite 128 durchgehen, um anhand der vorgefundenen Unterlagen gleich den richtigen Weg von Ihrer Seite aus einschlagen zu können. Bei festgestellten Bankschulden etwa können Sie nicht damit rechnen, als Erbe von einer Rückzahlung bereits geleisteter Darlehen verschont zu bleiben. Um im Geldbereich nicht plötzlich von Mahnungen oder sogar weiterer rechtlichen Konsequenzen bei Fälligkeit ausstehender Forderungen überrascht zu werden, sollten Sie sich in Zweifelsfällen nicht davor scheuen, nach vorläufiger Durchsicht des Nachlasses und Erstellung einer Vermögensübersicht alsbald ein gewisses Stillhalteabkommen mit Kreditgebern oder etwaigen Lieferanten zu vereinbaren.

Zeitfahrplan   Versuchen Sie auch hierbei unbedingt, einen ungefähren Zeitfahrplan einzuhalten, damit Sie im Hinblick auf eine mögliche Erbenhaftung u. U. noch rechtzeitig reagieren oder zumindest fachkundigen Rat in Anspruch nehmen können. Klären Sie möglichst bald auch mit etwaigen Miterben oder sonstigen Anspruchsberechtigten, wie Sie sich in Bezug auf die Nachlassaufteilung, das vorhandene Inventar oder die Beibehaltung einer vorhandenen Mietwohnung entscheiden sollten.

Zu beachten ist aber stets: Außerhalb aller unmittelbar notwendigen oder dringend anstehenden Maßnahmen, die den Nachlass des Verstorbenen tangieren, sollten Sie in Ihrem eigenen Interesse erst dann aktiv werden, wenn feststeht, ob Sie überhaupt als Erbe in Frage kommen oder z. B. als Testamentsvollstrecker eingesetzt sind!

Der Kontakt zur Bank

Selten ist der Fall, dass ein Erblasser mit einer Bankvollmacht über den Tod hinaus bereits zu Lebzeiten festgelegt hat, dass der von ihm bestimmte Erbe oder sonstige Personen seines Vertrauens über vorhandene Guthaben nach Eintritt des Todesfalls weiter verfügen können. Die Bankinstitute sind bei Kenntnis des Todesfalls verpflichtet, Auszahlungen nur dann vorzunehmen, wenn eine entsprechende Bevollmächtigung vorgelegen hat oder sich eine Verfügungsbefugnis aus einem vorzulegenden Erbschein oder aus einem vom Nachlassgericht eröffneten Testament ergibt. *Auszahlungen nur bei Vorliegen einer Vollmacht*

Rein formell sind somit die Bankinstitute gehalten, bei jeglichen Anfragen, Auskünften und natürlich Verfügungen über vorhandene Konten des Erblassers zunächst einen qualifizierten Erbennachweis zu verlangen. Sich bereits jetzt einen Erbschein zu beschaffen benötigt einiges an Zeit. Und selbst wenn Sie Testamentserbe sind, also ein privatschriftliches oder notarielles Testament existiert und abgeliefert ist, dauert es wiederum je nach Arbeitsaufwand beim Nachlassgericht eine Zeit, bis dieses Testament eröffnet ist.

In zahlreichen Fällen hilft manchmal der persönliche Kontakt bei der Bank, insbesondere wenn der Erblasser und vielleicht begünstigte Angehörige als mögliche Erben schon persönlich bekannt sind. Häufig wird dann von Seiten der Bankmitarbeiter, natürlich nach klarer Identitätsfeststellung des Nachfragenden, zumindest Auskunft über den ungefähren Kontostand gegeben. Die Banken sind auch häufig bereit, z. B. die Bestattungskosten oder sonstige in direktem Zusammenhang mit dem Trauerfall anfallenden Kosten zu Lasten des Erbenkontos zu überweisen bzw. auszugleichen – eine Vorlage der Rechnungen vorausgesetzt. *Persönlicher Kontakt ist hilfreich*

Einfacher wird es natürlich dann, wenn Sie persönlich bereits zu Lebzeiten als Vertrauensperson in einer Vorsorgevollmacht bevollmächtigt wurden. Soweit – was für jede zu Lebzeiten erteilte Einzelvollmacht gilt – die Wirksamkeit über den Todesfall hinaus ausdrücklich vorgesehen ist.

Schwieriger gestaltet es sich dann, wenn Sie etwa Barabhebungen vornehmen wollen. Vorteilhaft ist es aber auf jeden Fall, soweit Sie ein Testament vorfinden, dass Sie sich hiervon eine Kopie anfertigen, bevor Sie es entsprechend der bestehenden rechtlichen Verpflichtung beim Nachlassge- *Barabhebungen* richt abliefern. Zum Teil wird dies als vorläufiger Erbnachweis für notwendige Zahlungen von Banken akzeptiert.

Daueraufträge Erfahrungsgemäß wird man davon ausgehen können, dass laufende Daueraufträge, wie z. B. Mieten, Energieversorgung, Zeitung, Rundfunk etc., auch nach dem Todesfall zunächst einmal weiterlaufen. Denn die erteilte Lastschrifteinzugsermächtigung oder der Dauerauftrag erlöschen grundsätzlich nicht mit dem Todesfall, es sei denn, dies ist ausdrücklich vereinbart.

Problematisch sind also allenfalls die laufenden, nach dem Todesfall noch eingehenden offenen Rechnungen. Sie sollten aber darüber hinaus nicht vergessen, dass eventuell nach Testamentseröffnung Geldvermächtnisse zu erfüllen sind. Um also feststellen zu können, ob ein einigermaßen abgesicherter Nachlass vorhanden ist, ist die Auskunft über die Guthaben und sonstigen Kapitalreserven sehr wichtig, zumal den Erben lediglich sechs Wochen Zeit bleibt, um die Erbschaft auszuschlagen.

Experten-Tipp

Zu Lebzeiten Bankvollmacht erteilen

Ehepartnern oder nahe stehenden Angehörigen, die sich ohnehin bereits um finanzielle Belange kümmern, können Sie problemlos zu Lebzeiten eine Vollmacht über den Todesfall erteilen – beschränkt für ein bestimmtes Konto (z. B. Girokonto), ggf. aber auch für sämtliche Kontoverbindungen. Eine derartige Vollmacht kann zumindest zu Lebzeiten noch jederzeit nach eigener Entscheidung des Vollmachtgebers frei widerrufen werden.

Auch um die Legitimationsprüfung zu erleichtern, kann es sich empfehlen, bereits aus Anlass der Vollmachtserteilung gemeinsam mit dem Bevollmächtigten die Bank bzw. das Kreditinstitut aufzusuchen. Meist wird dann bereits eine Kopie der Vollmacht zu den Kontounterlagen genommen, dies mit der Unterschrift des Bevollmächtigten. Vielleicht aber, was von Ihnen im Rahmen der Nachlassabwicklung unbedingt auch zu klären wäre, liegt bei der Bank bereits eine für eine weitere Person/Institution hinterlegte Bankvollmacht vor. ◀

Soweit personenidentisch noch zu Lebzeiten eine Vorsorgevollmacht mit umfassender Vermögensbevollmächtigung erteilt wurde, ist diese Einzelvollmacht entbehrlich.

Bankvollmacht

Hiermit erteile ich,

Vorname/Nachname: _____

geb. am: _____

wohnhaft: _____

sich ausweisend durch Lichtbildausweis Nr. _____

widerruflich Vollmacht für mein bestehendes Konto Nr. _____

für meine bestehenden Kontoverbindungen Nr. _____

bei der _____-Bank   (BLZ _____)

mit Sitz in _____.

Der/die Bevollmächtigte ist berechtigt, zu Gunsten und zu Lasten meines Kontos/meiner Kontoverbindungen Verfügungen treffen zu können.

Diese Vollmacht gilt ausdrücklich über den Todesfall hinaus.

Ort/Datum _____

Eigenhändige Unterschrift _____   ◄

Prüfen Sie, sofern eine Vollmacht von Dritten über das Konto des Verstorbenen besteht, gemeinsam mit dem Bankmitarbeiter, ob diese Vollmacht im Hinblick auf den Todesfall noch weiter besteht, also eingesetzt werden kann. Ein festgestellter Dritter als Bevollmächtigter, der Ihnen von der Bank benannt wird, ist nicht Rechtsinhaber, sondern lediglich Vertreter des Vollmachtgebers. Klärungsbedürftig ist daher, ob die Vollmacht bereits entsprechend der erteilten Urkunde nicht schon mit dem Tode automatisch erloschen ist. Besteht eine Vollmacht über den Todesfall hinaus, sollten Sie als Erbe daher sofort abklären, ob Sie an der bisherigen Bevollmächtigung der dritten Person festhalten oder sich sofort mit dem bisherigen Bevollmächtigten in Verbindung setzen, um dann klarstellen zu können, dass die weiteren rechtsgeschäftlichen Verfügungen direkt von Seiten des/der Erben getroffen werden.

„Kleinere" Kontovollmacht

Es kommt häufig vor, dass z. B. die Nachbarin oder sonstige Bekannte eine „kleinere" Kontovollmacht erhalten. In Fällen der Gebrechlichkeit ist diese Person dann berechtigt, bestimmte Barabhebungen oder Überweisungen vorzunehmen. Auch dies sollten Sie durch eine Rücksprache bei der kontoführenden Stelle kurz überprüfen, soweit Sie vor dem Todesfall keinen Kontakt zu dem Verstorbenen mehr hatten. Dann sollten Sie natürlich, je nach festgestelltem Sachverhalt, den Kontakt mit der Bevollmächtigten aufnehmen, um in entsprechend angemessener Form die Vollmachtserteilung zu beenden (zu widerrufen). ◄

Übrigens: Soweit eine Vollmacht erloschen ist, etwa automatisch bereits durch den Todesfall oder durch Widerruf, ist der Bevollmächtigte verpflichtet, die Vollmacht zurückzugeben – sogar ein Zurückbehaltungsrecht hieran ist ausgeschlossen (§ 175 BGB)!

Was tun bei finanziellen Engpässen?

Gerade im Zusammenhang mit der Bestattung fallen sehr schnell nicht unerhebliche Kosten an, die Sie als Hinterbliebener abdecken müssen. Falls die Bank nicht bereit ist, spontan weiterzuhelfen, etwa durch Überweisungen z. B. an das Bestattungsinstitut, Behörden etc. vom Konto des Erblassers, gibt es durchaus einige Institutionen, die in finanzieller Hinsicht Überbrückungen leisten können.

Überbrückungszahlung vom Arbeitgeber

Stand der Verstorbene z. B. noch im Arbeitsleben, kann durchaus der Arbeitgeber sich bereit erklären, z. B. der Witwe des Arbeitnehmers in unbürokratischer Weise mit einer Überbrückungszahlung weiterzuhelfen – wenn sich nicht sogar aus dem Arbeitsvertrag ohnehin ergibt, dass ein Witwen- bzw. Witwergeld ausbezahlt wird oder sonstige (private) Sterbegeldansprüche als Einmalzahlungen zugesagt wurden. ◄

Absicherung bei Erbengemeinschaften

Soweit, aus welchen Gründen auch immer, sofort Zahlungsverpflichtungen erfüllt werden müssen, ist es für diese Fälle natürlich auf jeden Fall erforderlich, durch Rücksprache mit Erben vorzeitig eine Verständigung in finanzieller Hinsicht herbeizuführen.

> **Längerfristig gebundenes Kapitalvermögen**
>
> Der Nachlass der Erblasserin besteht fast ausschließlich in längerfristig ge-
> bundenem Kapitalvermögen. also aus Kapitalanlagen, die erst nach einer län-
> geren Kündigungszeit realisiert werden können. Soweit sonstige festgestellte
> Eigenmittel nicht ausreichen, um zeitnah aufgelaufene Nachlassverbindlich-
> keiten zu erfüllen, müsste mit dem (oder den) Erben geklärt werden, ob man
> eine Vorfinanzierung in Anspruch nimmt oder vielleicht einzelne Miterben
> bereit sind, die Beträge vorzulegen. ◄

Allerdings wird man davon ausgehen können, dass bei Testamentsvollstre-
ckungen der Testamentsvollstrecker auch zur Kreditbeschaffung im notwendigen Rahmen berechtigt ist.

Wer nicht selbst Erbe ist, sondern etwa als eingesetzte Vertrauensperson
oder als Testamentsvollstrecker nach dem Todesfall tätig wird, muss natürlich auch gegenüber Banken einen weiter gehenden Legitimationsnachweis
führen, etwa

*Legitimations-
nachweis*

- durch Kopie des vorgefundenen Testaments, in dem die Testamentsvollstreckung angeordnet ist,
- durch Kopie eines Antrags an das Nachlassgericht zur Erteilung eines
  Testamentsvollstreckerzeugnisses oder
- durch schriftliche Anweisungen des Erblassers zur Ermächtigung der
  benannten Vertrauensperson.

Dies unabhängig davon, dass vorgefundene Orginaltestamente/-verfügun-
gen umgehend dem örtlich zuständigen Nachlaßgericht zugeleitet werden
müssen.

Zu Versicherungsansprüchen

Etwas schwieriger ist es häufig, Leistungen aus vorgefundenen Versicherungen des Erblassers zu erhalten. Bereits nach den Vertragsbedingungen wird
hier zumindest die Übersendung des Original-Versicherungsscheins sowie
einer Sterbeurkunde verlangt.

Vergessen Sie nicht, der Sterbeurkunde auch ein ärztliches Zeugnis über die
Todesursache sowie zumindest eine Kopie der letzten Beitragszahlungen
beizufügen. Übersenden Sie die Originale auch unbedingt zu Beweiszwe-

*Benötigte
Unterlagen*

cken per Einschreiben mit Rückschein bei der Post oder als Dokumentenversand über einen privaten Zustellservice bzw. Kurierdienst. Zuvor Fotokopie anfertigen!

Mehrere Erben Es soll an dieser Stelle bereits erwähnt werden, dass natürlich alles komplizierter werden kann, wenn die Leistung auf den Todesfall mehreren Erben zusteht und die Bezugsberechtigung von Seiten des Versicherungsunternehmens noch abschließend zu klären ist. Können Sie von sich aus den Nachweis führen, dass Sie selbst bezugsberechtigt sind, etwa bei einer bestehenden Lebensversicherung, die der Erblasser mit einer Bezugsberechtigung zu Ihren Gunsten abgeschlossen hat, können Sie bei rechtzeitiger schriftlicher Mitteilung von dem Todesfall und unter Beifügung der vorgenannten Unterlagen in der Regel von einer raschen Bearbeitung ausgehen. Scheuen Sie sich nicht davor, bei eindeutiger Bezugsberechtigung unter Umständen sogar auf eine Vorschusszahlung zu drängen.

Verzögerungen nicht selten Vorsichtig ausgedrückt, gibt es leider immer noch manchmal nicht nachvollziehbare zeitliche Verzögerungen bei der Auszahlung vom Todesfall abhängiger Versicherungsereignisse. Es gibt Versicherer, die sofort reagieren, von sich aus die eine oder andere ergänzende Unterlage bzw. Angabe anfordern und dann, manchmal sogar über den Außendienst persönlich und unbürokratisch, sehr schnell ihre Leistungen erbringen. Aber gerade bei einem Unfalltod, sei es im privaten oder im beruflichen Bereich, kommt es durchaus vor, dass sich die Regulierung versicherungsintern wegen der Klärung möglicher Regress- oder interner Rückversicherungsfragen hinzieht. Je nach Versicherungsrisiko sollten Sie hier unbedingt „nachfassen", bis hin zur schriftlichen Anforderung einer oft in den Vertragsbedingungen bereits so geregelten Abschlags-/Vorschusszahlung.

Bei Tod durch Unfall sollten die diversen ergänzenden Absicherungen meist zusätzlich – z. B. über mit dem Arbeitgeber bestehende Rahmenversicherungsabkommen – je nach Zusammenhang mit dem Unfalltod geprüft und recherchiert werden. Bei Unfalltod als Arbeitnehmer sollten Sie unbedingt Kontakt zur Personalabteilung des Arbeitgebers aufnehmen, ob Zusatzversicherungen für Dienstreisen, Unfall am Arbeitsplatz oder auch über die Absicherung bei der Berufsgenossenschaft vorliegen, da es sich um einen Arbeitsunfall handelte. Oder war der nicht durch einen Unfall bedingte Todeseintritt die Folge einer Berufskrankheit?

| Bestattungsunternehmen helfen

Auch bereits der erste Schritt, nämlich die richtige Anmeldung der Versicherungsansprüche mit den entsprechenden Unterlagen, wird – und dies auch zügig – von dem eingeschalteten Bestattungsunternehmen mit erledigt. Die weitere Abwicklung, nämlich die hoffentlich bald eintretende Realisierung, Abrechnung und Auszahlung des Versicherungsbetrags, obliegt natürlich dem berufenen Erben.

Etwas anders läuft die Sache bei bestehenden Sterbegeldversicherungen. Diese todesfallbezogenen Leistungen werden, meist sogar sehr zügig, durch die entsprechend erteilte Vollmacht gegenüber dem Bestattungsunternehmen hereingeholt und bei Zugang des Auszahlungsbetrags bei dem Bestattungsunternehmen bei der Endabrechnung mit berücksichtigt.   ◀

Was ist mit Rentenansprüchen bzw. –leistungen?

Entweder man weiß es schon aufgrund des persönlichen Kontakts zum Verstorbenen oder man ersieht es beim ersten Blick in die persönlichen Unterlagen: Hat der Verstorbene eine, wo auch immer herkommende, Rente bzw. Pension oder vergleichbare Leistungen bezogen? Soweit Sie als Erbe keinen direkten Kontakt mehr hatten, kann hier entweder die Bank direkt Auskunft geben oder Sie stellen mit einem kleinen Blick in die hoffentlich vorgefundenen Kontoauszüge fest, ob jeweils am Monatsanfang Rentenleistungen auf dem Konto eingegangen sind.

Um Überzahlungen zu vermeiden, auch im Hinblick auf die bestehenden rechtlich verbindlichen Informationspflichten, ist die Rentenstelle in geeigneter Weise vom Tod des Rentenbeziehers zu informieren. Wurde ein umfassender Bestattungsauftrag erteilt, erledigt auch diese Erstinformation das Bestattungsunternehmen – vorausgesetzt natürlich, die Auszahlungsstelle kann hier recht schnell in Erfahrung gebracht werden. Notwendig sind also etwaige vorgefundene Rentenbescheide, noch besser die aktuellen, sicherlich bei den Unterlagen des Verstorbenen auffindbaren Mitteilungen der Rentenstelle mit der dort befindlichen Angabe der Rentenversicherungs- bzw. Personalnummer bei Pensionen und der Anschrift der zuständigen Besoldungsstelle, auch wegen der Klärung beamtenrechtlicher Beihilfen.

Rentenstelle informieren

Gehen Sie davon aus, dass man Sie bei der ersten Kontaktaufnahme zu dem Bestattungsinstitut auf diese Unterlagen direkt ansprechen wird. Also bringen Sie sie zweckmäßigerweise gleich mit.

Anspruch auf Sterbefallsumme

Ist ersichtlich oder bekannt, dass ein langjähriges Arbeitsverhältnis außerhalb des öffentlichen Dienstes bestanden hat, sollten Sie in geeigneter Form durchaus die Personalabteilung des früheren Arbeitgebers kurz schriftlich oder auch telefonisch vom Ableben informieren. Einmal unabhängig davon, ob der frühere Betrieb sich mit einer Todesfallanzeige, einem letzten Gruß oder Ähnlichem hierauf meldet, gibt es zum Teil individuelle Ansprüche auf Auszahlung einer Sterbefallsumme, manchmal sogar abgesichert über eine entsprechende, für den Betrieb geltende tarifliche Regelung.

Rentenansprüche

Soweit Sie direkter Angehöriger sind, also der überlebende Ehepartner oder leiblicher Abkömmling, kann über diese Erstinformation auch in Erfahrung gebracht werden, ob es unabhängig von Einmalzahlungen sogar weiter gehende betriebliche Rentenansprüche gibt – für den überlebenden Lebenspartner und je nach Alter und Status (z. B. Ausbildung) auch für Kinder des Verstorbenen (Halbwaisenansprüche).

Auch das sollten Sie zumindest im Auge behalten: Handelt es sich um einen nahen Angehörigen, der durch einen überraschenden Todesfall aus dem Arbeitsleben gerissen wurde, können Sie durchaus anlässlich erster Beileidsbekundungen durch die Personalabteilung, den Betriebsrat oder durch Mitarbeiter in vorsichtiger Weise zum Ausdruck bringen, dass an Stelle größerer Kranz- und Blumenspenden eine finanzielle Unterstützung der Familie wesentlich weiterhilft, natürlich auch gerade dann, wenn noch minderjährige Kinder etc. mit zum Haushalt des Verstorbenen gehören.

Benötigen Sie den Erbschein?

Das zuständige Nachlassgericht, also das jeweils zuständige Amtsgericht, in Baden-Württemberg das Notariat, stellt auf Antrag einen Erbschein aus. Grundregel: Immer wenn unklar ist, ob man als Erbe berufen ist und, wenn ja, ob bei einer Mehrzahl von Erben sich hier ein Anspruch auf den Nachlass in Höhe einer bestimmten Erbquote ergibt, schaltet sich das Nachlassgericht – allerdings nur auf Antrag – in die Klärung der Vorgänge ein.

Es sind mehrere Testamente vorhanden

Die Erblasserin hat mehrfache, zum Teil inhaltlich unklare Testamente verfasst. Den ersten Anhaltspunkt nach juristischer Überprüfung der erbrechtlichen Stellung ergibt sich dann aus dieser amtlichen Bestätigung, dem Erbschein. Allerdings: Bis hin zu einer gerichtlichen Auseinandersetzung können andere Beteiligte und etwaige Miterben diese Feststellungen des Nachlassgerichts dem Grunde nach noch angreifen. ◄

Übrigens: Der Erbschein enthält nur Aussagen über die Erbquote und die Feststellung einer Vor- oder Nacherbschaft, nicht jedoch die Angabe, wie hoch der entsprechende Erbteil im Einzelnen betragsmäßig ist!

Er ist aber auf jeden Fall wichtig bei verstorbenen Selbstständigen oder Gesellschaftern für Handlungsbedarf in geschäftlichen Angelegenheiten. Sprechen Sie hier ggf. mit Ihrem Notar/Anwalt!

Wofür benötigen Sie das Testamentsvollstreckerzeugnis?

Falls Ihnen bereits bekannt ist, dass Sie nach dem Testament von Seiten des Erblassers als Testamentsvollstrecker eingesetzt sind, oder falls Sie von den Erben bei Kenntnis des Testaments darauf angesprochen werden, ggf. auch durch die erste Information von Seiten des Nachlassgerichts, sollten Sie auch wiederum auf eigene Veranlassung alsbald einen Antrag auf Erteilung eines Testamentsvollstreckerzeugnisses beim zuständigen Nachlassgericht stellen. *Antrag beim Nachlassgericht*

Bitte gehen Sie davon aus, dass z. B. auch das Bestattungsunternehmen bei der Nachfrage über den Inhalt vorhandener Testamente etc. sich darum bemühen wird, den laut Testament berufenen Testamentsvollstrecker, sofern vorhanden, als ersten Ansprechpartner zu erreichen. Denn im Regelfall gehört es zu dessen Aufgaben, dass er zumindest entsprechend den Festlegungen über seinen Wirkungskreis auch die rechtsgeschäftlichen Entscheidungen nicht nur zur Nachlasssicherung, sondern auch zu allen sich hieraus ergebenden finanziellen Fragen dem Grunde nach zu verantworten hat.

Meist genügt ein formloses Anschreiben unter Hinweis auf den Todesfall und auf die testamentarische Verfügung mit der Einsetzung als Testamentsvollstrecker in Person sowie natürlich die Mitteilung, dass Sie zur Übernahme des Testamentsvollstreckeramtes bereit sind. Je nach Arbeitsweise des Nachlassgerichts und je nach den vorgefundenen erbrechtlichen Unter- *Formloses Anschreiben* lagen und Feststellungen zur Gültigkeit der Testamentsvollstreckereinsetzung erteilt dann das Nachlassgericht dieses Zeugnis als besonderes Dokument. Mit dieser Legitimation können Sie dann auch sofort als Vertreter des Erben bzw. der Erbengemeinschaft Bankgeschäfte etc. tätigen.

Auch das Geschäft muss weiterlaufen!

Steuern und Abgaben

Für diesen Bereich gilt zunächst die Faustregel, dass betriebliche Steuern, Abgaben etc. weiterhin angemeldet und zum festgelegten Zahlungszeitpunkt entrichtet werden müssen. War der Erblasser Inhaber eines Unternehmens, wird die Erfüllung notwendiger Steuerpflichten meist von der firmeneigenen Buchhaltung oder über den steuerlichen Berater weiterhin erbracht. Ansonsten muss ein etwa eingesetzter Nachlassverwalter oder Testamentsvollstrecker die steuerlichen Pflichten im Zusammenhang mit der Betriebsfortführung übernehmen.

Betriebsverkauf

Auch wenn der Erblasser ein Einzelunternehmen führte und – bedingt durch den Todesfall – das Geschäft bzw. die Praxis nicht fortgesetzt werden soll, werden von dem überlebenden Ehepartner oder den Erben gewisse Entscheidungen verlangt. Ein Verkauf des Unternehmens bzw. der Praxis wegen eines Todesfalls ist ein Vorgang, für den sich das Finanzamt wegen des daraus erzielten Veräußerungsgewinns interessiert. Schon wegen der Bewertung des Geschäftsvermögens, des Kundenstamms oder des Inventars sollten Sie in aller Ruhe die Vor- und Nachteile einer möglichen Veräußerung in Bezug auf steuerliche Konsequenzen mit einem fachkundigen Berater erörtern.

Betriebsfortführung

Dies gilt natürlich auch für die Fälle, in denen die Erben oder der Ehepartner als Alleinerbe beabsichtigen, den Betrieb fortzuführen. Zu beachten sind die weiter gehenden zivilrechtlichen Konsequenzen, vorrangig die Haftung für bestehende Geschäftsverbindlichkeiten etc. Auch die gewerberechtliche Seite darf nicht übersehen werden: Bei Handwerksbetrieben muss z. B. sichergestellt sein, dass bei einer Betriebsfortführung etwa ein Handwerksmeister aufgrund der geforderten fachlichen Qualifikation zur Verfügung steht, was auch für sonstige Konzessionsträger gilt.

Auch bei mehreren Erben (etwa Ehefrau mit Kindern ohne besondere testamentarische Regelungen) kann sich die Frage der Betriebsfortführung je nach Alter und Sachkenntnis der Erben komplizieren. Je nach Rechtsform des Betriebs sollten Sie alsbald vorgefundene Gesellschaftsverträge dahingehend überprüfen lassen, in welcher Weise der oder die Erben hier auch weiterhin an dem Betrieb beteiligt bleiben. Eintrittsrechte der Erben in eine Gesellschaft sind meist fristgebunden.

Selbst ein von Seiten des Erblassers wohl gemeinter Ausschluss der Erben aus der Gesellschaft nach seinem Tode kann nicht unerhebliche Probleme bereiten, da die Frage der Ausgleichszahlungen für das Ausscheiden aus der Gesellschaft z. T. mühevoll ist und sie über Todesfall-Stichtagsbilanzen etwa bei einer Buchwertabfindung erarbeitet werden müssen. **Ausgleichszahlungen**

Es kann daher an dieser Stelle nur die dringende Empfehlung gegeben werden, dass Sie als Selbstständiger stets darauf achten sollten, dass die Bestimmungen in Bezug auf den Erbfall in den Gesellschaftsverträgen mit weiteren persönlichen Verfügungen von Todes wegen (z. B. Testamenten) abgestimmt sind. Es sollte schon fast eine Routine sein, dass Sie zum Schutz Ihrer eigenen Angehörigen in regelmäßigen Jahresabständen prüfen, ob die bisher getroffenen testamentarischen Verfügungen noch genügend zukunftsorientiert sind. Freiberufler sollten, ggf. nach Rücksprache mit den berufsständischen Kammern, wegen des Praxisverkaufs bzw. der Übergabe im Todesfall u. a. wegen der Bewertung des Mandantenstammes Vereinbarungen mit Partnern treffen. **Verfügungen regelmäßig überprüfen**

Es kommt doch recht häufig vor, dass z. B. bei Neugründungen die Frage der Betriebsweiterführung für den Todesfall kaum Beachtung geschenkt wird, weil nämlich etwa der Ehepartner im Betrieb nicht mitarbeitet oder zu diesem Zeitpunkt minderjährige Kinder vorhanden sind. Soll der Betrieb nicht zwangsläufig nach einem plötzlichen Todesfall in fremde Hände übergehen, bieten sich zum Schutz der nahen Angehörigen zunächst gewisse erbrechtliche Vorsorgemaßnahmen an, z. B. die Einsetzung eines Testamentsvollstreckers. Auch ergibt sich meist erst Jahre später, ob etwa das eine oder andere Kind persönliche und fachliche Voraussetzungen mitbringt, um den Betriebsinhaber nach dessen Tod ersetzen zu können.

Eine zeitgemäße Nachfolgeregelung sollte gerade auch dann in Betracht gezogen werden, wenn auch andere Beteiligte in einer Gesellschaft Führungspositionen ausüben und nahe Angehörige zumindest eine mehr oder weniger festzulegende Einflussnahme auch nach dem Ableben des Hauptgesellschafters haben sollen. **Zeitgemäße Nachfolgeregelung**

Handels-
vertreter

War der Erblasser als selbstständiger Handelsvertreter tätig, sollten Sie auf die fristgerechte Anmeldung des Ausgleichsanspruchs (innerhalb von drei Monaten nach dem Todesfall) achten.

Auch die durch den Erbfall eingetretenen Rechtsänderungen müssen beim Handelsregister angemeldet werden.

Nicht vergessen: Auch das Finanzamt, die Berufsgenossenschaft bei freiwilliger Versicherung und weitere Behörden mit Leistungspflichten/Kontakten sollten frühzeitig vom Todesfall und der Benennung des künftigen Ansprechpartners unterrichtet werden.

Der Todesfall: Checkliste für Hinterbliebene und Bevollmächtigte

Über die vorstehenden Hinweise und Informationen hinaus sollten Sie – auch bei aller Betroffenheit und Bestürzung – bei Eintritt eines Todesfalls die folgenden Hinweise und Empfehlungen beachten. Die daran anschließende Checkliste hilft Ihnen mit Übersichten, die Sie vielleicht Punkt für Punkt durchgehen sollten.

Sicherungsmaßnahmen

Wertsachen
und Urkunden

Handelt es sich bei dem Verstorbenen um einen nahen Angehörigen, sollte auf jeden Fall garantiert sein, dass sein Nachlass in entsprechender Weise geschützt wird. Vorgefundene wertvolle Gegenstände, Bargeld etc. sind sicherzustellen. Das gilt natürlich auch vor allem für vorhandene persönliche Papiere, Urkunden usw. Ziehen Sie zur Sicherheit weitere Personen Ihres Vertrauens hinzu, um spätere Missverständnisse oder auch Auseinandersetzungen mit Miterben auszuschließen. Wohnte der Verstorbene allein, sollte die Wohnung in ordnungsgemäßer Weise versorgt werden.

Wohnung
verschließen

Haben Sie sich z. B. als Nachbar zuletzt um den Verstorbenen gekümmert, und sind Sie nach Ihrer Erkenntnis nicht als Erbe berufen, sollten Sie zweckmäßigerweise die Wohnung nach Überführung des Leichnams sofort wieder verschließen. Die Schlüssel sollten Sie z. B. beim Nachlassgericht oder Bürgermeisteramt (Standesamt) hinterlegen, falls nicht sofort ein Ihnen bekannter Angehöriger bzw. Erbe erreichbar ist.

Soweit Sie als Außenstehender einen Handlungsbedarf sehen, weil etwa keine näheren Angehörigen und vermutliche Erben bekannt sind oder diese vielleicht erst über das Nachlassgericht bzw. Bürgermeisteramt mühsam ermittelt werden müssen und aufgrund des vorgefundenen Inventars der Nachlass „in Gefahr" ist, können Sie durch entsprechende direkte Information des Nachlassgerichts sogar eine besondere Nachlasssicherung auch dadurch vornehmen, dass die Wohnung „versiegelt" wird.

Dies ist als Erstmaßnahme durchaus auch empfehlenswert, wenn überhaupt keine näheren Angehörigen oder sonstige Vertrauenspersonen bekannt sind und der Verstorbene vielleicht auch den einen oder anderen Schlüssel an weitere Bekannte, Pflege- oder Betreuungspersonen abgegeben hat.

Ein erster Schritt könnte durchaus auch die sofortige Benachrichtigung der Hausverwaltung bzw. des Vermieters sein, um sich etwa mit einem Steckschloss und einem entsprechenden Hinweis auf Kontaktaufnahme gegenüber der Hausverwaltung über die aufgrund des Todesfalls veränderten Beschränkungen beim Wohnungszugang zu informieren.

Rücksprache mit dem Nachlassgericht

Nehmen Sie unabhängig hiervon auf jeden Fall sofort Kontakt mit dem zuständigen Nachlassgericht des Wohnortes des Verstorbenen auf. Je nachdem, in welcher Beziehung der Verstorbene zu Ihnen gestanden hat, wird u. U. sogar ein von Seiten des Nachlassgerichts bestellter Nachlasspfleger oder Betreuer eingeschaltet, um durch diese „unabhängige" Amtsperson den vorhandenen Nachlass alsbald aufnehmen zu lassen.

Papiere ordnen!

Auch beim Ordnen der Papiere kommt es zunächst darauf an, in welcher Beziehung Sie zu dem Verstorbenen gestanden haben. Handelt es sich um Ihren Ehepartner oder langjährigen Lebensgefährten, so sind Sie ggf. darüber informiert, ob testamentarische Verfügungen vorhanden sind. Leiten Sie diese Schriftstücke auf jeden Fall sofort dem zuständigen Nachlassgericht zu. Haben Sie Kenntnis von einem vorhandenen Erbvertrag oder hinterlegten bzw. öffentlichem Testament, sollten Sie das Nachlassgericht hierüber informieren und diesem ggf. mitteilen, wo ein Testament errichtet wurde bzw. hinterlegt ist.

Testamente
müssen dem
Nachlassgericht
abgeliefert
werden
Grundsätzlich: Ob Sie Erbe sind oder lediglich besorgter Mitbewohner oder außenstehender Dritter mit einer Zugangsberechtigung zur Wohnung: Soweit Sie unmittelbar mit dem Todesfall konfrontiert werden, besteht die grundsätzliche rechtliche Verpflichtung, vorhandene Testamente bzw. letztwillige Verfügungen dem Nachlassgericht abzuliefern – eine Verpflichtung, die nicht nur Privatpersonen betrifft, sondern auch etwaige Berater, zum Beispiel Rechtsanwälte oder Steuerberater, bei denen Testamente verwahrt bzw. hinterlegt sind. Das setzt allerdings voraus, dass der Todesfall des Mandanten überhaupt bekannt wird!

Informieren Sie die Angehörigen

Unabhängig davon, ob Sie in direkter verwandtschaftlicher Beziehung zu dem Verstorbenen standen oder „nur" zu seinem näheren Bekanntenkreis gehörten: Es ist mehr als eine Selbstverständlichkeit, dass Sie alsbald die direkten Angehörigen bzw. Verwandten von dem Todesfall unterrichten. Dies kann im Einzelfall selbst bei Verwandten zu Komplikationen führen, wenn die sofortige Benachrichtigung schon daran scheitert, dass nicht einmal deren aktuelle Adressen bekannt sind. Manchmal helfen die Meldebehörden (Gemeinde- oder Stadtverwaltungen) weiter, der Blick in Adress- oder Telefonbücher ist eine weitere Möglichkeit. Vermeiden Sie so, dass es wegen verspäteter Nichtbenachrichtigung vom Todesfall und des ggf. feststehenden Bestattungstermins zu Vorwürfen kommt!

Verstirbt jemand im Krankenhaus oder im Heim, so ist dort meist schon über die Aufnahme sichergestellt, dass die Anschrift zumindest eines nahen Angehörigen festgehalten ist. Hinweise auf Adressen von zu benachrichtigenden Verwandten ergeben sich vielleicht auch aus vorgefundener Korrespondenz. Bei entfernt wohnenden Angehörigen des Verstorbenen hilft vielleicht der Blick ins Telefonbuch oder die Rückfrage bei der Stadt- bzw. Gemeindeverwaltung, um zügig Kontakt aufnehmen zu können.

Bestattungsfragen klären

In zeitlicher Hinsicht relativ eilig ist die angemessene Organisation und Durchführung einer Bestattung. Da im Regelfall ein Bestattungsunternehmen eingeschaltet wird, sollten Sie diese fachkundige Hilfe in Anspruch nehmen, um die Fülle der Fragen bis hin zur exakten terminlichen Abstimmung zu klären.

Versäumen Sie hierbei nicht, auf etwaige Aufzeichnungen oder die Ihnen bekannten Wünsche des Verstorbenen näher einzugehen. Auch diese Information wird für die Durchführung einer sachgerechten und würdevollen Bestattung von einem Bestattungsunternehmen benötigt. Mit weiteren Einzelfragen sollten Sie sich schon jetzt mit der nachfolgenden Checkliste vertraut machen. Scheuen Sie sich auch nicht, einen Seelsorger einzuschalten, falls dieser nicht schon dem Verstorbenen Beistand zum Zeitpunkt des Todes geleistet hat und Ihnen je nach Ihrer Beziehung zu dem Verstorbenen für persönliche Gespräche zur Verfügung steht.

Wünsche des Verstorbenen berücksichtigen

Grundsätzlich: Schon der erste Kontakt zu einem Bestattungsunternehmen setzt voraus, dass Sie aufgrund Ihrer eigenen Erkenntnisse der richtige Ansprechpartner sind – dem Grunde nach also sogar „Vertragspartner" werden, wenn ein entsprechender Auftrag gegenüber dem Bestattungsunternehmen erteilt wird.

Woran Sie noch denken sollten ...

Neben der Meldung des Todesfalls an die Behörden und der Benachrichtigung naher Angehöriger oder nahe stehender Personen sollten Sie auch weiter entfernt wohnende Bezugspersonen des Verstorbenen umgehend mündlich oder schriftlich informieren, sobald Sie den Bestattungstermin in Erfahrung bringen konnten. Nur so kann aufgrund der räumlichen Entfernung sichergestellt werden, dass diese noch rechtzeitig an einer Trauerfeier bzw. Beerdigung teilnehmen können.

Stand der Verstorbene noch im Arbeitsleben, sollten Sie unbedingt auch sofort den Arbeitgeber, die Dienststelle oder z. B. beim Selbstständigen den Betrieb von dem Todesfall in Kenntnis setzen.

Arbeitgeber informieren

Außerdem sollten ggf. noch benachrichtigt werden:

- Bankinstitute
- Telekommunikationspartner/Telefonanbieter (für Telefon- und Internetanschluss, Handy), GEZ für Radio, Fernsehen nicht vergessen.
- Versorgungsunternehmen (Gas, Strom, Wasser)
- Vermieter (Wohnungskündigung?)
- Absage früher durch den Erblasser vereinbarter anstehender Termine (Arzt, Handwerker etc.).
- Postdurchsicht auf fällige Rechnungen, zugegangene Bescheide mit laufenden Fristen und ggf. Kontaktaufnahme/Fristverlängerungen einholen, die Post bzw. Zustellungen neu umleiten (Auftrag zur Postlagerung geben?)

Experten-Tipp

Werbezusendungen

Ist es angebracht, über die sog. Robinsonliste gleich eine Werbesperre durchzuführen zu lassen, um damit die Sperrung der verstorbenen Person von künftigen Zusendungen zu erreichen? Dies muss kurz schriftlich unter Hinweis auf eine bestehende Vollmacht oder Erbenstellung an folgende Adresse erfolgen:

DDV Robinson- Liste

Postfach 1401

71243 Ditzingen

Telefon: 07156/951010.

Weitere Informationen hierzu erhalten Sie unter www.direktmarketing-info.de. ◀

Ergänzende Hinweise

Mit Sicherheit werden Sie als Angehöriger doch noch ergänzend die eine oder andere Frage vielleicht schon unmittelbar nach dem Todesfall z. B. zur organisatorischen Durchführung der Bestattung klären müssen. Gehen Sie ruhig davon aus, dass Ihnen ein fachkundiges Bestattungsunternehmen auch bei Einzelproblemen mit Rat und Tat zur Seite stehen kann und Ihnen insbesondere Behördengänge oder sonstige anfallende Probleme im Zusammenhang mit der Durchführung der Bestattung oder der Trauerfeierlichkeit abnehmen wird.

Bedenken Sie bitte bei Sie berührenden Einzelfragen von Seiten des Bestattungsunternehmens, etwa zur Leichenwäsche, Totenkleidung oder Bestattungsart, dass Sie sich vorrangig von dem Gefühl leiten lassen, ganz im Interesse des Verstorbenen zu handeln. Rechnen Sie also damit, dass Sie mit derartigen „Detailfragen" direkt konfrontiert werden. *Detailfragen zur Bestattung*

Je nach beruflicher Stellung und Bekanntheitsgrad des Verstorbenen wird man für die Durchführung der Trauerfeier und/oder Beerdigung ein gewisses Einfühlungsvermögen von Ihnen erwarten dürfen. Lassen Sie sich nicht nur von dem beauftragten Bestattungsinstitut, sondern vielleicht auch von Freunden und Arbeitskollegen des Verstorbenen diesbezüglich beraten und weiterhelfen.

Berücksichtigen Sie hierbei auch etwaige Wünsche des Verstorbenen, die dieser entweder zu Lebzeiten fixiert oder Ihnen bzw. Dritten mitgeteilt hat. Der Wunsch des Verstorbenen nach einer „stillen Feier" hat stets Vorrang vor einer aufwendigen Trauerfeier, selbst wenn diese im Hinblick auf die Person, das Lebenswerk oder die Stellung des Verstorbenen angemessen erscheint. Sollte der Verstorbene zu Lebzeiten keinerlei Äußerungen in Bezug auf die Durchführung und Organisation der Bestattung bzw. Trauerfeier gemacht haben, sollten Sie auf die mit Sicherheit vorhandenen Erfahrungen des sachkundigen Bestattungsunternehmens vertrauen. *Wunsch des Verstorbenen geht vor*

Auch besondere Gebräuche, insbesondere bei Sterbefällen auf dem Lande, sind mit zu berücksichtigen. Über kirchliche Zeremonien und konfessionelle Besonderheiten, etwa Bestellung von Totenmessen bei katholischen Verstorbenen, wird Sie mit Sicherheit der Geistliche als Beistand ausführlich informieren. *Besondere Gebräuche*

Eine Bestattung kostet Geld

Ein letztes Wort noch zur finanziellen Seite, auch wenn es angesichts der Trauer und des vielleicht eingetretenen Schocks über den Todesfall im Moment nicht angezeigt erscheint: Die zahlreichen Dienstleistungen, die ein Bestattungsunternehmen für Sie erbringt, erfordern auch bereits jetzt von Ihnen gewisse finanzielle Dispositionsmöglichkeiten.

Scheuen Sie sich nicht davor, sich recht schnell ein klares Bild über Ihre finanzielle Situation zu verschaffen. Mit der Beerdigung und Durchführung der Trauerfeier bis hin zur Bewirtung der Trauergäste ist der Todesfall (in *Finanzen überprüfen* finanzieller Hinsicht) noch nicht abgeschlossen. Es muss noch ein gewisses finanzielles Polster vorhanden sein, z. B. für

- Kauf oder Verlängerung eines vorhandenen Grabes,
- den Grabstein, die Grabeinfassung,
- die notwendige Grabpflege, falls Sie auf gärtnerische Hilfe zurückgreifen wollen,
- Kosten für Aufgabe/Räumung/Renovierung der Mietwohnung,
- Ablösung/Weiterzahlung von Krediten etc.,
- Begleichung noch offener Rechnungen des Verstorbenen,
- Abrechnungen des Pflege- oder Altenheims,
- Abrechnungen von Energieversorgungsunternehmen, Telefon etc.

Es ist natürlich das Bestreben eines jeden Angehörigen, alle nur möglichen finanziellen Mittel bereits für eine würdige Bestattung einzusetzen. Ob es sich um die Auswahl eines Sarges handelt, bei dem die Preisskala nach oben völlig offen ist, oder um die Aufstellung von Kerzenständern als Dekoration: Das für Sie finanziell „Machbare" sollte auch hierbei stets mit berücksichtigt werden, damit Sie wegen möglicher verbleibender Eigenanteile bei den Bestattungskosten, etwa als Alleinerbe, nicht sofort in einen finanziellen Engpass geraten.

Nehmen Sie sich dann nach Beendigung der Trauerfeierlichkeiten die Zeit, sich mit einem Blick nach vorne Gedanken darüber zu machen, welche Alltagsprobleme auf Sie zukommen. Dies fängt an bei den rein praktischen Fragen, etwa ob Sie eine Wohnung behalten (oder sich noch leisten können), bis hin zu Ihren individuellen Versicherungs- und Vorsorgemaßnahmen.

Mit einkalkulieren sollten Sie auf jeden Fall die Einnahmenseite, also die Höhe von Hinterbliebenenbezügen. Eine abschließende Empfehlung kann hier im Hinblick auf die Vielfalt von Einzelsachverhalten nicht gegeben werden.

Übersichten auf CD-ROM

Auf Ihrer CD-ROM finden Sie nützliche Übersichten, wie Sie Ihren Hinterbliebenen die ersten Maßnahmen nach Ihrem Ableben erleichtern können. ◀

Vorsorge- und Erbfall-ABC (Lexikonteil)

In diesem Ratgeber wurde bewusst auf eine systematische juristische Darstellung zu erbrechtlichen Fragen verzichtet. Dieses ABC soll jedoch dem interessierten Leser über gezielte Lexikon-Stichwörter zumindest Grundaussagen zu den wichtigsten zusammenhängenden erbrechtlichen Fragen bieten und ergänzende Informationen über damit zusammenhängende finanzielle und wirtschaftliche Grundfragen vermitteln. Über Anregungen, Hinweise und Gestaltungsvorschläge soll damit der Anstoß für ein (im Einzelfall vielleicht notwendiges) Beratungsgespräch gegeben werden. Auf weiter führende Stichwörter wird im Text durch → verwiesen.

Adoption

Minderjährige Adoptivkinder erhalten durch die Adoption die volle rechtliche Stellung eines ehelichen Kindes (mit allen erbrechtlichen Konsequenzen, auch im Verhältnis zu deren Verwandten). Allerdings erlischt das bestehende Verwandtschaftsverhältnis und das der etwaigen späteren Abkömmlinge gegenüber den bisherigen (leiblichen) Verwandten.

Das angenommene Kind wird daher beim Tod der Adoptiveltern Erbe erster Ordnung, gehört dagegen im Regelfall beim Tod leiblicher Verwandter grundsätzlich nicht mehr zu deren gesetzlichen Erben. Bei einer → Enterbung kann das angenommene Kind Pflichtteilsansprüche geltend machen. *(Erbe erster Ordnung)*

Bei der sog. Volljährigen-Adoption sind die Rechtsfolgen anders: Der angenommene Volljährige wird zwar im Verhältnis zum Annehmenden gesetzliches Kind, gehört also zu dessen gesetzlichen Erben und umgekehrt; die Wirkung der Annahme erstreckt sich jedoch nicht auf die Verwandten des Annehmenden. Außerdem wird das Verwandtschaftsverhältnis des Angenommenen und seiner Abkömmlinge zu seinen leiblichen Verwandten grundsätzlich nicht berührt. *(Volljährigen-Adoption)*

Auflage

Verpflichtung zu einer Leistung

Mit der Auflage hat der Erblasser die Möglichkeit, einen Erben oder Vermächtnisnehmer zu einer Leistung zu verpflichten, ohne einem anderen damit ein Recht auf die Leistung zu geben (Unterschied zum → Vermächtnis). Typische Auflagen sind z. B. die Festlegung einer → Grabpflege-Anordnung oder bestimmte Vorgaben zur Art und Durchführung der Bestattung. Derartige letztwillige Verfügungen können z. B. auch vorsehen, dass bestimmte Nachlassgegenstände (bis hin zu einem Familiengrundstück) über einen bestimmten Zeitraum im Familienbesitz gehalten werden sollen. Erbe oder Vermächtnisnehmer können auch z. B. die Auflage erhalten, aus der erhaltenen Barzuwendung einen bestimmten Betrag etwa an gemeinnützige Zwecke abzuführen.

Durchsetzung der Auflage

Da bis auf wenige Ausnahmen eine derartige Auflage dem Grunde nach nicht erzwungen werden kann, gibt es für die Durchsetzung an und für sich nur die Möglichkeit, dass der Erbe bzw. Vermächtnisnehmer die Zuwendung erst dann erhalten soll, wenn er eine bestimmte festgelegte Auflage erfüllt hat oder ein vom Erblasser bestimmter Testamentsvollstrecker die Erfüllung der Auflage überwacht.

Form-vorschriften

Die Anordnung einer Auflage unterliegt den gleichen strengen Formvorschriften wie insgesamt eine Verfügung von Todes wegen (→ Testament).

Ausschlagung der Erbschaft

Die Rechte und Pflichten des Erblassers gehen im Zeitpunkt des Todes sofort und automatisch – d. h. ohne ausdrückliche Annahme der Erbschaft – insgesamt auf den Erben über. Stellt sich jedoch heraus, dass der Nachlass überschuldet ist oder will ihn der jetzige Erbe einem anderen zukommen lassen, kann er die Erbschaft ausschlagen und dadurch den bereits erfolgten Anfall der Erbschaft wieder rückgängig machen.

Frist von sechs Wochen

Die Ausschlagung kann nur binnen sechs Wochen erfolgen, wobei die Frist mit dem Zeitpunkt beginnt, in welchem der Erbe vom Anfall der Erbschaft und dem Grund seiner Berufung Kenntnis erlangt hat. Liegt ein Testament vor, so beginnt die Ausschlagungsfrist nicht vor der Eröffnung des Testaments durch das Nachlassgericht.

| **Nur das Nachlassgericht ist zuständig** |
| Die Ausschlagungserklärung erfolgt gegenüber dem Nachlassgericht und ist entweder dort zur Niederschrift oder in öffentlich beglaubigter Form abzugeben. Sonstige Behörden, etwa Bürgermeisterämter etc., sind hierfür nicht zuständig! ◀ |

Mit der Ausschlagung erhält nun derjenige den Nachlass, der nach gesetzlicher Erbfolge oder nach testamentarischer Ersatzerbenbenennung geerbt hätte, wenn der Ausschlagende zur Zeit des Erbfalls nicht gelebt hätte (→ Gesetzliche Erbfolge). In der Regel sind dies die Kinder des Ausschlagenden. Schlägt jeder der nachfolgenden, entfernten Angehörigen die Erbschaft ebenfalls aus, bleibt der Fiskus der letzte Erbe, also das jeweilige Bundesland am letzten Wohnsitz des Erblassers.

Gesetzliche Erbfolge oder Ersatzerbe

Die ausdrückliche Annahme, Ausschlagung oder Versäumung der Ausschlagungsfrist können seitens des Erklärenden angefochten werden. Hat der Erbe die Ausschlagungsfrist nur versäumt, weil er über ihr Bestehen oder die Rechtsfolgen ihres Ablaufs in Unkenntnis gewesen ist, so kann er die Fristversäumnis wirksam anfechten mit der Folge, dass die Erbschaft als ausgeschlagen gilt.

Möglichkeit der Anfechtung

Stellen sich nach Ablauf der Ausschlagungsfrist Tatsachen heraus, die die Überschuldung des Nachlasses begründen, so kann die Versäumung der Ausschlagungsfrist ebenfalls angefochten werden. Die Anfechtungsfrist beträgt wie die Ausschlagungsfrist sechs Wochen und beginnt mit dem Zeitpunkt, in welchem der Anfechtungsberechtigte von dem Anfechtungsgrund Kenntnis erlangt; im Beispiel der Überschuldung des Nachlasses beginnt die Frist also mit Kenntnis der Überschuldung.

Ist kurz nach dem Todesfall für den Erben unklar, ob eine Ausschlagung wegen möglicher Nachlassüberschuldung erfolgen soll, empfiehlt sich fachkundige Beratung darüber, ob für den Nachlass die beschränkte Erbenhaftung (§§ 1975, 1990 BGB) erklärt werden sollte, ggf. mit der zusätzlichen Prüfung, ob eine Nachlassverwaltung beantragt oder ein Antrag auf Nachlasskonkurs gestellt werden sollte.

Beschränkte Erbenhaftung

Erbausschlagung aus steuerlichen Gründen

Nicht in allen Fällen ist ein Nachlass überschuldet. In zahlreichen Fällen, insbesondere bei einem hohen Alter des begünstigten Erben mit weiteren Abkömmlingen, kann es sich durchaus lohnen, eine Erbausschlagung aus steuerlichen Gründen in Betracht zu ziehen. ◄

Vermeidung doppelter Erbschaftsteuer

Alleinerbe ist der einzige Bruder der allein stehend verstorbenen Schwester. Das Finanzamt besteuert zunächst einmal den ersten Erbfall, wobei lediglich ein Freibetrag für Geschwister in Höhe von 10.000 € in Abzug gebracht wird. Verstirbt der Bruder und hinterlässt eigene Kinder, so fällt beim zweiten Todesfall ggf. nochmals Erbschaftsteuer an, wenn der persönliche Freibetrag von 205.000 € überschritten wird.

Hätte der Vater der Kinder das Erbe seiner Schwester ausgeschlagen, wäre das Vermögen direkt auf das oder die Kinder übergegangen. ◄

Derartige Gestaltungen sollten Sie jedoch auf jeden Fall zuvor mit einem erfahrenen Berater aus dem Kreis der rechts- und steuerberatenden Berufe besprechen. Ein Familientreffen innerhalb der Sechswochenfrist nach Kenntnis vom Erbfall bzw. spätestens beginnend ab der Testamentseröffnung, sollte sehr schnell stattfinden, um die entsprechenden Erklärungen abgeben zu können.

Die Erbausschlagung setzt natürlich bei diesen Fällen ergänzend voraus, dass der Ausschlagende selbst nicht auf das ihm zustehende „Erbe" unbedingt angewiesen ist.

Die Erbausschlagung in Kürze

Ausschlagung wann?

- Wenn der Nachlass überschuldet ist;
- um eine Generation zu überspringen,
- für Ehegatten-Erben zugunsten einer güterrechtlichen Lösung.

Fristen

- sechs Wochen ab Kenntnis vom Tod oder der Erbberufung
- sechs Monate, wenn sich der Erbe im Ausland befindet oder der Erblasser zum Zeitpunkt seines Todes dort befand

Form

- Erklärung gegenüber dem Nachlassgericht oder in öffentlich beglaubigter Form des Notars

Wirkung

- Gilt für gesamte Erbschaft, wie wenn Ausschlagender nicht gelebt hätte.
- Wer: Testaments- oder Vertragerbe, auch gesetzlicher Erbe, wenn keine letztwillige Verfügung vorhanden ist.

Bestattung

Bestattungsarten

Das Thema „Bestattungskultur" entwickelt sich immer weiter. Wer den Bereich der Urnenbestattung beobachtet, wird sehr schnell feststellen, dass in Abgrenzung zu individuellen herkömmlichen Bestattungen immer häufiger der Wunsch nach einer anonymen Beisetzung über immer weiter gehende Angebote/Bestattungsformen publik wird. Gab es bis vor wenigen Jahren in Verbindung mit gesetzlichen Vorschriften/Vorgaben auf landesrechtlicher Ebene bzw. in den Gemeinden noch klare Regeln über Bestattungsordnungen – meist ohne größeren Spielraum für individuelle Beisetzungswünsche –, so hat sich durchaus eine erkennbare Tendenz entwickelt, dass zumindest bei der Feuerbestattung zahlreiche Möglichkeiten genutzt werden, um im Gegensatz zur klassischen Bestattung/Beisetzung auf dem regional eingegrenzten Friedhof vor Ort, schon zu Lebzeiten oder ggf. auch über eine testamentarische Verfügung für den Todesfall den Wunsch nach einer höchstpersönlichen Beisetzung vorzusehen.

Jedes Bestattungsunternehmen, aber auch zahlreiche Organisationen bzw. gemeinnützige Träger geben Auskunft über die verschiedensten Angebotsformen, mit Darstellung der Vor- und ggf. auch Nachteile, teilweise auch mit Preisübersichten. Ideal für einen Meinungsüberblick hierzu ist die eigene Suche im Internet.

Erd- oder Feuerbestattung? Für die Entscheidung, ob man eine Erd- oder Feuerbestattung wählt, ist meist das religiöse Empfinden des Erblassers oder seiner Angehörigen ausschlaggebend. Die Entscheidung wird z. T. auch davon abhängig sein, welche Grabstätten bereits vorhanden sind, da z. B. bei einem Familien-Urnengrab schon aus Belegungsgründen eine Erdbestattung nicht möglich ist. Auch die örtliche Friedhofssatzung kann die Bestattungsart vorschreiben.

Kosten Eine klare Aussage darüber, was eine Beerdigung kostet, kann an und für sich nicht gemacht werden. Dies hängt von den Wünschen des Erblassers, zumindest aber der Angehörigen ab. Die Beerdigungsinstitute und städtischen Friedhofsämter bieten hier eine Vielzahl von Auswahlmöglichkeiten nicht nur zur Durchführung der Bestattung, sondern insbesondere zur Sargausstattung etc. an.

Als Faustregel kann man sagen, dass eine Feuerbestattung zwischen 2.000 und 3.000 € kostet, eine Erdbestattung mit Trauerfeier liegt regelmäßig bei 3.000 € und mehr. Diese ungefähren Werte beinhalten eine „gewöhnliche" Trauerfeier, allerdings sind die nicht unerheblichen Kosten für Grabstein, Umfassung oder aber auch Aufwendungen für die erstmalige Anschaffung eines Kaufgrabes dabei nicht berücksichtigt.

Natürlich gibt es hier auch gewisse Preiskämpfe zwischen den Bestattungsunternehmen, da so genannte Billiganbieter versuchen, zumindest bei Erdbestattungen (insbesondere bei Särgen) die Aufwendungen durch Alternativangebote zu reduzieren. Ob sich diese Maßnahmen durchsetzen, bleibt abzuwarten. Der Kunde des Bestattungsinstituts wird mit Sicherheit seine Entscheidung davon abhängig machen, ob die Unternehmen ihm bei der Durchführung der Beerdigung auch weiterhin die umfangreichen Service- und Beratungsleistungen garantieren.

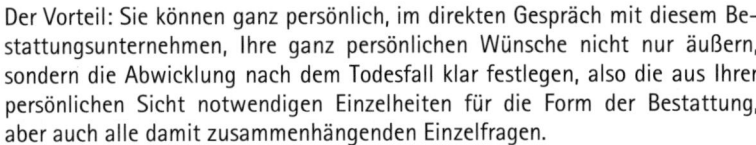

Bestattungsvorsorgevertrag

Soweit Sie sich zu Lebzeiten ernsthafte Gedanken darüber machen, ob nach Ihrem späteren Todesfall Ihre Erben tatsächlich umfassend Ihre Wünsche, vielleicht sogar Verpflichtungen, erfüllen, können Sie mit einem Bestattungsunternehmen einen sog. Bestattungsvorsorgevertrag abschließen.

Der Vorteil: Sie können ganz persönlich, im direkten Gespräch mit diesem Bestattungsunternehmen, Ihre ganz persönlichen Wünsche nicht nur äußern, sondern die Abwicklung nach dem Todesfall klar festlegen, also die aus Ihrer persönlichen Sicht notwendigen Einzelheiten für die Form der Bestattung, aber auch alle damit zusammenhängenden Einzelfragen.

Hinzu kommt, dass es sich hier um einen verbindlichen Vertrag handelt. Soweit kein Zusatzaufwand aus der Sicht der Erben hinzukommt, ist auch die finanzielle Seite bereits klar geregelt. Sie können sogar bereits die gesamte Bestattung bezahlen. Denkbar ist auch, dass Sie bei Kenntnis des Aufwands ggf. eine entsprechende finanzielle Rücklage völlig separat bilden, also z. B. durch die Anlage eines speziellen Sparbuchs, das ausschließlich für diesen Zweck verwendet werden soll.   ◄

Recht problematisch ist die Bestattungsmöglichkeit für Fehl- und Frühge- | Frühgeburten
burten. Schon in den Satzungen der Städte und Gemeinden ist zum Teil festgelegt, dass eine Bestattung nur bei Frühgeburten ab einem bestimmten Mindestgewicht möglich ist. Nach den derzeit gültigen Bestattungsgesetzen der Länder dürfen Fehlgeburten nicht bestattet werden, sondern sie werden über die Kliniken „beseitigt". Nicht umsonst hat sich hieran eine Diskussion über eine gebotene Gesetzesänderung entzündet – dies schon im Hinblick auf die weiter gehenden ärztlichen Erfolge auch bei Frühgeburten und die persönliche Bindung der Eltern an das Kind. Erfragen Sie bei Bedarf die aktuelle Regelung hierzu für Ihr Bundesland.

Zur Erlangung eines für die Bestattung notwendigen Totenscheins sollten Sie bei einem besonderen Interesse an einer Bestattung der verstorbenen Frühgeburt auch sofort die Klinikverwaltung auf den Beisetzungswunsch aufmerksam machen.

Die Erdbestattung

Eine Beerdigung darf frühestens 48 Stunden nach dem Todeseintritt | Frist
durchgeführt werden. Zunächst erfolgt die Überführung in eine Totenhalle. Eine auswärtige Bestattung muss innerhalb von vier Tagen nach dem To-

deseintritt erfolgen. Eine Fristverlängerung, etwa wegen einer Beisetzung an einem auswärtigen Ort, ist möglich, bedarf jedoch z. T. länderrechtlich verschiedener behördlicher Genehmigungen.

Verweildauer im Sterbehaus Für die Aufbahrung im Sterbehaus gilt eine Verweildauer von maximal 36 Stunden. Danach muss eine Überführung in eine Totenhalle vorgenommen werden, wenn eine derartige Halle in der Gemeinde vorhanden ist. Eine längere Aufbahrung bedarf wiederum einer besonderen behördlichen Genehmigung.

Größe der Grabstelle Sie sollten durchaus auch die Größe der Grabstelle mit berücksichtigen, also z. B. überlegen, ob es sich um eine größere familienbezogene Grabanlage handeln soll. Prüfen Sie daher zumindest, wie viele Erdbestattungen erfolgen bzw. wie viele Urnenbeisetzungen durchgeführt werden können.

Gelegentlich lässt sich feststellen, dass einzelne Friedhöfe keine Wahlgräber mehr anbieten. Sie sollten sich dann durchaus um Ausweichmöglichkeiten bemühen, ggf. um einen in der Nähe befindlichen weiteren Friedhof, der auch neue Wahlgräber zulässt.

Die Feuerbestattung

Schriftliche Erklärung Der Regelfall ist die Erdbestattung. Wer eine Feuerbestattung bei seinem Ableben wünscht, muss dies entweder in Form einer Verfügung von Todes wegen oder über eine sonstige eigenhändig erstellte und unterschriebene Erklärung festlegen.

Sollte der Erblasser keine schriftliche Bestimmung fixiert haben, kann die Entscheidung über eine Feuerbestattung von den direkten nächsten Angehörigen getroffen werden, und zwar zunächst durch den Ehepartner, dann durch volljährige vorhandene Kinder, dann ggf. durch Eltern etc. Die Erklärung der Angehörigen muss im Übrigen zur Durchführung der Feuerbestattung schriftlich gegenüber dem Bestattungsinstitut abgegeben werden. Ohne diese Erklärung und einer Feuerbestattungsbescheinigung darf eine Verbrennung im Krematorium nicht durchgeführt werden. Es ist auch möglich, dass die entsprechende Erklärung gegenüber dem Standesamt direkt abgegeben werden kann.

Strenge gesetzliche Regelungen Die Durchführung der Feuerbestattung selbst ist strengen gesetzlichen Regelungen unterworfen. Notwendig ist u. a. eine polizeiliche Unbedenklichkeitsbescheinigung auch bei natürlichem Tod. Zudem wird vor der Einäscherung im vorgesehenen Krematorium stets eine zweite Leichenschau vorgenommen.

Wer zu Lebzeiten seinen Wunsch zur Feuerbestattung seinen direkten Angehörigen mitteilen will, sollte dies im Hinblick auf die Zeitdauer bis zur Eröffnung des Testaments gegenüber den nahen Angehörigen nicht im Testament oder Erbvertrag aufnehmen, sondern in einer eigenen Verfügung.

Nach den Statistiken des Deutschen Städtetags nimmt die Zahl der Feuerbestattungen in Deutschland ständig zu. Ihr Anteil bewegt sich bei ca. 40 %, wobei die Einäscherungsquote in den neuen Bundesländern bei weit über 70 % liegt.

Zahl der Feuerbestattungen nimmt zu

Anlass für diverse Diskussionen ist im Übrigen immer noch die bestehende Vorgabe nach den Länder-Bestattungsgesetzen, dass Urnen nur auf den vorgesehenen Bestattungsplätzen, also dem Grunde nach auf Friedhöfen, beigesetzt werden können. In „früheren Zeiten" war durchaus üblich, dass man die Urne entweder zu Hause in den Wohnräumen an geeigneter Stelle aufbewahrt oder sogar in entsprechendem Umfeld, etwa im Hausgarten, aufgestellt oder im Erdbereich untergebracht hat. Die verschiedenen Vorstöße, insbesondere von Bürgerinitiativen, sind jedoch bislang auf gesetzgeberischer Ebene gescheitert.

Beisetzung nur auf dafür vorgesehenen Bestattungsplätzen

Es soll nicht verschwiegen werden, dass die fehlenden Möglichkeiten zum Umgang mit Urnen bereits zu gelegentlichen Umwegen führten, und zwar in der Gestalt, dass man z. B. eine Feuerbestattung im benachbarten europäischen Umfeld durchführt, z. B. in Holland, und dann die Urne, unter Umgehung der verbindlichen Bestattungsvorschriften nach den Länder-Feuerbestattungsgesetzen, ganz einfach mitnimmt. Es gibt also durchaus ernst zu nehmende Kritik an den bisherigen deutschen Bestattungsregelungen, insbesondere natürlich dann, wenn es sogar dem letzten Willen eines Verstorbenen entspricht, dass man diesen besonderen Bestattungswunsch in würdiger Weise im häuslichen Bereich berücksichtigt.

Umweg über das Ausland

Die Seebestattung

Für eine Seebestattung ist zunächst erforderlich, dass sich aus den Unterlagen des Erblassers ergibt, dass dieser zu Lebzeiten eine derartige Willenserklärung für eine Seebestattung abgegeben hat. Im Regelfall wird auch die Durchführung der Seebestattung einem Bestattungsinstitut übertragen, das ohnehin die Einäscherung einschließlich einer etwaigen Trauerfeier etc. or-

Bestattungsreedereien

ganisieren wird. Es gibt hierfür spezielle Seebestattungsreedereien, die entweder direkt von den Angehörigen oder durch Vermittlung des Bestattungsinstituts zu beauftragen sind.

Sieht man von gewissen zusätzlichen formalrechtlichen Voraussetzungen (Freigabeerklärung) ab, wird die Urne nach der Einäscherung an die Bestattungsreederei geschickt. Festzulegen ist zuvor, ob noch eine separate Trauerfeier vor Ort stattfinden soll oder – was ebenfalls möglich ist – auf dem gecharterten Schiff.

Nord- oder Ostsee Eine Seebestattung kann ausschließlich in der Nord- oder Ostsee stattfinden, wobei der Erblasser selbst bzw. die Angehörigen weitgehend bestimmen können, an welcher Stelle die Urne der See übergeben werden soll. Die genaue Stelle in einem festgelegten Seegebiet wird auf einer Seekarte vermerkt.

Kosten Die Kosten für eine Seebestattung, die zu den sonst fälligen Kosten für eine Feuerbestattung hinzukommen, berechnen sich natürlich im Wesentlichen danach, in welchem Seegebiet die Urne dem Meer übergeben werden soll, ob eine zusätzliche Trauerfeier mit weiteren Angehörigen stattfindet und welche (besonders erforderliche) Seeurne verwendet wird.

Nachträgliche Seebestattung Möglich ist auch eine nachträgliche Seebestattung, wenn etwa eine vorherige Friedhofsbeisetzung schon stattgefunden hat. Dies gilt z. B. für die Fälle, in denen der Hinterbliebene Ehepartner verstirbt und der Wunsch besteht, mit dem vorverstorbenen Ehepartner zusammen auf See bestattet zu werden. Erforderlich ist im Übrigen, dass auch die Angehörigen entsprechend dem Verwandtschaftsgrad noch einen Antrag auf Freigabe der Urne zur Seebestattung gegenüber dem Bestattungsinstitut erteilen. Ähnlich wie bei Grabpflegeverträgen bieten Bestattungsreedereien zum Teil zu Lebzeiten des Erblassers einen Seebestattungsvertrag mit einer Preissicherungsklausel an.

Die anonyme Bestattung

Zu anonymen Bestattungen gibt es in Deutschland und im benachbarten Ausland bereits eine Vielzahl verschiedener Angebotsformen: z. B. in der Nähe von Rostock eine Streuwiese zur Aufnahme der Asche in Verbindung mit einer Begegnungsstätte. Wer für den Todesfall speziell an Anonymität und Naturverbundenheit interessiert ist, kann z. B. auch die Beisetzung in sog. Friedwäldern in Erwägung ziehen, von denen es z. B. einen in Norddeutschland gibt. Dort kann man einen Baum erwerben, der anonym oder, falls gewünscht, mit einer entsprechenden kleinen Markierung die Möglichkeit bietet, darunter spezielle Urnen von Verstorbenen beizusetzen. Im Gegensatz zu größeren Familiengrabstätten auf Friedhöfen ist es dort auch möglich – allerdings derzeit ohne das christliche Kreuzsymbol –, einen Familienbaum als familiäre Ruhestätte zu erwerben. Die Kosten belaufen sich hier auf ca. 730 bis 1.000 €.

Bei einer großen Verbundenheit zur See besteht innerhalb eines vorgegebenen Rahmens an bestimmten Stellen im Meer die Möglichkeit einer Urnen-Seebestattung.

Bei dem anonymen Weg einer Luftbestattung existiert bislang – soweit bekannt – lediglich in Frankreich die Möglichkeit, die Asche nach bestimmten Vorgaben zu verstreuen.

Positiv ist insgesamt die feststellbare Transparenz der verschiedenen Angebotsformen für anonyme Bestattungen: Es entscheiden die Erben oder zu Lebzeiten bereits der Erblasser als Vertragspartner, in welchem Rahmen, in welchem Umfang – ob in völliger Anonymität oder nur in einem größeren anonymen Umfeld – die letzte Ruhestätte vorgesehen werden soll.

Eine kleine Alternative bieten gelegentlich Friedhofsanlagen mit Urnengräbern und einem gemeinsamen Grabdenkmal. Hier wird z. B. über einen entsprechend großen Grabstein oder Wand mit Namenstafeln insoweit die Möglichkeit gegeben, zumindest den Ruheort des Verstorbenen mit dem Namen zu dokumentieren. Auch wird es bei diesen besonderen Begräbnisstätten den Angehörigen grundsätzlich gestattet, bei der Beisetzung anwesend zu sein.

Gemeinsames Grabdenkmal

Bestattungswunsch schon zu Lebzeiten schriftlich festhalten

Wenn Sie eine anonyme Bestattung wünschen, sollten Sie dies bereits zu Lebzeiten schriftlich absichern, zumindest aber in Ihrer letztwilligen Verfügung konkrete Hinweise geben, wo, wie und mit welchem Begleitrahmen die Bestattung vollzogen werden soll.

Bei Ehegatten/Lebenspartnerschaften ist dies vielleicht noch im persönlichen Gespräch hinreichend erkennbar und nachvollziehbar. Aber gerade Alleinstehende, die bewusst von traditionellen Bestattungsformen abweichen wollen, sollten ihre Wünsche diesbezüglich unbedingt schriftlich und möglichst konkret niederlegen, da häufig entfernte Verwandte, ggf. sogar fremde Personen diese Willensbekundungen nachvollziehen müssen.   ◄

Allein stehende Verstorbene

Wenn es um allein stehende Verstorbene geht, bei denen sich der „Staat" um den Trauerfall kümmern muss, kommt in unserer Gesellschaft der anonymen Bestattung leider immer häufiger eine gewisse Bedeutung zu. Sind nach ersten Feststellungen bei Kenntnis des Todesfalls ausreichende Vermögenswerte erkennbar, die auch die Bestattungskosten abdecken, erfolgt bei gänzlich fehlenden Hinweisen auf Ansprechpartner oder Verwandte die Einschaltung eines Betreuers z. B. durch Einsetzung des Nachlassgerichts.

Problematisch sind aber die leider immer häufiger anzutreffenden Todesfälle von allein stehenden älteren MitbürgerInnen, die meist in städtischen Wohnanlagen ohne größere Sozialkontakte, fast anonym gelebt haben und manchmal sogar über längere Zeit hinweg unbemerkt verstorben sind. Sind keine finanziellen Rücklagen vorhanden und können auch keine eintrittspflichtigen Verwandten ermittelt werden, führt dies zu Sozialbestattungen. Mit der Konsequenz, dass die Stadt z. B. die Kosten für eine Urnenbeisetzung in hierfür speziell vorgesehenen meist anonymen Urnenfeldern übernimmt.

Die Sozialbehörden übernehmen daher immer häufiger nicht nur die finanzielle sondern auch organisatorische Abwicklung von Todesfällen allein stehender Verstorbener ohne Vermögenswerte. Die finanzielle Lage hat sich u. a. sicherlich dadurch etwas verschärft, dass gesetzliche Krankenkassen kein Sterbegeld mehr zahlen, obwohl diese zuletzt relativ bescheidenen Beträge ohnehin kaum zur Abdeckung der Bestattungskosten ausreichten.

Ist hingegen eine finanzielle Reserve erkennbar, wird der eingesetzte Betreuer bei völlig allein stehend Verstorbenen ein Bestattungsinstituts mit der Beerdigung/Beisetzung beauftragen. Bei erkennbar religiösen Bindungen findet diese dann nicht unbedingt völlig ohne Trauergäste statt. Die Kirchen/Gemeinden vor Ort begleiten derartige Trauerfälle häufig nach individuellen seelsorgerischen Möglichkeiten.

Bereits aus diesem Kurzüberblick zum Thema Anonymität lässt sich schnell erkennen, dass schriftliche Hinweise und Festlegungen zum eigenen Todesfall, völlig losgelöst vom persönlichen finanziellen Hintergrund, noch zu Lebzeiten gemacht werden sollten – gerade dann, wenn keine persönliche Vertrauensperson hinreichend informiert werden kann.

Was Sie sonst noch wissen sollten

- Vereinzelt bieten Friedhöfe auch besondere Kinderbegräbnisstätten an.
- Sehr oft feststellbar ist der Wunsch der Angehörigen, unmittelbar auf dem Friedhof bei der Bestattung nicht angesprochen zu werden. Insoweit können Sie z. B. bei Todesanzeigen einen kurzer Hinweis darauf aufnehmen, von Beileidsbezeigungen am Grabe bitte Abstand zu nehmen.

Zur Grabwahl

An und für sich haben die Erben lediglich die Kosten einer standesgemäßen Bestattung zu tragen, wozu allerdings auch die Aufwendungen für die Errichtung einer Grabanlage zählen. Keine rechtliche Verpflichtung besteht für die Erben hinsichtlich der Grabpflege. Hier besteht allenfalls eine sittliche Verantwortung, die i. d. R. von den Erben, zumindest von nahen Angehörigen oder sonstigen Vertrauten des Erblassers, getragen wird.

Keine Verpflichtung zur Grabpflege

Die Dauer der Ruhezeit hängt sehr oft von der Platzsituation des Friedhofs ab. Für Erd- oder Feuerbestattungen werden folgende Grabstellen angeboten:

Reihengräber

Hier wird eine Bestattung nach der zeitlichen Folge des Todesfalls auf vorgesehenen Grabreihen vorgenommen. Es richtet sich wiederum nach der Anlage des Friedhofs, ob z. B. ein Urnengrab neben einem Grab mit Erdbestattung angelegt werden kann. Meist sind Urnen- und Erdgräber getrennt in Reihen zusammengefasst. Ob Ausnahmen berücksichtigt werden können, richtet sich nach der Friedhofssatzung bzw. den tatsächlichen Belegmöglichkeiten vor Ort.

Für Erdbestattungen beträgt die Ruhezeit z. B. in Großstädten meist 15 bis 20 Jahre. In Landgemeinden sind Ruhezeiten zwischen 20 und 25 Jahren üblich, die sich z. T. aber sogar bis zu 40 Jahren verlängern können. Kürzere Ruhezeiten bestehen eindeutig für Urnen-Reihengräber (Städte 15 Jahre, sonst meist 20 Jahre).

Ruhezeit

Teilweise ist eine Verlängerungsmöglichkeit über die örtliche Satzung bei Reihengräbern ausgeschlossen, somit wird nach Ablauf der Ruhefrist das Reihengrab abgeräumt.

Wahlgräber

Ein Wahlgrab wird meist schon zu Lebzeiten erworben, wobei dann hinsichtlich des genauen Ortes bei Neuanlage örtliche Wünsche berücksichtigt werden können.

Doppel- und mehrstellige Gräber Unterschieden wird hier zwischen Doppel- oder sogar mehrstelligen Wahlgräbern. Für die Entscheidung wird ausschlaggebend sein, ob eine Ruhestätte für Eheleute beabsichtigt ist oder eine Familiengrabstätte.

Die Friedhofsatzungen sehen für Wahlgräber Nutzungszeiten von meist 15, 20 oder 25 Jahren vor, mit der Möglichkeit einer zeitlichen Verlängerung, die sich teils aber auf allenfalls weitere 25 Jahre beschränkt. Ähnliche Ruhezeiten bestehen für Urnen-Wahlgräber.

Nutzungsgebühren Die Höhe der Nutzungsgebühren hängt nicht nur von der jeweiligen Grabart ab, sie bestimmt sich insbesondere auch nach der Dauer der Ruhezeit. Zudem bestehen eindeutig regionale Gebührenunterschiede, wobei in sog. Ballungsgebieten, etwa im Bereich einer Großstadt, erfahrungsgemäß höhere Gebühren anfallen als z. B. in einer Landgemeinde.

Bestattungsbezirke Hier besteht allerdings kein großes Wahlrecht für die Bestattung auf einem bestimmten Friedhof. In Städten sehen die Friedhofordnungen bereits eine Bestattung in festgelegten Bestattungsbezirken vor. Es bedarf auf jeden Fall einer Ausnahmegenehmigung, um außerhalb des letzten Wohnorts beigesetzt zu werden. Auch müssen hierfür besondere Gründe (unabhängig von Kapazitätsproblemen) dargelegt werden, etwa die langjährige Verbundenheit zu einer bestimmten Gemeinde.

Experten-Tipp

Gestaltung nach kommunalen Vorgaben

Bei der späteren Grabanlage sollten Sie die Gestaltung der Grabstätte mit dem Bildhauer bzw. Steinmetz nach den Vorgaben der kommunalen Friedhofsatzung ausrichten. Nur in begründeten Ausnahmefällen werden auf Antrag Abweichungen etwa bei Grabsteinen akzeptiert.   ◄

Zum finanziellen Rahmen: Was bietet eine Sterbegeldversicherung?

Ausgehend davon, dass bereits die Bestattungskosten, die Grabpflege, vielleicht aber auch die Grabanlage sehr schnell zu einer Nachlassverbindlichkeit von 5.000 bis 6.000 € und mehr führen können, kann es sich zum Teil empfehlen, eine separate Sterbegeldversicherung abzuschließen. Sie müssen sich natürlich über eines im Klaren sein: Auch die Sterbegeldversicherung ist dem Grunde nach nichts anderes als eine besondere Form einer Kapitallebensversicherung. Es sind also im Wesentlichen die Lebensversicherer, die derartige, speziell ausgewählte Versicherungen anbieten.

Im Übrigen sollten Sie prüfen, ob nicht ggf. über die eine oder andere bereits bestehende Versicherung für bestimmte Fälle ein Sterbegeld oder ein Pauschalbetrag für Bestattungskosten gezahlt wird, z. B. bei Unfallversicherungen, zum Teil aber auch aufgrund der bestehenden Mitgliedschaft in einem Automobilclub, Mitgliedschaft in Verbänden, Organisationen etc. *(Versicherungen überprüfen)*

Sterbegeldversicherungen werden meist über eine Versicherungssumme von 1.000 bis 5.000 € abgeschlossen. Sie sollten prüfen, ob bei Tod durch Unfall nicht automatisch ein doppeltes Sterbegeld gezahlt wird. Obwohl im Regelfall meist keine Gesundheitsprüfung wie bei Abschluss einer Lebensversicherung verlangt wird, sollten Sie zur Sicherheit bei Abschluss einer derartigen Versicherung nachfragen, welche Wartezeiten bestehen. *(Versicherungssumme)*

Wer erhält ein Sterbegeld?

Es waren früher allenfalls die gesetzlichen Krankenkassen, die bei einem Todesfall noch gewisse Leistungen als Sterbegeld zahlten. Wer privat versichert ist, hat grundsätzlich keinen Anspruch, es sei denn, Sie haben auch dieses Risiko wieder über eine ggf. separat zu vereinbarende zusätzliche Sterbegeldversicherung abgedeckt.

Anspruch auf Sterbegeld

Der Anspruch auf Sterbegeld für Versichert in der gesetzlichen Krankenversicherung ist bereits seit 2004 komplett weggefallen – was in der Konsequenz bedeuten kann, dass Sie entweder über eine kleine Kapitalreserve einen Betrag zurücklegen, ggf. auch ausdrücklich festgelegt bei der Bank, und über das

Experten-Tipp

Testament eine Auflage zur Verwendung für ein entsprechendes Begräbnis nach eigenen Vorstellungen festlegen. Oder Sie schließen eine zusätzliche Sterbefallversicherung ab – was natürlich bei der Prämie vom Alter und dem konkreten Angebot einiger Versicherer abhängt.   ◀

Zum Teil zahlen übrigens auch etwa Gewerkschaften oder bestimmte Versorgungseinrichtungen ein der Höhe nach etwas unterschiedliches einmaliges Sterbegeld. Gelegentlich sehen Tarif- oder auch Arbeitsverträge die Zahlung eines Sterbegeldes vor, wobei dies teilweise in Höhe eines Einmalbetrags gewährt wird oder aber durch die Zusage einer Gehaltsfortzahlung an den erbberechtigten Ehepartner für ein bis drei Monate. Teilweise wird sogar eine Waisenrente an die Kinder verstorbener Arbeitnehmer gezahlt.

Ansprüche rechtzeitig prüfen

Sie können durchaus auch schon während Ihres Beschäftigungsverhältnisses, etwa durch Rücksprache mit der Personalabteilung Ihres Arbeitgebers oder den Besoldungsämtern z. B. im öffentlichen Dienst, prüfen, welche Leistung es gibt. Tragen Sie bestehende Ansprüche am besten in die Übersicht zu Ihren persönlichen Verhältnissen ein – dies auch als Hinweis für die rechtzeitige Geltendmachung etwaiger Ansprüche bei Eintritt des eigenen Todesfalls.   ◀

Was kostet eine Beerdigung?

Wird, wie im Regelfall, ein Bestattungsinstitut eingeschaltet, sollten Sie bei aller Trauer und Betroffenheit durchaus sehr genau danach fragen, was hier an Kosten auf Sie zukommt. Sie sollten also einerseits die Vorgaben bzw. Wünsche des Erblassers mit einbringen und das Bestattungsunternehmen hierüber vollumfänglich informieren, andererseits kommen natürlich auch Ihre eigenen Vorstellungen zum Tragen.

Kosten-
voranschlag
Das Bestattungsinstitut wird über die voraussichtlichen Kosten ggf. sogar einen schriftlichen Kostenvoranschlag erstellen. Damit ist zumindest gewährleistet, dass Sie ungefähr Bescheid wissen, was auf Sie zukommt. Prüfen Sie in diesem Zusammenhang auch gleich für sich persönlich – natürlich auch durch das Gespräch mit dem Bestattungsunternehmen –, wie Sie diese Beträge aufbringen können.

Zunächst einmal fällt die Rechnung des Bestattungsunternehmens an. Dazu kommen, wenn dies nicht gleich mit erledigt wird, die diversen anfallenden Gebühren durch die Friedhofsverwaltung. Vielleicht nicht gleich fällig werden dann darüber hinausgehende Aufwendungen, etwa für die Errichtung einer Grabanlage, Grabumfassung, eines neuen Grabsteins oder auch die Kosten, die mit dem Abschluss eines Grabpflegevertrags entstehen etc. Von diesen überschlägig berechneten Kosten werden Sie ausgehen können:

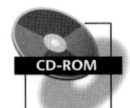
CD-ROM

Bestattung	1.500 bis 6.000 €
- Sarg/Einäscherungssarg/Schmuckurne	
- Sargschmuck	
- Sargausstattung (Decke/Kissen)	
- Totenbekleidung und Einkleiden	
- Einbettung	
- Aufbewahrung und Schmuck in der Trauerhalle	
- Überführung zum Friedhof	
- Allgemeine Verwaltungskosten	
- Totenschein	
- Sterbeurkunde	
Trauerfeier	**300 bis 700 €**
- Traueranzeigen, -briefe	
- Weltliche Trauerfeier (Beerdigungskaffee)	
Friedhofsgebühren	**600 bis 2.600 €**
- Krematorium	
- Annahme von Sarg und Urne	
- Aufbewahrung in Leichenzellen	
- Benutzung der Trauerhalle	
- Dekoration der Trauerhalle	
- Musik in der Trauerhalle (Orgel, Anlagen)	
- Sarg-/Urnenträger	
- Ausheben und Schließen des Grabes	
- Ausschmücken des offenen Grabes	
- Abräumen der Kränze und Einebnen	
- Grabnutzung	
- Grabmalgenehmigungsgebühr	

Kirche	0 bis 500 €
- Trauerfreier	
- Requiem	
- Grabrede	
Trauerdekoration	**250 bis 900 €**
- Dekoration der Trauerhalle	
- Sargschmuck	
- Blumen/Kränze	
- Grabschmuck	
Grabgestaltung und –bepflanzung	**3.000 bis 8.000 €**
- Provisorische Erstbepflanzung	
- Grabneuanlage	
- Grabüberholung von Zeit zu Zeit	
- Saisonalge Bepflanzung und Winterabdeckung	
- Grundpflege mit Gießen	
- Blumenschmuck zu besonderen Gedenktagen	
Grabmal und Einfassung	**400 bis 4.000 €**
- Entfernen eines vorhandenen Grabmales und Einfassung	
- Beschriftung des Grabmals	
- Erwerb von Grabmal und Einfassung	
- Fundamentierung, Montage, Versetzen	

Quelle: Aeternitas e. V., Bestattungsunternehmen

Übrigens: Es gibt bereits konkrete „Preisvergleiche", was die Bestattungen, die Einschaltung der Friedhofsgärtner und die Grabnutzungs- und Bestattungsgebühren angeht. Sogar die Stiftung Warentest hat hierzu Preisuntersuchungen durchgeführt!

Grabpflege Noch ein Hinweis zur Grabpflege: Um zu vermeiden, dass Gräber zu einem späteren Zeitpunkt regelrecht in Vergessenheit geraten, zum Teil deutlich sichtbar verwahrlosen, ist es durchaus angebracht, geeignete Vorkehrungen zu treffen: einmal durch die Festlegung etwa in einem Testament, dass der Erbe verpflichtet wird, einen bestimmten Grabpflegevertrag bei einer örtlichen Friedhofsgärtnerei abzuschließen, ggf. mit entsprechenden Hinweisen, was man als „Standard" vorsieht; oder aber auch durch die Festlegung eines Geldvermächtnisses zugunsten einer bestimmten Person mit der Maßgabe, dass das Geldvermächtnis für die Dauer der Ruhezeit als Entschädigung für die persönliche Grabpflege vorgesehen ist. Allerdings: Hier sollten Sie das Alter des Vermächtnisnehmers mit berücksichtigen, d. h. die Frage, ob diese Person körperlich überhaupt in der Lage ist, über einen längeren Zeitraum diese Aufgaben zu erfüllen.

Soweit der Friedhofsgärtner eingeschaltet wird, sollten Sie sich zunächst einmal persönlich darüber klar werden, was im Einzelnen an Leistungen zu erbringen ist. Dies also sowohl für eine Festlegung im Testament als auch für die Erben nach dem Todesfall, die sich mit diesem Thema intensiver beschäftigen werden. Preisfaktoren für das Gespräch mit dem Friedhofsgärtner sind natürlich die üblichen Gebühren für die Jahresgrabpflege, aber auch z. B. die Festlegung verschiedener Anpflanzungen bzw. des Blumenschmucks zu bestimmten Jahreszeiten, kirchlichen Feiertagen, bis hin zu besonderen Gestecken etc. an Gedenktagen oder dem Todestag. Friedhofs-
gärtner

Der Gärtner selbst wird sicherlich seine Angaben über den Jahrespflegepreis davon abhängig machen, wie oft Grabpflege/-bepflanzung, aber auch z. B. eine Winterabdeckung gewünscht wird. Die Preisspannen liegen hierbei zwischen mindestens 200 bis 300 € pro Jahr. Wer es genauer wissen will, sollte sich vor einem Preisvergleich, also vor einer Rücksprache bei verschiedenen Gärtnereien, nicht scheuen.

Eine der Möglichkeiten, die Sie haben, ist der Abschluss eines Dauergrabpflegevertrags, der üblicherweise für mindestens fünf Jahre, dann natürlich entsprechend der Ruhefrist der Grabstätte, bis zu 10, 15 oder sogar 20 Jahre gelten kann. Die Gärtnereien verfügen meist über vergleichbare Vertragsmuster zur Dauergrabpflege, über die im Übrigen auch sichergestellt ist, dass z. B. bei einer notwendigen Einzahlung des Gesamtbetrags eine treuhänderische Verwaltung der angelegten Summe mit entsprechender Verzinsung erfolgt. Weitere Auskunft erteilen sicherlich auch die Friedhofsverwaltung oder spezielle Friedhofsgärtnereien vor Ort. Dauergrab-
pflegevertrag

Soweit Angehörige nicht in der Lage sind, die Bestattungskosten zu übernehmen, besteht grundsätzlich die Möglichkeit, eine „angemessene" Bestattung durch Inanspruchnahme von Sozialhilfeleistungen durchzuführen. Ansprechpartner hierfür ist das Sozialamt. Nach der Entscheidung des Bundesverwaltungsgerichts vom 05.06.1977 (5 C 13/96) besteht ein Erstattungsanspruch für Sozialhilfeempfänger selbst dann, wenn sie zunächst die Bezahlung etwa über ausgeliehenes Geld schon veranlasst haben. Sozialhilfe

Der Anspruch auf eine angemessene Bestattung eines nahen Anverwandten fällt daher unter einen sozialhilferechtlichen Bedarf nach dem Bundessozial-hilfegesetz (§ 15 BSHG), wobei jedoch nur bescheidene „Regelleistungen" zu erwarten sind. Ansprechpartner sind die örtlichen Sozialhilfeträger (So-zialämter).

Erbauseinandersetzung

Nachlass-verteilung Sind mehrere Erben vorhanden, geht der gesamte Nachlass des Erblassers ungeteilt auf die Miterben über. Es bieten sich hier verschiedene Wege an, um eine Nachlassverteilung innerhalb der Erbengemeinschaft herbeizufüh-ren, wobei natürlich zunächst festgestellt werden muss, was alles in den Nachlass fällt.

Zunächst kann bereits der Erblasser in der letztwilligen Verfügung bestim-men, dass eine Nachlassauseinandersetzung entweder für eine bestimmte Zeit (nicht über 30 Jahre) oder bis zum Eintritt eines bestimmten Ereignis-ses (Volljährigkeit, Tod/Wiederverheiratung des überlebenden Ehegatten) ausgeschlossen sein soll. Zudem kann der Erblasser festlegen, dass bestimm-te Gegenstände aus dem Nachlass mit oder ohne Anrechnung auf den Erb-teil einem bestimmten Miterben zustehen sollen, d. h. bestimmte Miterben besonders begünstigt werden sollen.

Sofern keine abweichenden Anordnungen des Erblassers bestehen, be-stimmt die gesetzliche Regelung, dass die Erbengemeinschaft zunächst ver-pflichtet ist, vorhandene Nachlassverbindlichkeiten zu erfüllen.

Nachlasswerte sind zumindest nach der gesetzlichen Regelung grundsätzlich durch Verkauf zu Geld zu machen. Noch gravierender kann es werden, wenn Grundstücke in den Nachlass fallen. Hier kann theoretisch jeder Erbe beim Amtsgericht das Zwangsvollstreckungsverfahren beantragen, um eine Nachlassauseinandersetzung herbeizuführen. Zudem kann jeder Miterbe über seinen Anteil (insgesamt) am Nachlass verfügen (§ 2033 BGB), aller-dings nicht über seinen Anteil an einzelnen Nachlassgegenständen.

Vorkaufsrecht für Miterben Bei Erbteilsverkäufen an Dritte besteht ein besonderes Vorkaufsrecht für die übrigen Miterben (§ 2034 BGB). Damit lässt sich z. B. erreichen, soweit eine einvernehmliche Auseinandersetzung nicht in Betracht kommt, dass man im Notfall das Eindringen Dritter in die Erbengemeinschaft noch verhindern kann.

Die Erbauseinandersetzung im Überblick:

- Die Erbengemeinschaft ist eine Rechtsgemeinschaft kraft Gesetzes.
- Alle Rechte und Pflichten mit Ausnahme höchstpersönlicher Rechte und Anteile an Personengesellschaften gehen an die Erbengemeinschaft über.
- Es besteht Gesamthandsgemeinschaft, d. h. kein Verfügungsrecht des Miterben allein oder an einzelnen Gegenständen.
- Regelungsbedarf besteht für die Verwaltung, etwa für Immobilien, da sonst nach gesetzlicher Regelung die Miterben nur gemeinsam auftreten können.
- Vorbehaltlich einer endgültigen Auseinandersetzung, wäre bei mehreren Miterben ideal, die Verständigung auf „eine" Person festzulegen und ihr zum Zwecke der weiteren Abwicklung eine Einzelvollmacht zu erteilen.
- Neben der Erfüllung von Vermächtnissen etc. müssen auch die steuerlichen Pflichten von Anfang an und zeitnah erfüllt werden – ggf. muss auch bei anfallender Erbschaftsteuer geklärt werden, wer den Kontakt zum Finanzamt aufnimmt und die Erbschaftsteuererklärung abgibt. Bei wenigen Miterben können Sie im engeren Angehörigenkreis vereibaren, dass bei einem entsprechend hohen Nachlass ein Teil des Barvermögens für die Zahlung der Erbschaftsteuer zurückgelegt wird, also dann nur Teilauszahlungen vorgenommen werden.
- Soweit Grundstücke oder Immoblien zum Nachlass gehören, empfiehlt sich die Rücksprache mit Notar, falls zum Zwecke der Erbauseinandersetzung ein bestimmter Miterbe ein Grundstück oder eine Immobilie erhalten soll.
- Soweit über den Notar kein ein abschließender Auseinandersetzungsvertrag geschlossen wird, gilt es bei erfolgreicher „Teilung", die schriftliche Bestätigung aller Beteiligten einzuholen, dass die Auseinandersetzung mit dieser Regelung beendet ist und keine weiteren Ansprüche mehr geltend gemacht werden.

Erbschein

Legitimation als Erbe

Um sich als Erbe gegenüber Gläubigern und Schuldnern legitimieren zu können, sieht bereits das Gesetz die Möglichkeit der Erteilung eines Erbscheins vor. Dieser wird als amtliche Urkunde auf Antrag vom Nachlassgericht erteilt und stellt das Erbrecht des Antragstellers mit öffentlichem Glauben fest. Neben der Erbquote ist auch eine etwaige Nacherbfolge oder Testamentsvollstreckung hieraus ersichtlich.

Miterben können jeweils einen eigenen Erbschein beantragen; gebührenmäßig günstiger ist allerdings ein gemeinschaftlicher Erbschein.

Der Erbschein gibt über den Umfang (Wert) des Nachlasses oder über Vermächtnisse, Teilungsanordnungen etc. keine Auskunft.

Grundbuchberichtigungen

Der Erbschein ist im Übrigen z. B. für Grundbuchberichtigungen erforderlich. Der Eintrag eines Erben im Grundbuch als neuer Eigentümer ist gebührenfrei, wenn der Auftrag beim Grundbuchamt innerhalb von zwei Jahren seit dem Erbfall gestellt wird (§ 60 Abs. 4 KostO).

Zu den Erbscheinsgebühren → Notar/Anwalt.

Erbunwürdigkeit

Bereits in der gesetzlichen Regelung nach § 2339 BGB finden Sie einige klare Angaben dazu, wer als erbunwürdig eingestuft wird. Erbunwürdig ist, wer

- den Erblasser vorsätzlich und widerrechtlich getötet oder zu töten versucht oder in einen Zustand versetzt hat, infolge dessen der Erblasser bis zu seinem Tod unfähig war, eine Verfügung von Todes wegen zu errichten oder aufzuheben;
- den Erblasser vorsätzlich oder widerrechtlich gehindert hat, eine Verfügung von Todes wegen zu errichten oder aufzuheben,
- den Erblasser durch arglistige Täuschung oder Drohung bestimmt hat, eine Verfügung von Todes wegen zu errichten oder aufzuheben,
- sich in Ansehung einer Verfügung von Todes wegen einer strafbaren Urkundenfälschung oder einer so genannten Urkundenunterdrückung schuldig gemacht hat.

Fälschung oder Vernichtung eines Testaments

Es wird vor oder nach dem Tod des Erblassers das Datum des Testaments gefälscht, ein Testament beiseite geschafft oder auch ein vorhandenes Testament nicht an das Nachlassgericht abgeliefert. ◄

Die Erbunwürdigkeit eines gesetzlichen oder auch durch Testament eingesetzten Erben muss der Erblasser aber nicht unbedingt schon in seinem Testament aussprechen. Bei Feststellungen nach dem Todesfall kann dies über eine Anfechtungsklage geklärt werden, die innerhalb eines Jahres nach Kenntnis des Anfechtungsgrundes beim zuständigen Landgericht erhoben werden muss.

Eheliche Untreue

Die eheliche Untreue ist nicht mehr automatisch ein Grund der Erbunwürdigkeit. Erbunwürdig ist nur der Ehegatte, der ein fortdauerndes ehewidriges Verhalten verschweigt, obwohl er weiß, dass sein Ehepartner im Vertrauen auf die Beteuerung seiner ehelichen Treue ein Testament zu seinen Gunsten errichtet. ◄

Wenn das Gericht die Erbunwürdigkeit rechtskräftig feststellt, bewirkt das Urteil rückwirkend zum Todestag des Erblassers eine Nichtberücksichtigung des Erben, als ob diese Person nie gelebt hätte.

Erbvertrag

Vermögensregelungen für den Todesfall können Sie nicht nur über ein Testament, sondern auch durch einen Vertrag, den Sie als Erblasser mit einer anderen Person abschließen, vornehmen.

Der wesentliche Unterschied gegenüber dem Testament ist der, dass z. B. im Testament enthaltene Erbeinsetzungen, Vermächtnisse und Auflagen durch letztwillige Verfügungen widerrufen werden können, während der Abschluss eines Erbvertrags zu weit gehenden festen rechtlichen Bindungen führt. Für die Vertragsaufhebung müssen alle Vertragserben mitwirken; bei

Feste rechtliche Bindung

Ehegatten-Erbverträgen können Sie deren Wirkung auch durch ein gemeinschaftliches Testament aufheben.

Im Gegensatz zum Ehegatten-Testament können beliebige Personen einen Erbvertrag miteinander abschließen. Derjenige, der in dem Erbvertrag von Todes wegen verfügt, der sog. Erblasser, kann den Erbvertrag nur persönlich schließen und muss grundsätzlich unbeschränkt geschäftsfähig sein.

Notarzwang Ein Erbvertrag kann nur zur Niederschrift bei einem Notar geschlossen werden, wobei beide Vertragspartner gleichzeitig anwesend sein müssen, sich der Begünstigte allerdings auch durch einen Bevollmächtigten vertreten lassen kann. Die Vorschriften über die Errichtung eines öffentlichen Testaments gelten entsprechend.

Wirkung Die besondere Wirkung des Erbvertrags liegt darin, dass der Erblasser bei sog. vertragsmäßigen Verfügungen nur eine sehr eingeschränkte Möglichkeit hat, sich nach Vertragsabschluss hiervon wieder zu lösen. Eine Verfügung ist dann vertragsmäßig, wenn sich der Erblasser gegenüber dem Vertragspartner binden wollte, was immer dann der Fall ist, wenn Zuwendungen an den Vertragspartner oder ihm nahe stehende Personen erfolgen sollen. Nicht vertragsmäßige Verfügungen, die quasi nur anlässlich des Vertragsabschlusses im Erbvertrag erfolgten, können jederzeit durch Errichtung eines anderen, neuen Testaments widerrufen werden (→ Testament).

Eine derartige erbvertragliche Regelung bietet sich z. B. dann an, wenn einerseits der Erblasser bis zu seinem Tode versorgt sein will, andererseits der Vertragspartner aber nicht nur auf die vage Aussicht einer Erbschaft vertrauen möchte. Dann verpflichtet sich der als Begünstigter genannte Vertragspartner, den Erblasser bis an sein Lebensende zu versorgen, während dieser entsprechend mit seinem letzten Willen verfügt.

Rücktrittsklausel

In der Praxis sollten Sie hier allerdings eine Rücktrittsklausel für den Fall, dass der Vertragspartner des Erblassers seinen Unterhalts- oder Pflegeverpflichtungen nicht nachkommen sollte, vereinbaren.   ◄

Auch empfiehlt sich, die vertraglich festgelegten Verpflichtungen für Not- oder Krankheitsfälle möglichst konkret zu formulieren. Wegen weiterer möglicher Vorbehalte oder einer Vereinbarung von Rücktritts- bzw. Aufhebungsvoraussetzungen sollten Sie mit Ihrem Notar sprechen.

Achten Sie bei Abschluss eines Erbvertrags auch besonders darauf, dass dessen rechtliche Wirkung erst mit dem tatsächlichen Eintritt des Todesfalls zur Geltung kommt. Bis dahin können Sie also weiterhin uneingeschränkt mit Ihrem Vermögen umgehen; dies wurde sogar durch die Rechtsprechung des Bundesgerichtshofs bestätigt.

Als weitere Vertragspartner in einem notariellen Erbvertrag haben also z. B. Ihre Kinder dem Grunde nach nur eine „Erwerbsaussicht" – mit einer Ausnahme: Sie als Eltern oder Elternteil dürfen keinesfalls nachweisbar das Vermögen bewusst verschleudern oder völlig willkürlich mit der Absicht, die künftigen Erben zu benachteiligen, andere Personen begünstigen. Soweit sich dies nachweisen lässt, könnte es dann beim Eintritt des Todes zu Ersatzansprüchen gegenüber etwaigen unrechtmäßig bereicherten Personen kommen.

Freistellungsauftrag

Wenn Sie vermeiden wollen, dass etwa nach dem Todesfall Ihres Ehegatten auf einmal Zinsabschlagsteuer von vorhandenen Sparguthaben erhoben wird, sollten Sie der Bank nicht nur gleich den Todesfall und die Erbfolge mitteilen, sondern auch prüfen, ob es bei etwaigen vorhandenen Geldanlagen notwendig ist, bestehende Sparguthaben in Bezug auf den (verstorbenen) Gläubiger umzuschreiben oder ob ab dem auf das Sterbejahr folgenden Jahr nur noch ein reduziertes Freistellungsvolumen zur Verfügung steht.

Zinsabschlagsteuer

Gesetzliche Erbfolge

Als Erbe kommt natürlich zunächst der in Betracht, der vom Erblasser z. B. in einem Testament oder Erbvertrag dazu bestimmt worden ist. Wenn sich kein dahingehender „letzter Wille" feststellen lässt, dann greift die gesetzliche Erbfolge.

Das bewährte Erbrecht des Bürgerlichen Gesetzbuchs (BGB) stuft die Verwandten in verschiedene Ordnungen ein, also je nachdem, ob sie vom Erblasser selbst, von dessen Eltern, dessen Großeltern usw. abstammen. Wer nach dem Gesetz Erbe geworden ist, richtet sich daher grundsätzlich zunächst nach dem Grad der Verwandtschaft. Auch das Erbschaftsteuerrecht orientiert sich bei der Einstufung nach Steuerklassen an dieser gesetzlichen Regelung. Die Gesetzestexte finden Sie zum Nachlesen auf Ihrer CD-ROM.

Sie sollten beachten, dass ein Familienangehöriger bzw. Verwandter so lange nicht zur Erbfolge berufen ist, wie ein Verwandter einer vorhergehenden Ordnung noch lebt.

Nichteheliche Kinder Gleichzeitig müssen Sie wissen, dass auch nichteheliche Kinder durch das bereits am 01.04.1998 in Kraft getretene Erbrechtsgleichstellungsgesetz als gesetzliche Erben erster Ordnung angesehen werden. Damit ist der oft diskriminierende Begriff des „nichtehelichen Kindes" nun endgültig vom Tisch. Kinder – auch adoptierte – werden grundsätzlich gleich behandelt.

Hat ein Verstorbener weder eigene Kinder noch Eltern oder Geschwister, erben die Großeltern bzw. deren Abkömmlinge (Erben dritter Ordnung).

Im Allgemeinen gilt der Grundsatz: Ein Erbe einer näheren Ordnung schließt alle einer ferneren Ordnung aus.

Der überlebende Ehegatte wird nach gesetzlicher Regelung dem Grunde nach also nur dann Alleinerbe, wenn keine Kinder oder Erben zweiter Ordnung vorhanden und auch die Großeltern des Erblassers bereits verstorben sind. Somit ergibt sich z. B. beim Todesfall eines Ehepartners (bei Zugewinngemeinschaft), wenn zwei Kinder vorhanden sind, dass der überlebende Partner Erbe zur Hälfte wird, die Kinder zu je einem Viertel (s. u.).

Welche Regelungen gelten für Eheleute?

Frage des Güterstandes Für den Ehegatten des Erblassers gibt es besondere gesetzliche Regelungen (§§ 1937 ff. BGB). Hier ist zunächst wichtig, in welchem Güterstand die Eheleute zum Zeitpunkt des Erbfalls gemeinsam gelebt haben und ob ggf. weitere Verwandte neben dem Ehegatten als Erben berufen sind.

Unabhängig vom Güterstand erbt der Ehegatte auf jeden Fall

- zu einem Viertel neben den Verwandten erster Ordnung und
- zur Hälfte neben den Verwandten zweiter Ordnung oder neben den Großeltern.

Zusätzlich erhält er zum Erbteil noch den sog. „Voraus", d. h. die zum ehelichen Haushalt gehörenden Gegenstände, Hochzeitsgeschenke etc.

Der gesetzliche Güterstand der Zugewinngemeinschaft

Lebte der Ehepartner mit dem Verstorbenen im gesetzlichen Güterstand der Zugewinngemeinschaft (das ist der Regelfall, wenn keine abweichende Vereinbarung zwischen den Ehegatten durch Ehevertrag besteht), so erhöht sich sein Erbteil um ein Viertel, also neben den Erben erster Ordnung auf die Hälfte und neben den Erben zweiter Ordnung auf drei Viertel.

Sollte der Ehegatte allerdings völlig enterbt sein, dann ist die Rechtslage anders. Im Fall der gesetzlichen Zugewinngemeinschaft wird der tatsächlich erzielte Zugewinn ausgeglichen. Außerdem erhält der Ehegatte den Pflichtteil, der sich auf die Hälfte des gesetzlichen Erbteils beläuft. Bei der Berechnung des Pflichtteils ist zu beachten, dass der jetzt nicht erhöhte gesetzliche Erbteil des Ehegatten maßgebend ist. Wenn Kinder vorhanden sind, beträgt der Erbteil ein Viertel, der Pflichtteil ein Achtel. **Pflichtteil**

Wird ein Ehegatte testamentarisch bedacht, findet kein Ausgleich des tatsächlichen Zugewinns statt. Voraussetzung ist hier aber, dass der Ehegatte die Erbschaft auch annimmt. Sollte der auf Grund des Testaments für ihn vorgesehene Erbteil geringer als der Wert des Pflichtteils sein, so kann der überlebende Ehegatte daneben noch einen Zusatzpflichtteil verlangen. Der Wert des Pflichtteils – also die Hälfte des gesetzlichen Erbteils – berechnet sich jedoch nach dem um ein Viertel erhöhten gesetzlichen Erbteil. Man spricht hier vom sog. großen Pflichtteil.

Schlägt der überlebende Ehegatte die Erbschaft oder das Vermächtnis aus, kann er zunächst den tatsächlichen güterrechtlichen Ausgleich des Zugewinns beanspruchen. Gleichzeitig hat er Anspruch auf den Pflichtteil, wobei sich dieser aus der Hälfte des sich nicht erhöhten Erbteils berechnet.

Erbschaft ggf. ausschlagen

Je nach Höhe des Zugewinnausgleichs kann es für den überlebenden Ehegatten u. U. günstiger sein, die Erbschaft durch Gesetz (oder Testament) abzulehnen, um auf diese Weise eine tatsächliche Berechnung des Zugewinns herbeizuführen. In der Regel ist die Ausschlagung der Erbschaft dann vorteilhafter, wenn der Anspruch auf Zugewinnausgleich drei Siebtel des Nachlasswerts übersteigt.   ◀

Wenn Sie Gütertrennung vereinbart haben

Haben Sie Gütertrennung vereinbart und sind als gesetzliche Erben neben dem überlebenden Ehegatten ein oder zwei Kinder des Erblassers vorhanden, erben der überlebende Ehegatte und jedes Kind zu gleichen Teilen. Ansonsten verbleibt dem überlebenden Ehegatten stets sein gesetzlicher Erbteil.

Die gesetzliche Erbfolge im Überblick

Erben erster Ordnung

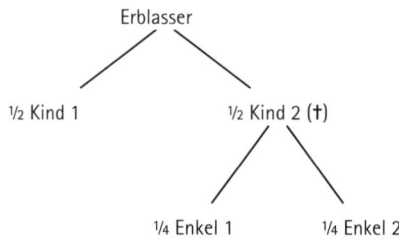

Erben zweiter Ordnung

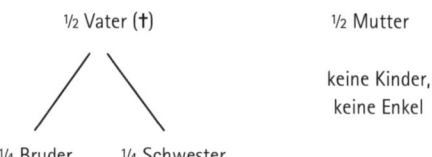

Erben früherer Ordnung schließen alle Erben späterer Ordnung aus.

Das gesetzliche Erbrecht des Ehegatten ist vom Güterstand abhängig: Ehegatten

1. Gesetzlicher Güterstand – Zugewinngemeinschaft:
    – gegenüber Kindern ½ – Zugewinnausgleich
    – gegenüber Eltern ¾

2. Gütertrennung:
    – bei einem Kind ½ ,
    – bei zwei Kindern $^1/_3$,
    – ab drei Kindern ¼

3. Gütergemeinschaft
    – gegenüber Kindern ¼
    – gegenüber Eltern ½

Für verheiratete Erblasser ohne Kinder und ohne Testament gilt:

• Ehegatte ist Mit-, aber nicht Alleinerbe
• Erbquote des Ehegatten ist vom Güterstand abhängig: Regelfall: Zugewinngemeinschaft ¾ , Gütertrennung ½ , Gütergemeinschaft ½
• Gesetzliche Erben sind im Übrigen die Eltern oder die Geschwister.

Haftung des Erben

Die Schulden des Erblassers gehen mit dem Erbfall auf den Erben über. Dieser haftet daher, sofern er die Erbschaft nicht ausschlägt, unbeschränkt, also auch mit seinem eigenen Vermögen, für die Nachlassverbindlichkeiten.
Bei einer Erbengemeinschaft besteht eine gesamtschuldnerische Haftung, Erben-
d. h. ein Gläubiger kann sich an jeden der Miterben zur Erfüllung der Ver- gemeinschaft
bindlichkeiten wenden. Im sog. Innenverhältnis, das zwischen den Miterben besteht, herrscht dann allerdings ggf. eine Ausgleichspflicht, da jeder Miterbe nur nach seiner Erbquote haftet.
Das Gesetz sieht aber vor, dass der Erbe durch bestimmte Maßnahmen Nachlass-
seine Haftung auf den Nachlass beschränken kann, in erster Linie durch konkurs
Nachlassverwaltung und Nachlasskonkurs.

Dreimonats-
einrede
Unabhängig hiervon kann der Erbe auch eine Begleichung eventueller Schulden bis zu drei Monaten nach Annahme der Erbschaft verweigern (sog. Dreimonatseinrede), sofern er seine Möglichkeiten der Haftungsbeschränkung noch nicht verloren hat.

Haushaltsauflösung

Wenn Sie in Ihrer Wohnung mit Angehörigen oder mit einer Person in eheähnlicher Gemeinschaft leben, gehen Rechte und Pflichten aus dem Mietvertrag automatisch an die Hinterbliebenen über.

Für den Fall, dass die Wohnung nicht gehalten werden kann, sollten Sie Bestimmungen treffen, die z. B. die Frage regeln, wer welche Sachgegenstände aus der Wohnung erhalten soll bzw. was mit den Gegenständen oder dem Inventar in der Wohnung geschehen soll.

Nur die Erben sind zur Haushaltsauflösung berechtigt. Erstellen Sie als Erbe eine möglichst detaillierte Liste aller Gegenstände mit Angaben darüber, ob diese z. B. verkauft, verschenkt oder entsorgt werden sollen. Zugleich sollten Sie vermerken, ob im Testament über einzelne Gegenstände, z. B. als Vermächtnis, verfügt wurden.

Wohnungsentrümpelung

Muss die Wohnung „entrümpelt" werden, stehen hierfür neben gewerblichen Anbietern auch einige karitative (günstigere) Einrichtungen zur Verfügung. Meist geben die Orts- und Stadtverwaltungen hierzu nähere Auskunft. Denn eine Fremdentsorgung kann teilweise, je nach Größe und Zustand, sehr schnell 2.000 bis 3.000 € kosten. Holen Sie vorher auf jeden Fall ein konkretes Angebot ein!   ◄

Haustiere
Oft sind Haustiere vorhanden, deren Pflege in vielen Fällen weder Verwandte noch Bekannte übernehmen können. Auch hierfür gibt es eine Lösung: Verwaiste Haustiere wie Hunde, Katzen, Vögel etc. müssen dann im Tierheim oder bei Vermittlungseinrichtungen von Tierschutzvereinen untergebracht werden. Dies können Sie ggf. als gebotene langfristige Lösung betrachten.

Hinterbliebenenrente

Witwen- und Waisenrenten sind Ansprüche, die für die Hinterbliebenen meist durch den Tod eines Versicherten in der gesetzlichen Rentenversicherung (GRV) entstehen. Dabei müssen allerdings sog. „allgemeine Wartezeiten" erfüllt worden sein. Das bedeutet: mindestens fünf Jahre lang Beitragszahlungen in die GRV.

Allgemeine Wartezeiten

Antrag auf Hinterbliebenenrente können Sie auf jeden Fall stellen. Dafür benötigen Sie u. a. Sterbeurkunde, Geburtsurkunde, Versicherungsbestätigungen und, soweit vorhanden, Rentenbescheide.

Falls der Verstorbene eine gesetzliche Rente bezog, können Sie Witwen- bzw. Witwervorschusszahlung beantragen. Als überlebender Partner erhalten Sie dann drei Monatsrenten des Verstorbenen auf einmal ausbezahlt.

Vorschusszahlung

Rentenberechtigt sind

Rentenberechtigung

- die Witwe bzw. der Witwer und
- Waisen bis zum vollendeten 18. Lebensjahr.

Waisen, die bereits die Volljährigkeit erreicht haben, bekommen Waisenrente nur unter besonderen Bedingungen, z. B. wenn sie noch in der Ausbildung stehen und kein eigenes anrechenbares Einkommen haben.

Kalkulieren Sie Wartezeiten ein

Eine Kontaktaufnahme zu den örtlichen Beratungsstellen der LVA oder BfA ist auf jeden Fall empfehlenswert! Bis zum Rentenbescheid müssen Sie, je nach Aufwand zur Klärung des Versicherungsverhältnisses, zum Teil Wartezeiten bis zu drei Monaten einkalkulieren.   ◄

Experten-Tipp

Immobilienbewertung

Für Immobilien gilt noch das bisherige Bewertungsrecht vom 01.01.1996, das im Einzelnen im Bewertungsgesetz bzw. entsprechend den Verwaltungsanweisungen (Richtlinien) geregelt wird.

60–70 % des Verkehrswerts

Unter dem Druck der Vorgaben des Bundesverfassungsgerichts hat der Gesetzgeber damals – unabhängig von einer parallel laufenden Neuregelung des Erbschaft- und Schenkungsteuerrechts – die Wertansätze bei den Immobilien relativ moderat festgesetzt. Je nach Sachverhalt, Lage und Ausstattung lässt sich sowohl bei bebauten als auch meist bei unbebauten Grundstücken feststellen, dass der zu ermittelnde Steuerwert oft nur 60 bis 70 % des tatsächlichen Verkehrswerts (des möglichen Verkaufserlöses) beträgt und gleichermassen für Schenkungen und Erbfälle gilt. Hierzu der Überblick:

Miethäuser

Grundlage: Nettomiete

Berechnungsgrundlage ist hier die Nettomiete. Bei Selbstnutzung oder Vermietung an nahe Angehörige wird der ortsübliche Preis laut Mietspiegel zugrunde gelegt. Die hieraus errechnete Jahresmiete wird mit dem Faktor 12,5 multipliziert. Je nach Alter der Immobilie mindert sich dieser Betrag jährlich um 0,5 %, maximal aber um 25 %. Der so ermittelte Immobilienwert darf jedoch nicht niedriger sein als derjenige für ein vergleichbares unbebautes Grundstück.

Ein- und Zweifamilienhäuser

Zuschlag: 20 %

Hier wird der vorgenannte Wert in vergleichbarer Weise ermittelt, allerdings kommt für diese Häuser ein Zuschlag von 20 % für den Steuerwert hinzu.

Praxis-Beispiel

Beispielrechnung für ein Einfamilienhaus

Festgestellte Quadratmetermiete × Wohnfläche = Monatsmiete der Wohnung. Dies × 12 Monate = Jahresnettomiete × Vervielfältiger von 12,5 % = Zwischenwert.

Vom Zwischenwert wird der Altersabschlag von 0,5 % in Ansatz gebracht (z. B. 5 % bei zehn Jahren) = Zwischenwert

Zwischenwert + 20 % Einfamilienhauszuschlag = Steuerwert des Hauses.

Unbebaute Grundstücke

Hier werden 80 % des durch einen Sachverständigen zu ermittelnden amtlichen Bodenrichtwerts in Ansatz gebracht.

Erbbaurecht

Unabhängig von der entsprechend den genannten Vorgaben steuerlichen Bewertung des Gebäudes darf der Grundstückswert abgezogen werden. Für Erbbaurechtsverträge beläuft sich dieser auf das 18,6-fache der jährlich gezahlten Erbbauzinsen.

Land- und Forstwirtschaft

Hier gilt ein noch komplizierteres Bewertungsverfahren, wobei allerdings davon auszugehen ist, dass insgesamt ein doch geringerer Steuerwert ermittelt wird, der teilweise noch weit unter 50 % des allgemeinen Verkehrswerts liegt.

Rücksprache mit landwirtschaftlichen Beratungsstellen

Vor Übertragungen sollten Sie unbedingt Rücksprache mit den landwirtschaftlichen Beratungsstellen nehmen, einerseits wegen der Frage der im Raum stehenden Betriebsaufgabe, andererseits wegen der Erfahrungswerte bei vergleichbaren Vorgängen zur Ermittlung der Steuerwerte bei Vermögensübertragung unter Lebenden.   ◄

Vordrucke

Wenn Sie noch genauer wissen wollen, wie hoch der Steuerwert für Grundstücke ist, können Sie jederzeit über das Finanzamt die Schenkung- bzw. Erbschaftsteuervordrucke für sich anfordern. Damit ist eine Eigenberechnung nach der Anlage für Immobilien relativ problemlos möglich.   ◄

Verbindlichkeiten bzw. Schulden bei Immobilien

Im Erbfall ist es relativ klar: Wenn Sie z. B. eine Eigentumswohnung oder sonstige Immobilien als Zuwendung erhalten, dann achten Sie besonders darauf, dass bei der Erbschaftsteuererklärung die bestehenden Bankverbindlichkeiten für die Immobilie, also für vorhandene Grundschulden bzw. Hypotheken, abgezogen werden. Dies gibt häufig einen durchaus niedrigeren Steuerwert – natürlich nur in Höhe des bestehenden, noch nicht abbezahlten Bankkredits (Valuta).

Schenkungen Etwas anders sieht die Sachlage bei Schenkungen aus: Überschreiben Sie z. B. durch eine Vermögensübertragung zu Lebzeiten eine mit Grundschulden belastete Immobilie etwa auf Ihren Sohn, wird dies steuerlich anders als im Erbfall behandelt. Bei Schenkungen werden Schulden nur im Verhältnis vom Verkehrswert zum Steuerwert der Immobilie berücksichtigt bzw. abgezogen (ErbStR 17). Gerade bei hoch belasteten Immobilien kann es sich daher lohnen, von einer zu Lebzeiten vorzunehmenden Vermögensübertragung ggf. abzusehen und den Erbfall abzuwarten.

Körperspende

Wissenschaft- Völlig getrennt von der Organtransplantation und der Obduktion ist die Er-
liche Zwecke klärung, den Körper oder Teile davon nach dem Ableben wissenschaftlichen Zwecken zur Verfügung zu stellen.

Die anatomischen Institute der deutschen Universitäten sind bereit, schon zu Lebzeiten zusammen mit dem Interessenten die wichtigsten organisatorischen Schritte für den Fall des Ablebens zu regeln. Die Universitätsinstitute verlangen vom Verstorbenen u. a. ein diesbezüglich vorliegendes handschriftliches Vermächtnis. Eine derartige Bestimmung kann sich natürlich auch aus anderen Willenserklärungen ergeben, die ggf. den nahen Angehörigen beim Todesfall bekannt sind.

> **Spätere Bestattung**
>
> Beachten Sie, dass im Hinblick auf die wissenschaftlichen Untersuchungen an dem überlassenen Körper zur Ausbildung des ärztlichen Nachwuchses eine Bestattung im Regelfall sogar meist erst nach Ablauf eines Jahres vorgenommen wird. ◄

Entgegen weit verbreiteter Meinungen wird von den Universitätsinstituten bei der Überlassung des Körpers keinerlei finanzielle Zuwendung an den Verfügenden oder an Hinterbliebene gewährt. Es werden jedoch einige mit dem Todesfall zusammenhängende Kosten übernommen, wie z. B. Leichenschaugebühren, Transportkosten, Kosten für etwaige Aussegnungsfeiern oder eine Beisetzung auf den meist universitätseigenen Gräberfeldern und für die Grabpflege.

Keine finanzielle Zuwendung

Das Vermächtnis der Körperspende ist wie ein Testament handschriftlich zu verfassen. Aus organisatorischen Gründen dürfte es sich empfehlen, das betreffende anatomische Institut der Universität vorab vom Inhalt des getroffenen Vermächtnisses durch Übersendung einer Kopie zu verständigen. Gegebenenfalls empfiehlt sich auch ein Kontaktgespräch zur Errichtung einer derartigen Verfügung.

Handschriftlich

Krankenversicherung

Wenn Sie oder andere Angehörige im Rahmen einer Familienversicherung bei einem Verstorbenen mitversichert waren, stellt sich die Frage, welcher Krankenversicherungsschutz nach dem Todesfall für Sie besteht.

Soweit Sie eine Hinterbliebenenrente, eine eigene Rente oder beides beziehen, kommt eine Pflichtmitgliedschaft in der Krankenversicherung der Rentner (KVdR) in Betracht. Dazu müssen bestimmte Vorversicherungszeiten vorliegen, die von Ihnen selbst oder – im Falle der Hinterbliebenenrente – vom verstorbenen Versicherten erfüllt sein müssen.

Krankenversicherung der Rentner

Liegen die Voraussetzungen für die KVdR nicht vor, so können Sie sich auch freiwillig in der gesetzlichen Krankenkasse versichern. Hier werden zur Beitragsermittlung jedoch neben der Rente Ihre sämtlichen weiteren Einkünfte (z. B. aus Vermietung und Verpachtung) hinzugezogen.

Der Rentenversicherungsträger zahlt dabei sowohl zur freiwilligen gesetzlichen als auch zu einer privaten Krankenversicherung einen prozentualen Zuschuss.

Lebensversicherungen

Angaben überprüfen

Vielleicht sind schon Jahre seit dem Abschluss Ihrer Lebensversicherung, gleich in welcher Angebotsform, vergangen. Hier ist es für Sie ratsam, auf jeden Fall Ihre damaligen Angaben zur Bezugsberechtigung nochmals zu überprüfen:

- Sollen die von Ihnen zum Zeitpunkt des Versicherungsabschlusses benannten Personen auch tatsächlich bezugsberechtigt werden?
- Haben Sie die Absicht, für den Fall des Todes die Versicherungsansprüche (Kapital, Gewinnansprüche, Erträge) einer anderen Person, außerhalb der möglichen Erbeinsetzung, durch Testament etc. zukommen zu lassen?

Wenn nichts geregelt wurde, gilt die gesetzliche Erbfolge. Die Leistung fällt also mit in den Nachlass hinein. Andererseits fällt die Lebensversicherung tatsächlich völlig unabhängig davon, wer später einmal Erbe werden soll, demjenigen zu, der dort aufgrund Ihrer persönlichen Mitteilung gegenüber dem Versicherungsunternehmen benannt wurde. Empfehlenswert ist eine Überprüfung daher auch in all den Fällen, in denen etwa bei Ehegatten schon vor Jahren eine Trennung oder Scheidung stattgefunden hat und immer noch der Ex-Partner als Bezugsberechtigter genannt wird.

Experten-Tipp

Nichteheliche Lebensgemeinschaften

Bei nichtehelichen Lebensgemeinschaften kann es durchaus interessant werden, über eine Lebensversicherung eine kleine Mindestabsicherung des Partners im Alter vorzunehmen, also durch die Benennung des Partners, sofern diese Person nicht durch ein einseitiges Testament Alleinerbe werden soll.

Um zu erreichen, dass die Lebensversicherungssumme im Todesfall eben nicht in den Nachlass fällt, könnte es für Sie interessant sein, dass z. B. jeder Ehegatte eine Lebensversicherung auf das Leben des anderen Ehegatten abschließt. Und denken Sie auch daran, dass die Frage der Bezugsberechtigung im Vertrag klar erkennbar vorgegeben ist!

Mietverhältnisse

Was Mietverhältnisse angeht, so ist zu unterscheiden, ob der Mieter oder der Vermieter verstorben ist.

Tod des Mieters

Stirbt der Mieter, tritt sein im gemeinsamen Hausstand lebender Ehegatte, Lebensgefährte oder ein anderer Familienangehöriger, der mit dem Verstorbenen zusammengelebt hat, in das Mietverhältnis ein. Ehegatte wie Familienangehöriger müssen also nicht Erbe des Mieters geworden sein, um in der Mietwohnung bleiben zu können. Durch den Tod ändert sich das Mietverhältnis nur insofern, als die Person des Mieters wechselt. Die Höhe der Miete und sonstige Bedingungen des Mietverhältnisses ändern sich nicht(§ 563 BGB).

Experten-Tipp

> ### Nichteheliche Lebenspartner
>
> Der nichteheliche Lebenspartner, mit dem der Erblasser im gemeinsamen Hausstand wohnt, tritt ebenfalls, entgegen der früheren Rechtslage, in das Mietverhältnis ein. Hierbei geht es aber ausdrücklich um die „eingetragene" Lebensgemeinschaft i. S. d. Lebenspartnerschaftsgesetzes.   ◀

Tritt beim Tod des Mieters sein Ehepartner oder Familienangehöriger oder der Erbe in das Mietverhältnis ein, können sich die Rechtsnachfolger innerhalb eines Monats entscheiden, ob sie das Mietverhältnis fortsetzen wollen oder nicht. Erklären sie dem Vermieter innerhalb der Monatsfrist, dass sie das Mietverhältnis nicht fortsetzen wollen, gilt der Eintritt in das Mietver-

Entscheidung innerhalb eines Monats

hältnis als nicht erfolgt (§ 569a BGB). In diesem Fall werden die Erben die Mietnachfolger des Verstorbenen. Die Erklärung ist formlos (schriftlich) abzugeben.

Bei Ablehnung des Eintritts hat dann der Erbe die Möglichkeit, bei Wahrung und Beachtung der gesetzlichen Fristen die Wohnung fristgerecht zu kündigen. Dies bei Beachtung der Kündigungsfristen nach § 573d Abs. 2 BGB.

Soweit mehrere Personen Vertragspartner waren, etwa Eheleute oder Alleinstehende mit Kindern, lässt der Tod eines der Mieter den Vertrag zunächst unberührt. Der oder die überlebenden Mieter haben jedoch das Recht zu einer außerordentlichen Kündigung nach § 563a BGB, mit einer besonderen gesetzlichen Kündigungsfrist von drei Monaten.

Hinweis: Über eine spezielle BGB-Bestimmung ist zudem vorgesehen, dass bei Fortsetzung des Mietverhältnisses die weiter in der Wohnung lebenden Mitmieter neben den Erben für die bis zum Todesfall aufgelaufenen Rückstände/Verbindlichkeiten als Gesamtschuldner haften können (§ 563b Abs. 1 BGB).

Treten beim Tode des bisherigen Mieters keine berechtigten Personen in das Mietverhältnis ein, wird es mit dem oder den Erben fortgesetzt. Allerdings besteht dann sowohl für die Erben als auch für den Vermieter ein Sonderkündigungsrecht nach § 573 d BGB mit einer Überlegungsfrist von einem Monat. Innerhalb dieser Monatsfrist muss dann aber mit einer Frist von 3 Monaten schriftlich gekündigt werden.

Tod des Vermieters

Durch Mietvertrag gebunden

Stirbt der Eigentümer und Vermieter einer Wohnung oder eines Mietshauses, treten an Stelle des verstorbenen Vermieters die Erben in das Mietverhältnis ein. Die Erben sind durch den bestehenden Mietvertrag gebunden. Ein Sonderkündigungsrecht steht ihnen nicht zu. Der Vertrag wird zu den bisherigen Bedingungen unverändert fortgeführt. Es gibt damit für Wohnraummietverhältnisse wegen des eingetretenen Todesfalls weder für den Mieter noch den Vermieter ein Sonderkündigungsrecht o. Ä.

Bei Zweifeln an der Legitimation des Erben als neuem Vermieter sollten Sie ggf. auf einen entsprechenden Erbnachweis bestehen.

> **Erbeneinsetzung zur Sicherung des Wohnungsbesitzes**
>
> Soll der Besitz einer Wohnung auch im Todesfall gesichert werden, muss eine Erbeneinsetzung erfolgen, wenn der Vermieter die weitere Person nicht zu Lebzeiten als weiterer Mieter in den Mietvertrag aufgenommen hat und es sich nicht um die zum gemeinsamen Haushalt gehörenden Ehepartner, Kinder handelt.   ◀

Abweichend von Wohnraummietverhältnissen gilt für Miet- und Pachtverträge über Geschäftsräume oder Grundstücke die Besonderheit, dass beim Tode des Mieter/Pächters sowohl seine Erben, als auch der Vermieter/Verpächter die Möglichkeit hat, außerordentlich nach § 580a BGB zu kündigen. Bei Geschäftsräumen spätestens am dritten Werktag eines Kalendervierteljahres zum Ablauf des folgenden Kalendervierteljahres, bei Grundstücken bzw. Räumen, die keine Geschäftsräume sind, mit einer Frist von drei Monaten.

Mittelbare Grundstücksschenkung

Nach wie vor zulässig und steuerlich durchaus auch vorteilhaft ist es, etwa einem Kind einen bestimmten Geldbetrag zu Lebzeiten zu schenken oder für den Todesfall testamentarisch auszusetzen und dies mit der klaren Vorgabe zum Kauf bzw. Erwerb eines bestimmten Grundstücks oder einer bestimmten Immobilie (nähere Beschreibung erforderlich) zu verbinden. Fließt das Geld dem Kind zu, wird entgegen einer sonstigen Schenkung einer vergleichbaren Kapitalforderung nicht der Nominalwert angesetzt, sondern der nach dem Bewertungsverfahren ermittelte bessere Steuerwert. Dieser Steuerwert liegt meist durchaus 30 bis 40 % niedriger als die Zurverfügungstellung eines Geldbetrags ohne jegliche sonstigen Vorgaben.

> **Immobilie nicht verkaufen**
>
> Soweit sich in Ihrem Vermögen eine Immobilie befindet und Sie zu Lebzeiten daran denken, den Wert für den Fall Ihres Todes einem Begünstigten zukommen zu lassen, sollten Sie keinesfalls im ersten Schritt die Immobilie verkaufen und dem Begünstigten dann im zweiten Schritt den Geldbetrag

zuwenden. Denn auch hier gilt nach bisheriger Rechtslage der Grundsatz, dass der Steuerwert als Bemessungsgrundlage für Schenkungs- oder Erbfälle wesentlich niedriger ist als der zugewendete Verkaufspreis nach Veräußerung der Immobilie.   ◀

Nachlassinsolvenz

Steht fest, dass der Nachlass überschuldet ist oder ist Zahlungsunfähigkeit erkennbar, so hat der Erbe grundsätzlich zwei Möglichkeiten:

- Zunächst kann er innerhalb der Ausschlagungsfrist die Erbschaft ausschlagen.
- Ist diese Frist verstrichen, so kann er seine Haftung durch Beantragung des Nachlassinsolvenzverfahrens nach § 1980 BGB wirksam beschränken.

Hierzu ist der Erbe nicht nur berechtigt, sondern sogar verpflichtet: Bei verspäteter oder gänzlich fehlender Antragstellung macht sich der Erbe gegenüber den Nachlassgläubigern schadenersatzpflichtig.

Konkurs-
verwalter Das Gericht bestellt nun einen Insovenzverwalter, wodurch die Trennung des Nachlasses vom Eigenvermögen des Erben herbeigeführt wird. Auch wenn das Verfahren durch Verteilung der Masse beendet wird oder sogar das vorhandene Nachlassvermögen so gering ist, dass nicht einmal die Kosten des Verfahrens gedeckt sind, haftet der Erbe nicht mit seinem Eigenvermögen.

Hat der Erbe vor Beantragung der Nachlassverwaltung oder des Insolvenzverfahrens bereits auf eigene Rechnung über Nachlassgegenstände verfügt, so muss er dem Verwalter bzw. dem Nachlassgläubiger Ersatz leisten.

Bezüglich der rechtzeitigen Schritte zur Einleitung der Verfahren, zur Abwendung einer sonst möglicherweise drohenden persönlichen Inanspruchnahme sollten Sie unbedingt rechtlichen Rat einholen.

Nachlassverwaltung

Die Nachlassverwaltung ist für die Fälle gedacht, in denen der Nachlass zwar nicht überschuldet erscheint, in denen aber der Erbe die Mühe der Abwicklung und die Gefahr einer Inanspruchnahme seines eigenen Vermögens vermeiden will.

Die Nachlassverwaltung wird auf Antrag des Erben oder u. U. auf Antrag eines Nachlassgläubigers vom Nachlassgericht angeordnet. Zuständig ist das Amtsgericht, in Baden-Württemberg das staatliche Notariat, in dessen Bezirk der Erblasser zuletzt seinen Wohnsitz hatte.

Mit der Anordnung der Nachlassverwaltung tritt die Haftungsbeschränkung ein und der Erbe verliert die Verwaltungs- und Verfügungsbefugnis hinsichtlich des Nachlasses. Hierzu ist jetzt der sog. Nachlassverwalter berufen, der vom Nachlassgericht ausgewählt und bestellt wird. Der Nachlassverwalter erfüllt nunmehr alle bekannten Nachlassverbindlichkeiten. Den Überrest erhält der Erbe. Tauchen später weitere Nachlassgläubiger auf, so ist die Haftung des Erben auf diesen Überrest beschränkt.

Haftungs-beschränkung

Nachlassverzeichnis

Um einen ersten Überblick darüber zu erhalten, wie hoch sich der Nachlasswert beläuft, was letztendlich auch bei der Gebührenfestsetzung für einen Erbschaftsvertrag, die Testamentseröffnung etc. von Bedeutung ist, holt sich die Behörde in Nachlassfällen einen Einblick über eine Anhörung der Angehörigen.

Wert des Nachlasses

Es handelt sich meist um eigene Vordrucke der Bürgermeisterämter (Standesämter) oder des Nachlassgerichts. Die Inhalte dürften jedoch relativ identisch sein.

Experten-Tipp

Nachlass überschuldet?

Dieses vorläufige Nachlassverzeichnis ist keinesfalls vergleichbar etwa mit den genauen finanziellen Angaben bei späterer Abgabe einer Erbschaftsteuererklärung. Andererseits gibt ein derartiges Nachlassverzeichnis sehr schnell Auskunft darüber, ob ein positiver Nachlass besteht oder sich rein rechnerisch ein überschuldeter Nachlass abzeichnet. Dies ist eine wichtige Information z. B. wegen der Frage der Ausschlagung der Erbschaft innerhalb der Sechswochenfrist.

Handelt es sich um mehrere Erben, lässt sich aus dieser Art Anfangsverzeichnis auch später immer wieder ersehen, welche Vermögenswerte ursprünglich vorhanden waren, ob auch im Rahmen etwa einer Erbauseinandersetzung diese Ausgangswerte nach dortigen Angaben zutreffend berücksichtigt wurden. ◂

Auch in Fällen, in denen ein Abkömmling z. B. von der Erbfolge ausgeschlossen ist und somit dem Grunde nach lediglich noch ein Pflichtteilsanspruch besteht (Hälfte des Erbteils), können durch Einsichtnahme in das Nachlassverzeichnis sehr schnell die möglichen Geldansprüche, zumindest der ungefähre Wert des Nachlasses als Bemessungsgrundlage festgestellt werden.

Zum Teil unterschiedlich wird dieses Nachlassverzeichnis durch die Bürgermeisterämter direkt erstellt und nach Kenntnis des Todesfalls der erkennbare Haupterbe oder aber auch ein Testamentsvollstrecker oder ein Vertreter der Erbengemeinschaft einbestellt, um dann Einzelangaben zu dieser Vermögensaufstellung einholen zu können. Abgeklärt wird dann durch gezielte Befragung, wer als Erbe in Betracht kommt und ob Sicherungsmaßnahmen zum Nachlass erforderlich sind. Natürlich benötigt man auf jeden Fall eine Grundinformation, was z. B. an Barvermögen vorgefunden wurde, welche Guthaben es bei Banken gibt und welche Bankverbindlichkeiten (z. B. Kredite) bestehen.

Auskunftspflicht Zu unterscheiden von dem amtlichen Formular zur Nachlasserhebung, mit dem die Erben meist schon kurze Zeit nach dem Todesfall von Seiten des Nachlassgerichts oder des Bürgermeisteramtes konfrontiert werden, sind die sogar durch Gesetz geregelten Auskunftsansprüche mit der Verpflichtung, ein Besitzverzeichnis vorlegen zu müssen (§§ 2027, 2028 BGB).

Eine Auskunftspflicht trifft im Übrigen neben Familienangehörigen auch weitere Personen (Hausangestellte, Nachbarn etc.), wenn davon auszugehen ist, dass sie über den Verbleib oder den Umfang vorhandener Nachlassgegenstände informiert sind.

Auskunftsanspruch Oft ist es, bedingt durch den Zeitablauf, für den Erben relativ schwierig, genau zu ermitteln, was im Einzelnen zum Nachlass gehört bzw. welchen Wert der Nachlass hat. Das Gesetz sieht hier einen Auskunftsanspruch vor (§ 2027 BGB), der sich zunächst zugunsten der Erben gegen jeden richtet, der Nachlassgegenstände in seinem Besitz hat. Der Auskunftsanspruch kann jedoch auch gegenüber den Miterben geltend gemacht werden, z. B. gegen einen in häuslicher Gemeinschaft wohnenden Erben, der die Nachlassabwicklung durchführt.

Wird ein Nachlassverzeichnis z. B. von einem Miterben erstellt – bedingt vielleicht durch einen geltend gemachten Auskunftsanspruch des anderen Miterben –, kann der etwaige festgestellte Überschuss dann entsprechend der vorgesehenen Erbquote zur finanziellen Erbauseinandersetzung dienen. Schwierigkeiten gibt es erfahrungsgemäß bei vorhandenem Familiengrundbesitz. Hier sollten Sie auf jeden Fall vorab versuchen, mit den weiteren Erbberechtigten wegen der schwierigen Ermittlung des Verkehrswerts (der für die Auszahlungsansprüche maßgebend ist) einen „gemeinsamen Nenner" zu finden. Können Sie sich beispielsweise über die Person eines Grundstücks-Sachverständigen insofern einigen, als dessen Werteinschätzung verbindlich sein soll, vermeidet dies in der Regel schon eine größere streitige Auseinandersetzung über den Wert der vorhandenen Immobilien.

Familien-
grundbesitz

Kosten des Gutachtens

Nicht zu unterschätzen sind hier die im Einzelnen zusätzlich anfallenden Gutachterkosten. Im Allgemeinen kostengünstiger sind Gutachten der sog. Gutachterausschüsse der Städte und Gemeinden nach Maßgabe der Bestimmungen des Baugesetzbuches. ◄

Je nach Ausgangslage kann theoretisch jedes Gutachtenergebnis angegriffen werden, was letztendlich in eine streitige Auseinandersetzung über den „richtigen" Wert bei den Zivilgerichten führen kann – verbunden mit relativ hohen Kosten.

Das nachfolgende Muster eines Nachlassverzeichnisses soll dem Auskunftspflichtigen Anhaltspunkte dafür geben, in welcher Weise man (schriftlich) etwa gegenüber Miterben Rechnungslegung erteilen kann. Es gilt die Regel: Bei strittigen Positionen auf jeden Fall eine Verständigung herbeiführen. Zahlungsbelege, Quittungen etc. sollten aufbewahrt und bei Anforderung zur Einsichtnahme zur Verfügung gestellt werden.

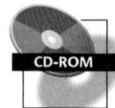

Muster eines Nachlassverzeichnisses

Aktiva	
	Euro
1.Immobilien Verkehrswert am Todestag	_____

2. Mobilien
    Schätzwert zum Todestag
    Schmuck
    Kunstgegenstände
    Mobiliar
    Sammlungen
	_____
	_____
	_____
	_____
	_____

3. Wertpapiere Kurswert zum Todestag	_____
4. Kontenguthaben	_____
5. Barvermögen	_____
6. Sonstiges	_____
Aktivvermögen	============
Passiva	
1. Nachlassverbindlichkeiten Schulden des Erblassers bis Todestag	_____

2. Kosten des Erbes
    Kosten zu Lasten des Erbes vor
    Berechnung des Pflichtteils
    Begräbnis
    Grabkosten (Pflege etc.)
    Nachlassgericht-/Grundbuchkosten
    Kosten der Wertermittlung (Gutachter
    und Anwaltskosten)
	_____
	_____
	_____
	_____
	_____

Verbindlichkeiten	============
Nachlasswert **(Aktivvermögen ./. Verbindlichkeiten)**	============

Nichteheliche Lebensgemeinschaften/Lebenspartnerschaften

Wie aus diesem Ratgeber klar ersichtlich wird, bevorzugt der deutsche Gesetzgeber nach wie vor die echte familienrechtliche Bindung. Trotz diverser Erleichterungen werden nichteheliche Lebensgemeinschaften dem Grunde nach sowohl rechtlich als auch erbschaftsteuerlich wie ein Verhältnis bzw. eine Gemeinschaft unter Fremden behandelt. Im Klartext: Bei der Erbschaftsteuer ist der Freibetrag mit 5.200 € relativ gering und der Tarif nach der Steuerklasse III recht hoch. Denn dieser beginnt bereits mit 17 % und endet bei 50 %, je nach erhaltenen Vermögenswerten. Dies ist auch bei Schenkungen zu beachten.

Ein gesetzliches Erbrecht des „Lebensabschnittspartners" gibt es nicht, nur für gemeinsame Kinder. Allerdings ist es möglich, den Partner durch das Testament zu bedenken, auch zum Nachteil von Ehegatte und Kindern, die allerdings auf jeden Fall Anspruch auf ihre Pflichtteile haben.

Nicht möglich ist ein gemeinschaftliches Testament. Es müssen daher zwei Einzeltestamente ohne gegenseitige Bindungswirkung oder ein Erbvertrag abgefasst werden. Dabei empfiehlt sich die Berücksichtigung einer Rücktrittsklausel im Fall der Trennung.

Möglich sind natürlich Schenkungen, auch die Einräumung eines Wohnoder Nießbrauchsrechts für den Lebenspartner, die Einsetzung als Begünstigter beim Todesfall gegenüber Lebensversicherungen.

Hiervon zu trennen sind die Regelungen nach dem sog. Lebenspartnerschaftengesetz, also die Verbindung zwischen gleichgeschlechtlichen Partnern durch Heirat bzw. notariellen Vertrag. Hierfür sieht § 10 des Gesetzes zur Beendigung der Diskiminierung gleichgeschlechtlicher Gemeinschaften (Lebenspartnerschaftengesetz, LPartG) nicht nur eine besondere erbrechtliche Regelung vor, sondern führt damit auch zu steuerlichen Vorteilen bei Schenkungen/Erbfällen mit erbrechtlichen Gestaltungsmöglichkeiten wie bei einem gemeinschaftlichen Testament (entsprechend §§ 2266–2273 BGB) und Pflichtteilsrecht für enterbte Lebenspartner. Diese Gleichstellung mit Ehegemeinschaften führt auch im Erbschaft- und Schenkungssteuerrecht zur Anerkennung als Familienangehöriger nach § 11 LPartG.

Selbstverständlich kann auch jederzeit zu Lebzeiten ein Lebenspartner als Bevollmächtigter des anderen Partners als Vertrauensperson u. a. in Vorsorgevollmachten eingesetzt werden.

Nießbrauch

Der Nießbrauch kann auf einzelne Vermögenswerte, aber auch als sog. Quotennießbrauch auf einen Teil der Einkünfte aus dem Vermögen beschränkt werden.

Bei Schenkungen, aber auch beim Todesfall, ermittelt das Finanzamt nach den Vorschriften des Bewertungsgesetzes den Kapitalwert des Nießbrauchs. Faustregel: Dieser bemisst sich nach dem jährlichen Ertrag des Nießbrauchs, der mit einem bestimmten Vervielfältiger multipliziert wird, der sich aus dem Alter des Nießbrauchsberechtigten ergibt.

Experten-Tipp

Steuerhinweis

§ 23 ErbStG räumt dem Nießbrauchsberechtigten das Wahlrecht ein, die auf ihn entfallende Erbschaftsteuer statt auf einmal in jährlichen Raten, berechnet nach dem Jahreswert des Nießbrauchs, zu zahlen.   ◀

Es gibt verschiedene Arten des Nießbrauchs. Hier ein Überblick:

Vorbehalts-
nießbrauch

• Vorbehaltsnießbrauch:
  Immobilien werden durch einen notariellen Schenkungsvertrag an Kinder übertragen. Die Schenkung wird mit Nießbrauchsvorbehalt zugunsten des Schenkers verbunden.
  Das Ziel: Kinder werden im Rahmen der vorweggenommenen Erbfolge frühzeitig am Vermögen der Eltern beteiligt. Gleichzeitig ist der Schenker weiterhin persönlich finanziell abgesichert.

Vermächtnis-
nießbrauch

• Vermächtnisnießbrauch:
  Der Eigentümer ordnet testamentarisch ein Nutzungsrecht zugunsten eines Nichterben an. Nach dem Tod des Eigentümers muss der begünstigte Erbe dann den Nießbrauch zugunsten des Vermächtnisnehmers bestellen.

- Zuwendungsnießbrauch: Zuwendungs-
nießbrauch
  Zeitlich befristete Übertragung der Einnahmen zugunsten eigener Kinder. Das juristische Eigentum (auch die Forderung) verbleibt beim Elternteil.
  Das Ziel: Verlagerung der Einkünfte aus Vermietung und Verpachtung auf das Kind, somit steuerliche Entlastung beim Eigentümer.
- Auflagennießbrauch: Auflagen-
nießbrauch
  Der Begünstigte erhält im Rahmen der vorweggenommenen Erbfolge die Immobilie mit der Auflage geschenkt, einem Dritten den Nießbrauch daran einzuräumen.
  Das Ziel: Zwei unterschiedliche Personen werden durch die Schenkung begünstigt: der Beschenkte als juristischer Eigentümer und der Nießbraucher als wirtschaftlicher Eigentümer.

Lassen Sie sich steuerlich beraten

Über steuerliche Gestaltungen sollte unbedingt fachkundiger Rat bei einem Steuerberater, Wirtschaftsprüfer eingeholt werden. Zumal es hierzu eine Fülle von Einzelfallrechtsprechung und Verwaltungsanweisungen gibt. ◄

Experten-Tipp

Notar/Anwalt

Zahlreiche Rechtsgeschäfte des Erbrechts (beispielsweise öffentliche Testamente, Erbverträge, Erbverzichte und Erbauseinandersetzungen, soweit sie Grundstücke oder z. B. GmbH-Geschäftsanteile betreffen) bedürfen der notariellen Beurkundung. Dadurch fallen Kosten (Gebühren, Auslagen usw.) an.
Die Notariatsgebühren richten sich nach dem sog. Geschäftswert, d. h. nach Kostenordnung dem Wert, den der Gegenstand des Geschäfts zur Zeit der Fälligkeit hat. All dies ist in der Kostenordnung festgelegt, die auch die Geschäftswerte nach der Art des betreffenden Geschäfts regelt. Die aufgrund dieser Geschäftswerte ermittelten Gebührensätze ergeben sich aus der Anlage zur Kostenordnung.
Mit der Kostenrechnung, die den Geschäftswert, die Gebührenvorschriften sowie die Beträge der angesetzten Gebühren und Auslagen enthalten muss,

fordert das Notariat bzw. der Notar diese Kosten vom Kostenschuldner an. Das ist i. d. R. der Beteiligte, der die notarielle Tätigkeit veranlasst hat. Wenn der Kostenschuldner nicht freiwillig zahlt, kann aus einem solchen Kostenbescheid auch vollstreckt werden.

Rechtsanwälte Zur Rechtsberatung in allen erbrechtlichen Angelegenheiten, Schenkungsvorgängen, sind auch Rechtsanwälte zugelassen. Ihre Tätigkeit kann sich von der reinen Beratung bis hin zur Vorbereitung von Notarterminen und letztlich auch zur Vertretung in erbrechtlichen Prozessen vor den Zivilgerichten erstrecken.

Bundesrechtsanwaltsgebührenordnung Für seine Tätigkeit stehen dem Rechtsanwalt die in dem Rechtsanwaltsvergütungsgesetz festgelegten Gebühren zu, die nach Art und Umfang der Tätigkeit/der Leistung differenziert sind. Die Anforderung seiner so ermittelten Kosten bei seinem Mandanten hat der Rechtsanwalt selbst zu besorgen, notfalls mithilfe der Zivilgerichte im Prozessweg.

Dem Rechtsanwalt ist grundsätzlich die Beurkundung, d. h. die Errichtung öffentlicher Urkunden verwehrt, es sei denn, er ist auch als Notar im Nebenberuf zugelassen, was in einigen Bundesländern möglich ist, jedoch nicht in Baden-Württemberg, Bayern, in der Pfalz und in sonstigen linksrheinischen Gebieten.

Der Rechtsanwalt kann jedoch seinen Mandanten bei der Abfassung eines eigenhändigen Testamentes mit Rat unterstützen. Er kann auch die Fassung eines öffentlichen, also notariellen Testaments oder Erbvertrags durch seine Beratung beeinflussen. Bei schwierigen erbrechtlichen Sachverhalten oder Gestaltungen kann es empfehlenswert sein, sich des Beistands und der Unterstützung eines Rechtsanwalts Ihrer Wahl auch in Notariatsterminen zu versichern.

Notartestament oder nicht?

Bevor ein Notar an die Testamentserrichtung überhaupt herangeht, wird er zunächst, was durchaus bei älteren Mitmenschen später einmal zu einem Streitfall werden kann, seine Feststellungen zur Geschäftsfähigkeit der vor ihm erschienenen Person treffen.

Notar haftet Es gehört zur Aufgabe des Notars, dass er durch ein entsprechendes Sach- und Rechtsgespräch den „wahren Willen" erforscht, diesen richtig definiert und dann auch durch die richtige Formulierung die rechtlichen Aspekte mit berücksichtigt. Im Klartext: Bei nachweisbaren Fehlern bei der Testamentserrichtung kommt auf den Notar eine Haftung zu!

Davon unabhängig: Soweit Sie ein kurz gefasstes privates Testament errichten können und wollen und zudem beabsichtigen, hier mehrfach Änderungen vorzunehmen, ist dies natürlich billiger und bequemer als ein vom Notar erstelltes Testament.

An ein Notartestament sollten Sie dann verstärkt denken, wenn es in Ihrem Testament auch um Immobilien geht – dies im Hinblick auf Grundbuchberichtigungen, die natürlich durch das öffentliche Testament insoweit problemlos vonstatten gehen können. **Immobilien**

Berücksichtigen Sie auch, dass es durchaus vorkommt, dass eigenhändige Testamente, die vor Jahren errichtet wurden, im Todesfall nicht mehr vorgefunden werden oder verschwunden sind. Beim notariellen Testament stellen sich keinerlei Sicherheitsprobleme.

Amtliche Verwahrung

Natürlich können Sie alternativ auch das eigenhändige Testament ganz einfach in die amtliche Verwahrung beim Notariat geben. Dies ist gegen eine einmalige, geringe Gebühr möglich. ◂

Beratung und Kosten durch Notar, Anwalt und Steuerbarater

Der Notar wird sich regelmäßig an dem sog. Nettovermögen orientierten, d. h. an den festgestellten Vermögenswerten abzüglich ihm bekannter Verbindlichkeiten. Wer also ein Testament errichten will oder wegen eines Erbvertrags den Weg zum Notar einschlägt, muss damit rechnen, dass er – ähnlich wie bei einem für eine Beratung aufgesuchten Rechtsanwalt – danach befragt wird, wie hoch der „Gegenstandswert" der Angelegenheit ist. **Nettovermögen**

Hier sind Sie natürlich als Rechtsuchender auf faire Angaben angewiesen, insbesondere wenn es im Wesentlichen um Immobilien geht, bei denen ein genauer Verkehrswert vielleicht nicht bekannt ist. Wer allerdings „tiefstapelt", was z. B. den Verkaufswert seines eigenen Wohnhauses angeht, wird damit rechnen müssen, dass das Notariat einen anderen, höheren Ansatz vornimmt. Sie können davon ausgehen, dass dem Notariat aufgrund seiner Tätigkeit, seiner Erfahrungswerte, Kenntnisse und aus vergleichbaren Verkäufen, vielleicht in gleicher Wohnlage, Ausstattung etc., die Grundstücks- bzw. Immobilienpreise weitestgehend bekannt sind. Doch Sie sollten keinesfalls vergessen, bei der Frage nach dem Gegenstandswert dem Notariat gleich mitzuteilen, welchen Belastung durch Grundschulden, Hypotheken usw. noch bestehen.

Überprüfen Sie die Kostenrechnung

Wenn Sie für die Tätigkeit des Notariats bzw. des Nachlassgerichts nach Vollzug des Rechtsgeschäfts die Kostenrechnung erhalten, sollten Sie natürlich die dortigen Wertfeststellungen durchaus im eigenen Interesse überprüfen. Soweit der Höhe nach Bedenken bestehen, weil nun plötzlich ein sehr hoher „Gegenstandswert" auftaucht, sollten Sie Rücksprache mit der Geschäftsstelle nehmen. Hilft man dort nicht ab, können Sie gegen diese Gebührenfestsetzung das zunächst außergerichtliche Rechtsmittel der „Erinnerung" einlegen. ◄

Testaments-vollstrecker-zeugnis Die Erteilung eines Testamentsvollstreckerzeugnisses kostet eine Gebühr nach § 109 KostO. Der Wert für ein solches Zeugnis bestimmt sich jedoch nicht wie beim Erbschein aus dem Reinnachlass, sondern aus dem Umfang der Tätigkeit und der voraussichtlichen Dauer der Verwaltung. Üblicherweise beträgt er 10 % aus dem Bruttonachlass.

Mehrwertsteuer

Mehrwertsteuer wird nur bei der Beurkundungsgebühr (nebst evtl. Schreibauslagen) erhoben, nicht bei der Verwahrgebühr und den Gebühren des Nachlassgerichts (Testamentseröffnung, Erbschein, Erteilung des Testamentsvollstreckerzeugnisses). ◄

Vorab über die Höhe der Gebühren informieren

Nutzen Sie durchaus die Möglichkeit, sich vor Inanspruchnahme einer Beratung oder eines Beurkundungsvorgangs genau über die Höhe der auf Sie zukommenden Gebühren zu informieren. Entweder vorab über die Geschäfts-

stellen der Notariate oder vor Beginn der Tätigkeit durch Rückfrage beim
Notar.   ◀

Wenn Sie die Beratung eines Rechtsanwalts wünschen

Soweit Sie vor dem Notargespräch bzw. der Beurkundung zunächst einen
Rechtsanwalt aufsuchen, um sich hier beraten und ggf. einen Testamentsentwurf anfertigen zu lassen oder um Hinweise für vertragliche Gestaltung
einzuholen etc., wird der Anwalt natürlich – soweit dies über eine sog. Erst-
beratung hinausgeht – für seine Gebühren den Gegenstandswert nach dem
gesamten wirtschaftlichen Interesse zugrunde legen.

Es ist keineswegs unüblich, sondern empfiehlt sich durchaus auch im Interesse der Mandatsbeziehung, vor Beginn der Tätigkeit den aufgesuchten
Rechtsanwalt danach zu fragen, was die Beratung bzw. die Ausarbeitung
eines Vorschlags bis hin zur möglichen Begleitung zum Notartermin etc. im
Einzelnen kosten wird.

Es besteht zwar dem Grunde nach keine rechtliche Verpflichtung, aber es ist
durchaus möglich, gerade bei größeren Vermögenswerten, aber auch bei
einfach gelagerten Testamentsfällen, mit dem beauftragten Rechtsanwalt
eine Gebührenvereinbarung zu treffen. Suchen Sie lieber ein offenes
Gespräch, als dass es später nicht nur zu einer Überraschung, sondern zu
einer Verärgerung kommt, wenn Sie die Gebührenrechnung von Ihrem
Anwalt erhalten.

Gebühren-
vereinbarung

Und der Steuerberater?

Gleiches gilt natürlich für den Fall, dass Sie sich zuvor noch separat mit
einem Steuerberater oder Wirtschaftsprüfer in Verbindung setzen.

Auch hier kommt es auf den Umfang der Tätigkeiten an, wobei im Regelfall
die Steuerberater-Gebührenverordnung bereits sehr deutliche Vorgaben
enthält, was im Einzelnen für die Tätigkeiten abzurechnen ist.

Steuerberater-
Gebühren-
verordnung

Aus Sicht des Erben kann es manchmal durchaus empfehlenswert sein, nach
dem Todesfall wegen der Erstellung der Erbschaftsteuererklärung zumindest einen Steuerberater aufzusuchen. Der Steuerberater hat relativ große
Erfahrungswerte, was den Inhalt der Angaben zur Erbschaftsteuererklärung

angeht und welche weiteren Gestaltungsmöglichkeiten auch in persönlicher Hinsicht für den begünstigten Erben bestehen.

Es sollte auch zu einem der ersten Routinegespräche zwischen den Mitgliedern einer Erbengemeinschaft gehören, sich gemeinsam darauf zu verständigen, dass die erste Erbschaftsteuererklärung direkt durch ein Beratungsbüro erstellt wird. Hinzu kommt, dass der Steuerberater nach Zugang der einzelnen Erbschafsteuerbescheide natürlich auch den Überblick darüber hat, ob das Finanzamt „richtig" gerechnet hat, d. h. ob die festgesetzte Erbschaftsteuerschuld gegenüber den einzelnen Mitgliedern der Erbengemeinschaft zutreffend verrechnet wurde.

Gebühren als Nachlassverbindlichkeiten

Prüfen Sie bei Abgabe der Erbschaftsteuererklärung ergänzend, inwieweit Anwalts- bzw. Steuerberatergebühren im Zusammenhang mit dem eingetretenen Erbfall als Nachlassverbindlichkeiten steuermindernd berücksichtigt werden können.   ◄

Organspende

Hoher Bedarf   Bereits seit dem 1.12.1997 gibt es im sensiblen Bereich der Organspende mit dem Inkrafttreten des Transplantationsgesetzes (TPG) einen rechtlichen Rahmen und Vorgaben für die Transplantationsmedizin. Es ist ein hoher Bedarf an lebensrettenden Organen vorhanden. Aus dem umfangreichen aktuellen Zwischenbericht der Enquete-Kommission „Ethik und Recht der modernen Medizin" vom 17.03.2005 (BT-Drucksache 15/5050) lässt sich entnehmen, dass weit über 12.000 schwer kranke Menschen, davon allein 9.500 niereninsuffiziente Patienten, auf ein lebensrettendes Organ warten. Die Wartezeiten betragen etwa sechs Jahre, für ein Drittel der Patienten ist dies zu lange und sie müssen sterben.

Die bisherige Anzahl postmortaler Spenden reicht nicht aus, bereits jede fünfte verpflanzte Niere (2003: 405) und jede zehnte Leber (2003: 74) stammen von einem Lebendspender.

In diesem Ratgeber geht es vorrangig um Hinweise, wie man sich beim Eintritt des eigenen Todesfalls zur Frage der postmortalen Spende grundsätzlich stellt, ggf. auch nur teilweise, also beschränkt auf bestimmte, dann zur Entnahme vorgesehene Einzelorgane. Neben Organentnahmen kann dies auch für Gewebe, Knorpel, Sehnen etc. in Betracht kommen.

Die Organspende ist freiwillig, es gibt weder für die Bereitschaft noch für die Entnahme nach dem Todesfall – auch nicht für Erben – eine finanzielle Unterstützung. Die anfallenden Kosten werden von öffentlichen Trägern oder der Krankenskasse des späteren Empfängers übernommen.

Freiwillig und ohne Entschädigung

Weitere Informationen

Weitere Informationen erhalten Sie im Internet:

Bundeszentrale für gesundheitliche Aufklärung (www.bgza.de)

Arbeitskreis Organspende (www.akos.de)

Der Arbeitskreis für Organspende gibt einen Organspender-Ausweis heraus, der ergänzend oder unabhängig von dem Muster in diesem Ratgeber mitgeführt werden kann.

Organspender-Ausweis

Mit der Erklärung zur Organspende können Sie mit der Vorgabe des ärztlich festgestellten Todesfalls entweder eine generelle oder eine auf bestimmte Organe beschränkte Zustimmung zur Organentnahme erteilen oder auch ausdrücklich jeglicher Organentnahme widersprechen. Wichtig ist aber auf jeden Fall die schriftliche Niederlegung eines klaren Willens hierzu.

Sie können diese Entscheidung auch, entsprechend dem Muster der Vorsorgevollmacht, auf den Bevollmächtigten bzw. die von Ihnen eingesetzte Vertrauensperson übertragen.

Ehepartnern müssen jeweils eine getrennte, selbstständige Erklärung abgeben.

Pflegeverträge/Heimverträge/Pflegekosten

Die verschiedensten Träger/Organisationen bieten nicht nur für den Ernstfall, also den Dauerpflegefall bei stationärer Aufnahme, sondern auch insbesondere als Alternative zum bisherigen Wohnen im eigenen Wohnbereich, die Aufnahme in Alten- und Pflegeheimen an. Je nach Ausstattung, Personalkapazitäten, räumlichen Angeboten bieten Träger teilweise nur externe Pflegleistungen, also vorrangig betreutes Wohnen im Alter und/oder ausschließlich Pflegeheimbetreuungen an. Dabei wird auch nach Pflegearten bzw. fachlichen Spezialisierungen differenziert. Zahlreiche soziale Einrichtungen, Träger oder Verbände bieten hierzu Erstberatungen an. Eventuell informieren Sie auch Ihr Arzt oder die Sozialdienste in Krankenhäusern.

Rechtzeitig geeigneten Pflegeplatz suchen

Zeichnet sich etwa wegen der fortschreitenden Pflegebedürftigkeit zu Hause, eine intensivere Pflege/Betreuung ab, sollten Sie sich rechtzeitig – entweder selbst oder durch Ihre nahen Angehörigen/Betreuungspersonen oder Bevollmächtigte, um einen geeigneten „Platz" kümmern. Denn nicht immer stehen sofort, binnen kürzester Zeit, ausreichend freie Plätze entsprechend den Bedürfnissen, aber auch dem körperlichen Zustand der Person zur Verfügung. ◀

Vater mit beginnender Demenz-Erkrankung

Beim Vater wird nach ärztlichen Hinweisen eine beginnende Demenz-Erkrankung festgestellt. Noch wird die persönliche Sorge im Rahmen des Familienverbundes erbracht. Bei ggf. zunehmender Pflegebedürftigkeit kann aber auch hier nicht nur eine Überforderung eintreten, sondern auch die medizinisch gesehene Notwendigkeit zur Unterbringung in einem Pflegeheim, kurz- oder langfristig. Die Familienangehörigen sollten sich daher mit Rücksicht auf die Ortsnähe rechtzeitig durch persönliche Besichtigung und Einholung von Angeboten prüfen, welche Einrichtungen sich hierfür eignen, welcher finanzielle Aufwand entsteht und – was ganz wichtig ist – schon einmal die Eintragung in eine möglicherweise angebotene **Warteliste** vornehmen. ◀

Kommt es noch nicht zum Abschluss eines Pflegevertrags, weil lediglich die Berücksichtigung auf der Warteliste erfolgt ist, hat dies zunächst keine weiteren finanziellen Konsequenzen.

Soweit hierzu noch eine hinreichende Einsichtsfähigkeit vorhanden ist, sollte man natürlich auch Wert auf die besonderen erkennbaren persönlichen Bedürfnisse als pflegebedürftige Person legen. Ist eine Einzelzimmer-

Unterbringung sinnvoll, gibt es die Möglichkeit zur Mitnahme bestimmter persönlicher Gegenstände, entspricht die Lage, die dortige Unterbringung den Vorstellungen/Erwartungen etc.?

Hiervon unabhängig ist die notwendige Klärung der vertraglichen Leistungen entsprechend den vorformulierten, hierzu vorgelegten Heim-/Pflegeverträgen besonders wichtig.

Wie sieht es mit Zusatzleistungen aus?

Eine nahe Angehörige, körperlich leider sehr stark behindert, wünscht die Unterbringung in einer entsprechenden Einrichtung. Zusammen mit den Angehörigen wird eine bestimmte Einrichtung ausgewählt und besichtigt. Geprüft werden sollte dann natürlich, was bei einer noch nicht so starken Pflegebedürftigkeit an tatsächlichen Pflegeleistungen erbracht werden kann. Das können zwar auf den ersten Blick kleinere Einzelleistungen sein, die für die/den künftige Heimbewohner/in aber durchaus von besonderer Bedeutung sind. Also z. B. einmal in der Woche gewisse persönliche Pflegeleistungen ohne zusätzlichen finanziellen Aufwand durch externe/interne Kräfte der Einrichtung. Welche Zusatzleistungen gibt es etwa für notwendige krankengymnastische Leistungen, bis hin zu Angeboten für zusätzliche Betreuungsleistungen, durchaus auch nach Geselligkeits-Aspekten.

Es gibt hier die verschiedensten Zusatzleistungen, die eventuell ganz, vielleicht aber doch nur teilweise über die zu erbringenden vertraglichen finanziellen Leistungen abgegolten sind.   ◄

Bei Altenheimen oder vergleichbaren Einrichtungen sollten Sie – zunächst einmal ohne konkreten Anlass – für ergänzende betreuerische/pflegerische Leistungen den Begriff des „betreuten Wohnens" sehr genau analysieren und prüfen. Wer erbringt in welchem Umfang bestimmte Leistungen, wie sieht es für diese Fälle auch noch mit einer ggf. benötigten ärztlichen Betreuung im Haus konkret aus etc.? Teilweise werden einzelne Zimmer/ Wohnungen zum Erwerb als Eigentum angeboten. Für zahlreiche Angebote/Projekte besteht insbesondere bei neuen Wohnanlagen in relativ jungen Jahren sogar die Möglichkeit des sofortigen Kaufs oder einer Option, verbunden mit einer entsprechenden Anzahlung.

Soweit dann aus eigener Veranlassung der „Einzug" erfolgt, wird hierfür regelmäßig eine mietvertragähnliche Vereinbarung getroffen.

Betreutes Wohnen

Alle Eventualitäten berücksichtigen

Denken Sie auch an Eventualfälle, also die Notwendigkeit, dass während des Daueraufenthalts in einem Altenheim, einer betreuten Wohnanlage oder sonstigen Pflegeeinrichtung entweder wegen einer eintretenden Verschlechterung des körperlichen Zustands, vielleicht aber auch wegen eines Unfalls ein Krankenhausaufenthalt erforderlich wird. Meist führt diese nach ärztlicher Anordnung erfolgende Aufnahme in ein Krankenhaus keinesfalls dazu, dass sich damit die finanzielle Belastung nach dem Heimvertrag reduziert. Dies sollten Sie vorsichtshalber konkret bei der Durchsicht eines vorgelegten Vertragsangebots ansprechen.

Soweit allerdings über die Pflegekasse ein Pflegegeld bezahlt wird, erfolgt die Verrechnung zwischen dem die Leistung dann erbringenden Träger.   ◄

Verträge sorgfältig prüfen

Hiervon unabhängig, sollten Sie bei Vertragsabschluss auch die Frage der Kündigungsfristen sehr sorgfältig prüfen. Dies für den Fall, dass Sie beim Heimvertrag mit den angebotenen Leistungen, dem Umfeld nicht zufrieden sein sollten und einen Wechsel in ein anderes Heim bzw. eine andere Pflegeeinrichtung in Betracht ziehen wollen. Verlangen Sie in diesem Zusammenhang auch unbedingt eine genaue Übersicht über die monatliche Belastung sowie die Fälligkeit der anfallenden Beträge. Bei privaten Anbietern/Einrichtungen sollten Sie z. B. die Frage nach einer abgesicherten Festlegung von etwaigen Sonderzahlungen/Kautionen ebenfalls überprüfen.

Bestehen gegen bestimmte Vertragsinhalte Bedenken oder sind bestimmte Aussagen allgemein nicht nachprüfbar, sollten Sie den Vertrag zuvor von einem Rechtsanwalt prüfen lassen, da es sich ja um einen sehr wichtigen Abschluss für Ihre persönliche Daseins- und Vermögensvorsorge handelt.   ◄

Gerade bei Abschluss derartiger Verträge ist erfahrungsgemäß häufig die eingesetzte Vertrauensperson gefordert, da die Pflegeperson meist nicht mehr selbst handeln kann. Vor allem wenn die Vorsorgevollmacht/Betreuungsvollmacht zum Tragen kommt, da die Vollmachtgeberin/der Vollmachtgeber nicht mehr vollumfänglich einsichtsfähig ist.

Für klare Vertragsverhältnisse sorgen

Soweit Sie als Angehöriger bei einem eintretenden Pflegefall feststellen müssen, dass die pflegebedürftige Person keine entsprechende Vollmacht erteilt hat, sollten Sie unbedingt sofort Antrag auf Einsetzung einer amtlichen Betreuung stellen, besonders in Fällen der erkennbaren Geschäftsunfähigkeit. Hierauf wird mit Sicherheit jeder Träger von sich aus hinweisen. Hinzu kommt, dass bei diesen Fällen möglicherweise sofort höhere Beträge zur Zahlung fällig werden, mit der nicht seltenen Folge, dass Angehörige in „Vorleistung" treten müssen, wenn z. B. nicht einmal eine Kontovollmacht für Vertrauenspersonen besteht.

Klare Vertragsverhältnisse gleich zu Beginn- diese Empfehlung sollte von Angehörigen grundsätzlich bei allen vorgelegten Aufnahmeanträgen, auch im Krankenhaus, beachtet werden, gerade wenn keine ausdrückliche Bevollmächtigung durch eine Vorsorgevollmacht vorliegt. Dies insbesondere für die Übernahme anfallender Behandlungskosten durch Krankenkassen. ◄

Eine geschiedene Ehefrau unterschrieb im Vertrauen auf einen bestehenden Versicherungsschutz über den gesetzlichen Krankenversicherer des Ehemannes einen Aufnahmevertrag für die stationär zu behandelnde Tochter. „Kleingedruckt" in den AGB war darin der Hinweis enthalten, dass man als Selbstzahler zu Leistungen verpflichtet sei, wenn die Krankenkasse die Kosten nicht oder nicht vollumfänglich übernimmt. Erst nachdem sich später herausstellte, dass der Ex-Ehemann und damit auch das Kind nicht versichert waren, wurde die bis dahin ahnungslose Mutter vom Krankenhaus in Regress genommen. Der BGH entschied hierzu durch Urteil v. 28.4.2005 (III ZR 351/04), dass sich ein Krankenhausträger darauf verlassen muss, ob Angaben über Versicherungsverhältnisse zutreffend sind. Besteht kein Versicherungsschutz, ist ansonsten bei fehlender Leistungsfähigkeit die Inanspruchnahme von Sozialhilfe in Betracht zu ziehen. Mit dem erkennbaren Grundsatz, dass bei nahen Angehörigen, insbesondere bei Eltern/Kindern sogar besondere gesetzliche Mitwirkungspflichten nach § 1357 BGB bestehen, die dazu führen können, dass eine gesamtschuldnerische Haftung für abgeschlossene Behandlungsverträge in Betracht kommen kann.

Durch Urteil v. 28.4.2005 (III ZR 399/04) hat der BGH in einer weiteren Entscheidung zwar grundsätzlich festgestellt, dass ein Pflegeheim die Pflicht hat, die körperliche Unversehrtheit seiner Heim- oder Pflegepersonen zu

Der BGH-Fall

Haftung bei Heimverträgen

schützen. Dieser Schutz beschränkt sich aber auf übliche Maßnahmen, die mit einem vernünftigen finanziellen und personellen Aufwand zu realisieren sind. Zieht sich ein Heimbewohner z. B. eine Sturzverletzung zu, weil er „aus dem Bett" fällt, ohne dass dort Bettgitter vorhanden waren, entfällt die Haftung. Der Bewohner ist vielmehr beweispflichtig, dass das Pflegepersonal besondere Vorkehrungsmaßnahmen versäumt hat. Daraus folgt für die Praxis, dass Angehörige, Betreuer und Bevollmächtigte einen Blick dafür haben sollten, ob die Unterbringung nach dem körperlichen und ggf. auch geistigen Zustand des Bewohners besonderer Vorkehrungen bedarf.

Überblick verschaffen

Verschaffen Sie sich einen aktuellen Überblick über die abzudeckenden Versicherungsleistungen, v. a. bei manchmal eiligen stationären Krankenhausaufenthalten, aber auch bei dringender Aufnahme in Pflegeeinrichtungen. Bei älteren Mitbürgern/Rentnern ist dieses Risiko über die Rentner-Krankenversicherung hinreichend abgedeckt. Bei Pensionären sicher auch in vergleichbarer Weise, wobei die Frage von Vorleistungspflichten erst bei späterer Abrechnung gegenüber den Besoldungsstellen mitberücksichtigt werden muss.

Die Vorlage der Krankenversicherungskarte bei stationären Aufnahmen ist dann sicher das richtige positive Signal, was Sie insbesondere als Vertrauensperson/Bevollmächtigte/r von Patienten/Pflegepersonen sowie als nahe Angehörige immer mitbeachten sollten, um finanziellen Problemen gleich vorzubeugen.   ◄

Tritt im Übrigen während der Vertragsdauer ein Sterbefall ein, wird meist keine weiter gehende Zahlungsverpflichtung aus dem Heimvertrag auf den oder die Erben zukommen. Man sollte also auch zuvor im Vertrag prüfen, welche Zahlungsverpflichtungen die Erben in diesem Fall erwarten, sollte der Platz/das Zimmer etc. leer stehen. Meist gelingt aber auch hier eine Verständigung, wobei man natürlich die Zeiträume für die Renovierung von Räumlichkeiten etc. mit einbeziehen muss. Den legitimierten Erben steht im Übrigen gegenüber dem Vertragspartner nicht nur ein Auskunfts-, sondern auch ein uneingeschränkter Abrechnungsanspruch zu, was u. a. auch für Sicherheitsleistungen/Kautionen etc. gilt.

Welche finanzielle Leistungen gibt es durch die gesetzliche Pflegeversicherung ?

Pflegesätze im Überblick, Stand 01.05.2005:

Leistungsart	Pflegestufe I	Pflegestufe II	Pflegestufe III
a) Geldleistung	205,00 €	410,00 €	665,00 €
b) Sachleistung	384,00 €	912,00 €	1.432,00 €
c) vollstationäre Pflege	1.023,00 €	1.279,00 €	1.432,00 €

Erläuterungen:

a) Soweit die Pflege zu Hause, im eigenen Wohnbereich erfolgt, gibt es je nach Pflegestufe diese Beträge auf Antrag.

b) Wird ein Pflegedienst eingeschaltet, z. B. eine Sozialstation, karitative Einrichtung oder ein privater Pflegedienst, wird diese Leistung entsprechend der Pflegestufe mit diesen Monatsbeträgen abgerechnet.

c) Bei vollstationärer Unterbringung werden diese Beträge als Zuschuss zu den Heimkosten gegenüber dem Träger meist direkt abgerechnet

Einer der wesentlichen Faktoren ist natürlich in diesem Zusammenhang die immer wieder auftauchende Frage, in welcher Höhe man einen monatlichen Zuschuss von der Pflegekasse erwarten kann. Dies hängt zunächst einmal grundsätzlich von der medizinischen Beurteilung der Notwendigkeit der persönlichen Pflegebedürftigkeit und den aktuellen körperlichen Beeinträchtigungen ab. Aus vielen vergleichbaren Fällen lässt sich hier recht deutlich feststellen, dass bereits z. B. eine Einstufung in Pflegeklasse II sehr schwierig wird. Der hierfür im Einsatz befindliche Medizinische Dienst der Pflegekasse prüft für die Einstufung nicht nur die derzeitige persönliche Situation und die medizinischen Unterlagen, sondern überzeugt sich auch durch gelegentlich recht intensive Gespräche von der möglichen, teilweise noch vorhandenen Leistungsfähigkeit der Pflegeperson.

Man sollte vor der anstehenden Einstufung und Begutachtung durch den Medizinischen Dienst durchaus auch nochmals im Gespräch mit dem behandelnden Arzt die Voraussetzungen durchsprechen, auch anhand konkreter ärztlicher Empfehlungen und Einschätzungen/eigenen Beurteilungs-

Dringende Empfehlung

möglichkeiten. Soll zeitnah ein Wechsel in eine Betreuungseinrichtung/Altenheim oder Pflegeeinrichtung erfolgen, sollte schon wegen der finanziellen Auswirkungen nicht nur sofort der Antrag auf Pflegegeld gestellt, sondern auch durch Rücksprache bei der gesetzlichen Krankenkasse darauf geachtet werden, dass die notwendige Begutachtung zur Einstufung durch den medizinischen Dienst zeitnah erfolgt. Gerade dann, wenn auf ärztliches Anraten höhere Pflegestufen erforderlich sind.

Soweit auch nach ärztlicher Einschätzung eine zu niedrige Einstufung vorliegt oder bei einer Neubegutachtung eine Herabsetzung erfolgen sollte, kann aus Sicht der Pflegeperson gegen eine unzutreffende Einstufung durch einen rechtzeitig eingelegten Widerspruch eingegriffen werden. Da in diesem Bereich jedoch unzählige Widerspruchsverfahren laufen und angesichts einer Vielzahl von Fällen nicht gleich mit einer Entscheidung gerechnet werden kann, sollte die notwendige Höherstufung bereits bei Einlegung des Widerspruchs konkret mit entsprechenden aktuellen ärztlichen Hinweisen/Attesten begründet werden.

Bei stationärem Krankenhausaufenthalt

Soweit es um einen stationären Krankenhausaufenthalt geht, ist natürlich der ärztliche Dienst des Krankenhauses zuständig und um entsprechende Unterstützung/fachliche Beurteilung anzugehen.   ◄

Wenn eine Vorsorge- oder Betreuungsvollmacht vorliegt, gelten diese Hinweise zur richtigen Einstufung der Pflegebedürftigkeit auch bei einer Unterstützung durch nahe Angehörige oder Bevollmächtigte. Damit kann durch die Neuregelung des Betreuungsrechts ab 1.7.2005 auch die eingesetzte Vertrauensperson bzw. der/die Bevollmächtigte die gebotenen rechtlichen Schritte einleiten.

Berechnungsbeispiel bei vollstationärer Heimunterbringung einer Pflegeperson.

Die nachfolgenden Angaben zu den Beträgen können selbstverständlich je nach Träger variieren, zeigen jedoch in diesem Zusammenhang die finanzielle Belastung für eine betreute Person nachvollziehbar auf.

Der Eigenaufwand reduziert sich dann entsprechend um die oben angegebenen finanziellen Leistungen aus der gesetzlichen Pflegeversicherung. Erkennbar wird aber auch hier bei den anfallenden Heimkosten die Unterdeckung, die ggf. aus Eigenersparnissen, Renten- oder Pensionsleistungen, Beihilfen z. B. durch Arbeitgeber/Versorgungseinrichtungen ausgeglichen werden muss. Bei verbleibenden Zahlungslücken/Differenzen kann ggf. das Sozialamt hierfür eintreten. Siehe auch → Sozialhilfe.

Tagespflegesatzbeispiel bei vollstationärer. Heimunterbringung:

Leistungsart	Pflegestufe I	Pflegestufe II	Pflegestufe III
allgem. Pflegesatz	45,75 €	59,75 €	76,90 €
Unterkunft/Kost	20,80 €	20,80 €	20,80 €
Investitionskosten	13,15 €	13,15 €	13,15 €
Gesamtbetrag täglich	79,70 €	93,70 €	110,85 €
Gesamtbeträge monatlich	30 Tage: 2.391,00 €	30 Tage: 2.811,00 €	30 Tage: 3.325,50 €
Gesamtbeträge monatlich	31 Tage: 2.470,00 €	31 Tage: 2.904,70 €	31 Tage: 3.436,35 €

Pflichtteil

Gibt es Krach in der Familie, führt dies leider sehr häufig dazu, dass man für den Fall seines eigenen Todes den eigenen Nachwuchs, bei Kinderlosigkeit auch sonstige Verwandten, „enterben" will. Übersehen wird leider nach wie vor, wie sich aus zahlreichen Gesprächen in der Beratungspraxis ergibt, dass man nahe Angehörige eben nicht unbedingt völlig enterben kann. Unter Hinweis auf die Ausführungen zum Thema → Erbunwürdigkeit müssen im Zweifelsfall schon relativ schwer wiegende Vorwürfe im Raum stehen, die dann wiederum bezogen auf die Feststellungen zum Zeitpunkt des Todesfalls dazu führen können, dass die Enterbung vollumfänglich und auch rechtswirksam durchgreift.

Völlige Enterbung nicht möglich

Die meisten Gründe für den Entschluss zu einer Enterbung liegen darin, dass man sich zu irgendeinem Zeitpunkt mehr oder weniger intensiv mit seinen Angehörigen zerstritten hat und dies meist auch dazu führt, dass über längere Zeiträume kein persönlicher Kontakt mehr zwischen dem Erblasser und seinen Angehörigen vorhanden war.

Im Klartext: Fehlende soziale Kontakte, fehlende engere Bindungen, auch der häufig im Raum stehende Vorwurf, man kümmere sich nicht richtig um um den Erblasser, reichen zwar entsprechend der freien Gestaltungsmöglichkeit aus, bestimmte Personen eben nicht als Erbe einzusetzen. Jemanden als Erbe auszuschließen bedeutet jedoch nicht unbedingt, dass der nicht begünstigte Angehörige finanziell leer ausgeht. Denn: Der deutsche Gesetzgeber räumt zumindest dem nicht berücksichtigten Erben, nämlich bestimmten Angehörigen, einen Anspruch auf Gewährung eines Pflichtteilsrechts ein. Und dies bedeutet: Wer einen Pflichtteil geltend machen kann, erhält grundsätzlich immerhin einen halben Erbteil.

Enkel als Alleinerbe

Aus Altersgründen ist die Mutter in ein Altenheim übergewechselt. Der Kontakt zu ihrer, auch noch in einer entfernten Stadt wohnenden Tochter bricht fast ab. Anders sieht die Sache bei dem volljährigen Sohn der Tochter aus, der sich intensiv um die Dame im Altersheim kümmert, ihre Besorgungen erledigt und ihr bei dem einen oder anderen schweren Krankheitsfall regelmäßig tatkräftig zur Seite gestanden ist.

Die Mutter zieht hieraus ihre persönlichen Konsequenzen: Beim Notar errichtet sie ein Testament und setzt, auch als Zeichen des Dankes, ihren Enkel zu ihrem Alleinerben ein. Die Folge: Durch diese gewillkürte Erbeinsetzung, also eine von der sonst ohne Testament eintretenden Erbfolge abweichende zulässige Regelung, hat beim Todesfall ihre Tochter lediglich noch einen gegenüber der gesetzlichen Regelung bestehenden hälftigen Erbteil, den Pflichtteilsanspruch – unabhängig davon, ob die Tochter im Todesfall gegenüber ihrem eigenen Sohn ihren Anspruch dann geltend macht oder nicht.   ◄

Reiner Geldanspruch Der Pflichtteilsanspruch ist ausschließlich auf Geld gerichtet. Befindet sich im Nachlass eines Erben z. B. eine Immobilie, hat der Pflichtteilsberechtigte also keinen entsprechenden Anteil an der Immobilie, sondern lediglich einen in Höhe seines Pflichtteilsrechts noch zu errechnenden Geldanspruch.

Ehegatten als Alleinerben

Sehr häufig setzen sich Eheleute über ein gemeinschaftliches Testament oder einen Erbvertrag gegenseitig bewusst zu Alleinerben ein – verbunden mit dem Gedanken, dass zunächst einmal der überlebende Ehegatte vollumfänglich abgesichert werden soll, also das gemeinsam erworbene Ehevermögen zunächst beim überlebenden Ehepartner verbleiben soll.

Auch hier liegt eine Alleinerbenstellung vor, trotz eines oder mehrerer Kinder. Diese werden automatisch durch diese, vielleicht in der Aussage gar nicht so bewusste, testamentarische Verfügung auf den Pflichtteil gesetzt.   ◀

Übrigens: Ein Verzicht auf den Pflichtteil ist dem Grunde nach vor dem Todesfall nicht möglich. Denkbar und so auch gelegentlich praktiziert ist allenfalls ein umfassender Erb- und Pflichtteilsverzicht etwa der Kinder. Dies setzt aber einen entsprechenden notariellen Erbvertrag voraus, d. h. auch die hiervon betroffenen Kinder müssen gemeinsam mit den weiteren Beteiligten diese Erklärung gegenüber dem Notar, dokumentiert durch die Unterschrift, einmal unabhängig von weiteren vorhandenen Regelungen als finanzieller Ausgleich für den Verzicht, abgeben, also mit unterschreiben.

Verzicht auf den Pflichtteil

Böse-Buben-Klausel

Die Eheleute Meier beabsichtigen, sich über ein gemeinschaftliches Testament gegenseitig zu Alleinerben einzusetzen. Der wesentliche Vermögenswert auf das Alter hin besteht in dem Dreifamilienhaus, das vor Jahren mühsam mit den Ersparnissen gebaut werden konnte. Die Eheleute haben ein gutes Verhältnis zu ihren beiden zwischenzeitlich erwachsenen Kindern. Wie könnten sie bereits jetzt über das Testament ausschließen, dass möglicherweise schon beim Todesfall des ersten Ehepartners gleich finanzielle Ansprüche der Kinder kommen?

Lösung:

Sie könnten eine sog. „Böse-Buben-Klausel" im Testament aufnehmen, also festlegen, dass für den Fall, dass eines der Kinder schon beim Todesfall des Erstversterbenden finanzielle Ansprüche geltend macht, dieses Kind auch beim zweiten Todesfall auf den Pflichtteil gesetzt wird. Hiermit lässt sich zwar die Geltendmachung des Pflichtteilsanspruchs nicht ausschließen, was ggf. für den überlebenden Ehepartner dazu führen könnte, dass er bei finanziellen Ansprüchen z. B. eine Grundschuld aufnehmen muss – diese „Böse-Buben-Klausel" ist jedoch ein recht deutliches Signal, das nochmals den

Willen der Eltern dokumentiert, dass die eigentliche Erbauseinandersetzung mit den Kindern aus Versorgungsgründen erst nach dem Todesfall des zweiten Partners eintreten soll.

Rechtlicher Hinweis:

Zwischen den Ehegatten sollte ergänzend noch geprüft werden, ob man dem überlebenden Ehepartner eine weiter gehende testamentarische Gestaltungsfreiheit einräumen will. Wird kein besonderer Vermerk aufgenommen, gilt dieses gemeinschaftliche Testament natürlich uneingeschränkt auch für den zweiten Todesfall des dann noch lebenden Ehepartners.

Ist dies so nicht beabsichtigt, kann theoretisch etwa über einen kurzen weiter gehenden Satz: „Diese Verfügungen sind nicht wechselseitig" oder: „Der überlebende Ehepartner ist an diese testamentarischen Vorgaben für seinen eigenen Todesfall nicht gebunden" die eigene Entscheidungsfreiheit für erbrechtliche Regelungen bewahrt werden.   ◄

Pflichtteilsberechtigt sind

- Abkömmlinge des Erblassers: Kinder bzw., wenn diese schon verstorben sind, deren Kinder (Enkel des Erblassers),
- der Ehegatte des Erblassers,
- die Eltern des Erblassers, wenn weder Kinder noch Ehegatten vorhanden sind.

Umfang und Verjährung Der Umfang des Pflichtteils beträgt den halben Wert des Nachlasses inkl. der Schenkungen des Erblassers zehn Jahre vor seinem Tod. Die Ermittlung des Pflichtteils erfolgt auf Kosten der Erben.

Die Verjährungsfrist beträgt drei Jahre nach dem Tod des Erblassers (§ 2332 BGB). Wichtig ist daher die rechtzeitige Geltendmachung des Anspruchs vor Verjährungseintritt, wobei dem Pflichtteilberechtigten ein Auskunftsanspruch gegenüber den Erben über den Nachlass zusteht (§ 2314 BGB).

Experten-Tipp

Aktuelles Urteil des Bundesverfassungsgerichts

Das Bundesverfassungsgericht hat durch Beschluss v. 19.4.2005 (1BvR 1644/00 u. 1BvR 188/03) in seiner Grundsatzentscheidung festgestellt, dass selbst bei einer Enterbung von Kindern auf jeden Fall der Pflichtteil nach § 2303 BGB gewährt werden muss. Der Pflichtteilentzug kommt nur dann in Betracht, wenn u. a. der Erblasser körperlich misshandelt wurde oder man ihm nach dem Leben trachtete (§ 2333 BGB). Starke Meinungsverschiedenheiten, Entfremdungen u. Ä.. reichen für eine Pflichtteilsunwürdigkeit nicht aus. Die grundsätzlich unentziehbare und bedarfsunabhängige wirschaftliche Mindestbeteiligung der Kinder an dem Nachlass des Erblassers wird durch Art. 6, Art. 14 Grundgesetz geschützt.   ◄

Steuerliche Hinweise

Wie bekannt, gibt es per Gesetz persönliche Steuerfreibeträge, z. B. für Kinder 205.000 €. Häufig genug setzen sich Eheleute gegenseitig zu Alleinerben ein (Berliner Testament). Den Kindern steht zumindest per Gesetz damit der Pflichtteilsanspruch im ersten Erbfall des Ehegatten zu. Gerade bei größeren Vermögenswerten kann es sich durchaus lohnen, dass man sich einvernehmlich innerhalb der Familie darüber verständigt, dass ein Pflichtteilsanspruch auf den ersten Todesfall hin bewusst geltend gemacht wird.

Der Vorteil: Der Pflichtteilsanspruch (die Hälfte des sonst zustehenden Erbteils) kann theoretisch bis zur vollen Höhe des Steuerfreibetrags etwa von 205.000 € bei direkten Abkömmlingen in Anspruch genommen werden. Dies ist natürlich gerade dann vorteilhaft, wenn man davon ausgeht, dass zwischen dem Tod des erstverstorbenen Ehepartners und dem späteren Ableben des zweiten Ehepartners mehr als zehn Jahre vergehen.

Hinzu kommt, dass bei dem Erstversterbenden der Pflichtteilsanspruch in Abzug gebracht werden kann. Hierdurch verringert sich die steuerliche Bemessungsgrundlage, nämlich der Nachlasswert, dann wiederum um diesen Auszahlungsbetrag an die Kinder als Pflichtteilsberechtigte.

Dies setzt natürlich voraus, dass entsprechende Vermögenswerte zur Abdeckung der Pflichtteilsansprüche bei dem überlebenden Ehepartner nicht nur vorhanden sind, sondern so eingesetzt werden können!

Scheidung

Mit der Scheidung entfällt das gesetzliche Erbrecht der Ehegatten. Testament und Erbvertrag verlieren ihre Gültigkeit. Dies gilt auch, wenn der

Erblasser die Scheidung beantragt oder ihr zugestimmt hat, aber dann vor Vollzug der Scheidung verstirbt.

Lebensversicherungen

Frühere Bezugsberechtigung in Lebensversicherungen ggf. widerrufen bzw. abändern! ◄

Steuern (Erbschaft- und Schenkungsteuer)

Anzeigepflicht Als Erbe sind Sie verpflichtet, innerhalb von drei Monaten einen Erwerb dem zuständigen Erbschaftsteuer-Finanzamt anzuzeigen. Eine Meldepflicht entfällt, wenn der Erwerb von Todes wegen auf einer Testamentseröffnung vor dem Notar bzw. Gericht beruht.

Erbschaft-steuererklärung Des Weiteren sind die Erben verpflichtet, eine Erbschaftsteuererklärung abzugeben, die eine detaillierte Aufschlüsselung der Aktiva und Passiva des Erblassers vorsieht. Über die reine Festsetzung der Erbschaftsteuer hinaus informiert das Erbschaftsteuer-Finanzamt auch das zuständige Veranlagungs-Finanzamt der Erben, wenn eine bestimmte Höhe des Nachlassvermögens festgestellt wird Damit geht ein etwaiger Vermögenszuwachs zu Besteuerungszwecken unabhängig von Erklärungen in die Steuererklärung des Erben ein.

Banken und Versicherungen melden beim Todesfall übrigens automatisch die Kontostände bzw. Versicherungsansprüche mit Ausnahme von Kleinbeträgen dem Finanzamt.

Stundung der Erbschaftsteuer

Bei finanziellen Problemen kann die Erbschaftssteuer bis zu zehn Jahren gestundet werden. ◄

Im Folgenden finden Sie die Steuer bei Erbschaften und Schenkungen im Überblick:

Steuer-klasse	Personenkreis	Freibetrag in € (§ 16 ErbStG)	Steuersätze (Werte in %, § 19 ErbStG)
I	Ehegatten, Kinder, Enkel, Urenkel und andere Kindeskinder (Eltern und Großeltern bei Erbschaften)	Ehegatten: 307.000 Kinder: 205.000 Sonstige: 51.200	7 (bis 52.000 €) 11 (bis 256.000 €) 15 (bis 512.000 €) 19 (bis 5.113.000 €) 23 (bis 12.783.000 €) 27 (bis 25.565.000 €) 30 (über 25.565.000 €)
II	Eltern und Großeltern bei Schenkungen, Geschwister und deren Kinder, Stiefeltern, Schwiegereltern und Schwiegerkinder, geschiedene Gatten	10.300	12 (bis 52.000 €) 17 (bis 256.000 €) 22 (bis 512.000 €) 27 (bis 5.113.000 €) 32 (bis 12.783.000 €) 37 (bis 25.565.000 €) 40 (über 25.565.000 €)
III	Alle anderen (z. B. nichteheliche Lebens-gemeinschaften, jeder Dritte)	5.200	17 (bis 52.000 €) 23 (bis 256.000 €) 29 (bis 512.000 €) 35 (bis 5.113.000 €) 41 (bis 12.783.000 €) 47 (bis 25.565.000 €) 50 (über 25.565.000 €)

Zusätzlich findet bei Vermögenswerten ab 256.000 € ein Härteausgleich bei Überschreiten der letzten Wertgrenzen statt, und zwar für alle drei Steuerklassen mit einem sodann errechneten etwas ermäßigten Erbschaftsteuer-Höchstbetrag. Damit soll vermieden werden, dass bei Beträgen zwischen zwei Wertgrenzen der höhere Wert gleich vollumfänglich zur Anwendung kommt.

Berechnung der Erbschaftsteuer

Die Erbschaftsteuer wird (wie auch die Schenkungsteuer) nach der Höhe des Erwerbs und der maßgeblichen Steuerklasse berechnet. Entscheidend sind also zunächst die verwandtschaftlichen Verhältnisse des Erben zum Erblasser. Bereits seit Jahren gilt unverändert der Erbschaftsteuertarif, der dann, je nach Zuordnung nach den Steuerklassen I–III bestimmte, ansteigende Steuersätze für das ermittelte Vermögen bei Schenkung oder Erwerb von Todes wegen zur Anwendung kommt. Bei der Steuerklasse I beginnen dies bei 7%, höchstens 30.%, bei Steuerklasse II von 12 % bis höchstens 40 %. Relativ hoch ist hingegen die Belastung bei der Steuerklasse III mit 17 % als Eingangssteuersatz, der sich dann auf bis zu 50 % steigert.

Praxis-Beispiel

Steuerklasse I

Mit 7 % ist man dabei, wenn der ermittelte steuerpflichtige Erwerb nach Abzug aller Freibeträge und Ermäßigungen bis einschl. 52.000 € geht, mit 11 % bei Erwerben bis zu 256.000 €, mit 15 % bei Erwerben bis zu 512.000 €. Die höchste Belastung mit dem Steuersatz von 30 % tritt erst bei Vermögen ab 25.565.000 € ein.   ◄

Kommt eine Neuregelung? Offen bleibt nach wie vor die entscheidende Frage, ob man künftig auch weiterhin mit diesen, im Vergleich zu anderen Ländern im EU-Umfeld noch günstigen Steuersätzen rechnen kann. Verschiedene politische Vorstöße sind zwar gescheitert. Abzuwarten bleibt allerdings, ob die schon lange diskutierte Neuregelung der Erbschaftssteuer nicht doch noch, spätestens nach Bekanntgabe der Entscheidungen des Bundesverfassungsgerichts zur Erbschaftsteuer im Jahr 2005, auf den Bürger zukommt; dann wohl aber erst mit Wirkung ab 2006.

Zur Frage, ob alle Erwerbsvorgänge mit demselben Tarif besteuert werden müssen, liegt beim Bundesverfassungsgericht der Ausgangs-Vorlagebeschluss des BFH vom 25.2.2002 (BStBl II 2002 S. 598) vor. Achten Sie darauf, dass sich bei jeglichen Erbschaft- und Schenkungsteuerbescheiden ein Vorläufigkeitsvermerk nach § 165 AO findet für den Fall, dass Kapitalvermögen ggf. später günstiger besteuert werden muss.

Verfügen beide Elternteile über eigenes Vermögen, können Kinder steuerfreie Zuwendungen bis zu 205.000 € von beiden Elternteilen erhalten. Die

Verdoppelung der Freibeträge gilt auch bei Zuwendungen von Großeltern an Enkelkinder.

Waren weder der Erblasser noch der Erwerber Steuer-Inländer, gibt es für die Steuerklassen I bis IV einen persönlichen Freibetrag von nur 5.200 €. Der Besteuerung unterworfen ist das im Bundesgebiet belegene Vermögen.

Vermächtniszuwendungen des Erben an gemeinnützige Einrichtungen (kirchliche bzw. karitative Organisationen) zur Testamentserfüllung können nach der BFH-Rechtsprechung (Urteil v. 22.9.1993, X R 107/91) nicht als Spenden bei der persönlichen Einkommensteuererklärung geltend gemacht werden.

Die Freibeträge im Überblick

Persönliche Freibeträge – Steuerklasse I:

Ehegatte	307.000 €
Kinder und Stiefkinder	205.000 €
Kinder verstorbener Kinder	205.000 €
Eltern/Großeltern (Erwerb von Todes wegen)	51.200 €

Persönliche Freibeträge – Steuerklasse II:

Eltern/Großeltern	10.300 €
Geschwister, Neffen, Nichten	10.300 €
Stiefeltern	10.300 €
Schwiegerkinder/-eltern	10.300 €
Geschiedener Ehegatte	10.300 €

Persönliche Freibeträge – Steuerklasse III:

Jeder Dritte als Begünstigter, aber auch z. B. bei nichtehelichen Lebensgemeinschaften	5.200 €

Außerdem gibt es noch die folgenden Steuerbefreiungen:

- Hausrat einschl. Wäsche und Kleidung bei Ehegatten bzw. Kindern sowie Abkömmlingen in gerader Linie (bei Steuerklasse I) sind steuerfrei bis 41.000 € (§ 13 Abs. 1 Nr. 1a ErbStG). Andere körperliche Gegenstände (Schmuck, Pkw, Kunstgegenstände etc.) sind steuerfrei bis 10.300 € (§ 12 Abs. 1 Nr. 1b ErbStG).

Weitere Steuerbefreiungen

- Beim Personenkreis nach Steuerklasse II und III herrscht Steuerfreiheit bis 10.300 € (§ 13 Abs. 1 Nr. 1c ErbStG) insgesamt für Hausrat und andere bewegliche, körperliche Gegenstände. (Hinweis: Die Freibeträge gelten nicht für Geld, Wertpapiere, Münzen etc.)
- Hinweis zu den Beerdigungskosten und den Nachweisen zur Reduzierung des Nachlasswerts für steuerliche Zwecke: Bereits die Verfügung der OFD Berlin v. 27.11.2003 (St 177-S2284-1/90) sieht für Beerdigungskosten schon ab 2003 eine Angemessenheitsgrenze von 7.500 € vor. Dieser Betrag könnte daher bei der Erbschaftsteuererklärung auf jeden Fall, vorbehaltlich höherer nachgewiesenerr Kosten und Aufwendungen, in Ansatz gebracht werden.
- Betriebsvermögen: 225.000 € sind steuerfrei und ab 2004 gilt ein Bewertungsabschlag von 35 % für Erwerber, die Betriebsvermögen, wesentliche Beteiligungen oder L+V-Vermögen im Todesfall oder durch vorweggenommene Erbfolge erhalten (§ 13a Abs. 1 ErbStG). Auf Antrag besteht eine Aufteilungsmöglichkeit bei mehreren Erwerbern. Für Erwerbe bei Beteiligungen mit mehr als 25 % des Nennkapitals gilt eine fünfjährige Verbleibensfrist. Zudem ist seit dem 1.1.2004 die Besteuerung für Erwerbe der Steuerklassen II oder III dem etwas günstigeren Tarif I angeglichen, jedoch nur zu 88 % insgesamt.
- Beachten Sie unbedingt zusätzlich die anstehende Neuregelung für die Übertragung von Betriebsvermögen zu Lebzeiten, für den Erbfall nach dem Gesetzentwurf zur Änderung des § 13a ErbStG (Gesetz zur Sicherung der Unternehmensnachfolge). Danach kann mit voraussichtlicher Wirkung ab 1.1.2006 beim Übergang von Familienbetrieben auf Angehörige und Fortführung des Betriebs statt Verkauf ein Freibetrag bis zu 100 Millionen € in Anspruch genommen werden. Vorausgesetzt, der Betrieb wird mindestens fünf Jahre fortgeführt. Bei steuerschädlichem Verkauf bzw. einer Auflösung ab dem sechsten bis zehnten Jahr nach der Übertagung bzw. dem Erbfall gibt es den Freibetrag anteilig. Nach zehn Jahren voller Behaltensfrist ist die bis dahin gestundete Erbschaft- oder Schenkungsteuer dann endgültig zu erlassen.

Abschluss des Gesetzgebungsverfahrens abwarten

Warten Sie bei anstehenden Vermögensübertragungen durch Generationenwechsel, möglichst den Abschluss des Gesetzgebungsverfahrens ab. Halten Sie
auch Rücksprache mit Ihrem steuerlichen Berater.   ◄

Nach § 27 ErbStG gibt es für mehrfachen Erwerb desselben Vermögens innerhalb von zehn Jahren eine Steuerermäßigung von bis zu 50 % (ein Jahr)
bzw. 10 % (neun Jahre).

Zusätzlich zu den persönlichen Freibeträgen steht dem Ehegatten und den **Versorgungs-**
Kindern der Versorgungsfreibetrag, allerdings nur im Erbfall und nicht bei **freibetrag**
Schenkungen, zu, der für Ehegatten 256.000 €,- beträgt und für Kinder, je
nach Alter, bis zu 52.000 €. Die genaue Höhe entnehmen Sie nachfolgender
Tabelle:

	Versorgungsfreibetrag in €
Ehegatten	256.000
Kinder bis zu 5 Jahren	52.000
Kinder bis zu 10 Jahren	41.000
Kinder bis zu 15 Jahren	30.700
Kinder bis zu 20 Jahren	20.500
Kinder bis zu 27 Jahren	10.300

Der Versorgungsfreibetrag kann allerdings reduziert sein, wenn dem Erben **Versorgungs-**
Versorgungsbezüge zustehen. So wird der Versorgungsfreibetrag des Ehe- **bezüge**
gatten, dem aus Anlass des Todes des Erblassers nicht der Erbschaftsteuer
unterliegende Versorgungsbezüge, beispielsweise eine Rente, zustehen, um
den Kapitalwert der Versorgungsbezüge gekürzt. Auch der Versorgungsfreibetrag eines Kindes wird um den Kapitalwert von Versorgungsbezügen gekürzt, wenn dem Kind aus Anlass des Todes des Erblassers nicht der Erbschaftsteuer unterliegende Versorgungsbezüge zustehen. Bei der Berechnung des Kapitalwerts der Versorgungsbezüge ist von der voraussichtlichen
Dauer der Versorgungsbezüge auszugehen.

Soweit Ehegatten im Güterstand der Zugewinngemeinschaft leben, steht
jedem Ehegatten der Ehegattenfreibetrag zu. Das kann bedeuten, dass derjenige Geldbetrag nicht der Erbschaftsteuer unterworfen wird, den der über-

lebende Ehegatte im Erbfall als Zugewinnausgleich von seinem Ehepartner hätte beanspruchen können.

Eigenheim

Auch die sog. ehebedingten Zuwendungen im Zusammenhang mit der Anschaffung oder Herstellung eines Familieneigenheims sind in voller Höhe steuerfrei (§ 13 Abs. 1 Nr. 4a ErbStG), also etwa die Übertragung eines Miteigentumsanteils.   ◀

Wie ist das mit dem Betriebsvermögen?

Bewertungs-abschlag Betriebsvermögen, Anteile an einer Kapitalgesellschaft, an der der Erblasser oder Schenker zu mehr als einem Viertel unmittelbar beteiligt war, sowie Betriebe der Land- und Forstwirtschaft unterliegen nach § 13a des ErbStG, von im Gesetz im Einzelnen geregelten Ausnahmen abgesehen, bis zu einem Wert von 225.000 € nicht der Erbschaft- und Schenkungsteuer. Der darüber hinausgehende Wert wird mit nur 60 % angesetzt, es gibt also einen generellen Bewertungsabschlag von 40 %. Außerdem wird das betriebliche Vermögen beim Erwerber stets nach dem günstigen Steuertarif, der Steuerklasse I, versteuert, auch wenn der Erwerber ansonsten in den Steuerklassen II oder III einzustufen ist.

Testament

Abweichend von der gesetzlichen Erbregelung kann der Erblasser über sein Vermögen in anderer Weise bestimmen. Der Gesetzgeber verlangt hier jedoch wegen der Bedeutung und rechtlichen Tragweite einer letztwilligen Verfügung, dass der Wille des Erblassers entweder in der Form eines Testaments oder in einem → Erbvertrag niedergelegt werden muss.

Strenge Formvorschriften

Nachfolgende Hinweise sollen zunächst die strengen Formvorschriften bei Testamenten kurz erläutern.

Das eigenhändige Testament

Wer keinen Notar in Anspruch nehmen will, kann ein privates Testament errichten. Hier gelten jedoch besonders strenge Formvorschriften. Der Erblasser muss das Testament vollständig per Hand (schriftlich) abfassen und anschließend unterschreiben. Ein etwa mit einer Schreibmaschine geschriebenes Testament, selbst mit daran sich anschließender eigenhändiger Unterschrift, ist unwirksam. Gleiches gilt etwa für ein Testament, das einem Dritten diktiert wird. Der letzte Wille muss daher eigenhändig von Anfang bis zum Ende persönlich geschrieben werden.

Handschriftlich

Lediglich bei mehrseitigen, umfangreichen Testamenten genügt neben der eigenhändigen Niederschrift auch eine Unterschrift auf der letzten Seite, die jedoch räumlich den gesamten Text insoweit abschließen muss.

Angabe von Ort und Zeit

Experten-Tipp

Die Angabe des Ortes und des Zeitpunkts der Errichtung des Testamentes ist zwar für die Wirksamkeit des Testaments nicht erforderlich. Werden jedoch etwa zwei Testamente im Nachlass aufgefunden, die auch noch sich widersprechende Verfügungen enthalten, kann der Zeitpunkt der Errichtung des jeweiligen Testaments natürlich von besonderer Bedeutung für den Begünstigten sein. Zur Vermeidung von Unsicherheiten sollten Sie daher auch auf die Orts- und Zeitangabe achten.   ◄

Ein eigenhändiges Testament kann im Übrigen nur von einem Volljährigen errichtet werden, der also das 18. Lebensjahr bereits vollendet hat.

Eine besondere Aufbewahrungs-Formvorschrift für Privattestamente besteht nicht. Das Testament kann daher offen oder verschlossen zu Hause oder bei einer Vertrauensperson aufbewahrt werden. Darüber hinaus kann natürlich auch ein Privattestament in amtliche Verwahrung beim Amtsgericht, in Baden-Württemberg beim Notariat, gegeben werden.

Aufbewahrung

Pflicht zur
Ablieferung
Beim Tod des Erblassers hat jeder, der ein Testament im Besitz hat, dieses, gleichgültig ob es offen oder verschlossen ist, unverzüglich dem Nachlassgericht abzuliefern. Dies gilt für alle vorgefundenen Verfügungen, auch für solche älteren Datums. Das Nachlassgericht gibt dann in einem Testamentseröffnungstermin den Inhalt des Testaments förmlich bekannt. Wird kein besonderer Termin bestimmt oder sind die von dem Testament Betroffenen zu einem Eröffnungstermin nicht erschienen, werden sie schriftlich über die sie betreffenden inhaltlichen Einzelregelungen unterrichtet.

Das öffentliche Testament

Notar
Beim öffentlichen Testament reicht es aus, wenn der Erblasser mündlich vor dem Notar seinen letzten Willen erklärt. Der Inhalt wird in einer Niederschrift festgehalten.

Keine Formvorschriften
Es ist aber auch möglich, dem Notar ein selbst erstelltes (auch mit Maschine geschriebenes) Testament zu übergeben mit der Erklärung, dass dies als letzter Wille anzusehen ist. Bei diesem Schriftstück bestehen im Gegensatz zum Eigentestament keine besonderen Formvorschriften, d. h. die Erklärung muss nicht von Hand geschrieben sein. Es genügt z. B. auch die Erstellung des Testaments mit einer Schreibmaschine, auch Unterschriften sowie Zeit- und Ortsangaben sind entbehrlich. Diese schriftliche Erklärung kann dem Notar sowohl offen als auch verschlossen übergeben werden. Auch kann das öffentliche Testament von jedem Notar, unabhängig vom Wohnort, entgegengenommen werden.

Gebührenvorteile
Die Errichtung eines öffentlichen Testaments bietet auch gewisse Gebührenvorteile. Das öffentliche Testament genügt z. B. zur Vorlage beim Grundbuchamt, um nach dem Tod des Erblassers eine Grundstücksumschreibung ohne Erbscheinbeantragung vorzunehmen.

Minderjährige
Minderjährige können ein öffentliches Testament dann errichten, wenn sie das 16. Lebensjahr vollendet haben. Die Zustimmung der Sorgeberechtigten (Eltern, Vormund) ist nicht erforderlich.

Besondere Testamentsformen

Drei
Sonderformen
Relativ selten sind drei Sonderformen von Testamenten, die nach der gesetzlichen Regelung berücksichtigen, dass wegen der Besonderheit des Aufenthaltsortes oder der Lebensumstände eine eigenhändige Testamentser-

richtung oder die Aufnahme des Testaments durch einen Notar nicht rechtzeitig möglich ist.

Diese drei Sonderformen sind wegen der Voraussetzungen, die für die Errichtung notwendig sind, heute kaum noch praxisrelevant. Sie bergen auch einige nicht unerhebliche Risiken, wenn die Formvorschriften bei der Erstellung nicht strengstens beachtet werden. Es geht hierbei um folgende Testamentssonderformen:

- Das Nottestament vor dem Bürgermeister des Aufenthaltsortes in Fällen akuter Lebensgefahr oder bei einer Sachlage, in der eine Testamentserrichtung vor dem Notar etwa wegen Quarantäne, polizeilichen Absperrungen etc. nicht mehr möglich ist.

  Nottestament

- Das sog. Drei-Zeugen-Testament. Auch hier wird eine akute Gefahr für Leib und Leben des Erblassers vorausgesetzt. Es ist zudem nur dann zulässig, wenn auch die Errichtung eines Bürgermeister-Testaments nicht mehr möglich ist. Die Testamentserrichtung muss schriftlich von einem Zeugen aufgenommen werden. Sie ist vorzulesen und auch vom Erblasser – soweit er noch seinen Namen zu schreiben vermag – sowie von allen drei Zeugen zu unterschreiben.

  Drei-Zeugen-Testament

- Das See-Testament verlangt zwar keine besondere Notlage, es kann jedoch nur an Bord eines deutschen Schiffes (kein ausländisches Schiff!) durch mündliche Erklärung gegenüber drei Zeugen errichtet werden. Auch hier ist eine Niederschrift erforderlich.

  See-Testament

Testamentsvollstrecker

Der Testamentsvollstrecker ist auch zur Abgabe einer Erbschaftsteuererklärung (nach § 31 Abs. 5 ErbStG) verpflichtet. Die nicht rechtzeitige Abgabe der Erbschaftsteuererklärung durch den Testamentsvollstrecker hemmt jedoch nicht den Lauf der Frist für die Erbschaftsteuerfestsetzung gegenüber dem Erben. Die gesetzliche Verpflichtung gilt im Übrigen unabhängig davon, ob die Erben durch das Finanzamt selbst zur Abgabe der Erbschaftsteuererklärung aufgefordert wurden (BFH, Beschluss v. 07.12.1999, II B 79/99).

Erbschaftsteuererklärung

Der Testamentsvollstrecker kann sowohl Verwaltungsaufgaben über längere Zeiträume, z. B. bis etwa das älteste Kind volljährig ist, übernehmen oder lediglich dafür eingesetzt werden, die Erbauseinandersetzung unter mehreren Erben zu vollziehen.

Die Testamentsvollstreckertätigkeit kann sich, wie im Regelfall, auf den gesamten Nachlass oder aber, wenn dies so angeordnet wird, nur auf einzelne Nachlassgegenstände beziehen. Häufig wird die Aufgabe des Testamentsvollstreckers auch darin bestehen, dass er sich z. B. um die Ausübung von Gesellschafterrechten kümmern muss.

Was ist mit der Vergütung?

Handelt es sich um einen Freund „aus der Familie", könnte z. B. bereits über das Testament vorgesehen werden, dass der Testamentsvollstrecker lediglich einen Ersatz seiner notwendigen Auslagen erhält. Ist absehbar, dass dies zu einer richtigen verantwortungsvollen Tätigkeit mit allen finanziellen Risiken etc. führt, sollte ein Vergütungsanspruch für die Tätigkeit zumindest dem Grunde nach schon über die letztwillige Verfügung mit festgelegt werden.

Keine gesetzliche Regelung · Obwohl die Testamentsvollstreckung in der Praxis recht häufig vorkommt, fehlt es immer noch an einer entsprechenden gesetzlichen Regelung. Allenfalls bei Steuerberatern, Wirtschaftsprüfern und natürlich Rechtsanwälten gibt es schon auf der Grundlage der jeweiligen Gebührenordnungen der beratenden Berufe eine einschlägige Rechtsprechung, was den Gebührenanspruch aus der Tätigkeit angeht.

Ein bis vier Prozent · Als Faustregel gilt: Die Testamentsvollstreckergebühr beträgt im Regelfall bis zu vier Prozent bei kleineren Nachlässen, sie kann aber auch lediglich ein Prozent des Bruttonachlasses betragen, soweit es sich um größere Vermögenswerte handelt. Geht es um eine Dauertestamentsvollstreckung mit einem entsprechenden Aufgabenbereich, kann noch eine zusätzliche Verwaltungsgebühr in Betracht kommen.

Geht es tatsächlich um größere Vermögenswerte, empfiehlt es sich, ggf. klare prozentuale Vorgaben gleich im Testament festzulegen. Diese wären dann verbindlich, denn ansonsten müsste der Testamentsvollstrecker die Annahme des Amtes ausschlagen.

Testamentswiderruf

Testamente können jederzeit entweder insgesamt oder teilweise widerrufen werden. In einem Privattestament kann neben dem einfachsten Weg, nämlich der Vernichtung der Urkunde, auch das bereits errichtete Testament gestrichen oder mit entsprechenden Ungültigkeitsvermerken versehen werden. Darüber hinaus ist die zeitlich feststellbare nachträgliche Errichtung eines neuen Testaments als Widerruf des vorherigen Testaments anzusehen, wenn es nicht im Zusammenhang mit dem zuvor errichteten Testament steht oder auf frühere Einzelbestimmungen Bezug nimmt.

Widerruf

Unter ausdrücklichem Widerruf aller früheren letztwilligen Verfügungen/ und Testamente lege ich hiermit heute Folgendes fest:

1. Mein Alleinerbe wird ...

2. Ich setze im weiteren ein Geldvermächtnis für ... in Höhe von ... € fest.

3. Weitere Verfügungen will ich nicht treffen.

Ort, Datum, Unterschrift

Möglich wäre natürlich auch nur die teilweise Änderung.

Teilweise Änderung

Ich habe am ... 2003 ein Testament eigenhändig errichtet. Ergänzend lege ich heute noch Folgendes fest:

1. Abweichend von Ziffer 3 meines Testaments soll mein Neffe Fritz statt der Eigentumswohnung in ... nur ein Geldvermächtnis in Höhe von ... € erhalten.

2. Die Einsetzung als Ersatzerben für meine nach wie vor vorgesehene Alleinerbin, meine Nichte ... in Ziffer 4 widerrufe ich hiermit und setze hiermit Klaus ..., wohnhaft in ... als Ersatzerben ein.

3. Im Weiteren soll meine Nachbarin und gute Freundin, Frau ..., wohnhaft ... zum Dank für ihre ständige Betreuung und ergänzende Pflege in meinem Altersruhesitz einen Geldbetrag von ... € erhalten, verbunden mit der Bitte, sich,

soweit möglich, nach meinem Todesfall auch etwas um mein Grab zu kümmern.

4. Unsere Pfarrgemeinde soll für den Jugendraum mein neues Fernsehgerät, die Stereoanlage und Zubehör erhalten.

5. Weitere Verfügungen möchte ich nicht treffen, am sonstigen Inhalt meines Testaments vom ... halte ich im Übrigen ausdrücklich fest.

Ort, Datum, Unterschrift   ◀

Auch Testamentswiderrufe, Änderungen und Ergänzungen müssen wie handschriftliche Testamente vollständig selbst geschrieben und zweckmäßigerweise dann auch zusammen mit dem Ursprungstestament aufbewahrt bzw. hinterlegt werden.

Öffentliches Testament Beachten Sie, dass ein öffentliches Testament bereits dann als widerrufen gilt, wenn der Erblasser das in besondere amtliche Verwahrung gegebene Testament zurücknimmt. Es kommt hier nicht auf die Angabe eines besonderen Grundes u. Ä. an. Das öffentliche Testament verliert mit der Rücknahme seine Wirkung. Nach der Rücknahme müssen Sie daher ein neues Privat- oder öffentliches Testament errichten, wenn Sie beabsichtigen, von der gesetzlichen Erbfolge abweichende oder ergänzende Verfügungen zu treffen.

Experten-Tipp

Rücknahme des privatschriftlichen Testaments kein Widerruf

Vorsicht: Die Rücknahme eines beim Nachlassgericht bzw. Notariat hinterlegten privatschriftlichen Testaments bedeutet noch keinen Widerruf.   ◀

Das neueste Testament gilt Sowohl das privatschriftliche als auch das öffentliche Testament können in ihrer Wirkung dadurch aufgehoben werden, dass ein (zeitlich) neueres Testament handschriftlich erstellt wird. Möglich ist auch eine nur inhaltliche Abänderung, wobei Sie zur Vermeidung von Auslegungsschwierigkeiten unbedingt auf klare Formulierungen achten sollten.

> **Ehegattentestament mit wechselbezüglicher Verfügung**
>
> Beachten Sie, dass bei einem Ehegattentestament mit wechselbezüglicher Verfügung das Widerrufsrecht mit dem Tod eines Ehegatten erlischt. Zu Lebzeiten bleibt nur die Möglichkeit einer neuen gemeinschaftlichen Verfügung oder die Abgabe einer notariellen Widerrufserklärung gegenüber dem anderen Ehegatten.   ◄

Auch eine Eheauflösung (Scheidung, Annulierung) führt zur Unwirksamkeit eines gemeinschaftlichen Testaments, falls nicht ausdrücklich auch für diesen Fall die Verfügungen vom Erblasser gewollt sind.

Aus einem Erbvertrag können Sie nur bei schweren Verfehlungen Ihres Vertragspartners zurücktreten oder wenn Sie sich den Rücktritt im Vertrag ausdrücklich vorbehalten haben. Soweit Änderungen in einem Erbvertrag beabsichtigt sind, ist neben der notariellen Beurkundung im Regelfall die Zustimmung der Vertragsbeteiligten erforderlich. Soweit dies nicht erreicht werden kann, wegen ergänzender Verfügungen unbedingt zeitnah dies mit dem beurkundeten Notar besprechen! Erbvertrag

Traueranzeigen/Todesanzeigen/Nachrufe

Meist bieten bereits die Bestattungsunternehmen eine umfangreiche Hilfestellung, wenn es darum geht, etwa für die Zeitung oder für Trauerbriefe Texte zu formulieren. Beim Gespräch im Bestattungsunternehmen werden Ihnen auch zahlreiche Muster zur Verfügung gestellt. Es wird dann allerdings erwartet, dass von Seiten der Angehörigen eine persönliche Entscheidung zur inhaltlichen Gestaltung und zum Text erfolgt. Im Regelfall wird Ihnen sogar vor der Veröffentlichung ein Korrekturabzug zur nochmaligen Durchsicht zur Verfügung gestellt.

Für Todesanzeigen ist natürlich das Datum des Todes wichtig und, falls so vorgesehen, Aussagen über das Alter bzw. den Geburtstag des Verstorbenen. Im Regelfall werden natürlich auch Ort, Datum und Uhrzeit der Trauerfeier bzw. eines katholischen Seelenamtes genannt. Todesanzeigen

Soweit von Seiten des Verstorbenen festgelegt, können Sie hierauf auch verzichten. Üblich sind dann Formulierungen wie: „Entsprechend dem

Wunsch des Verstorbenen fand die Beerdigung im engsten Familienkreis statt".

Soweit Todesanzeigen durch Betriebe (der frühere Arbeitgeber), Behörden, Institutionen oder Vereine erfolgen, sollten Sie nicht nur aus Pietätsgründen, sondern durchaus auch aus wettbewerbsrechtlichen Gründen auf eine angemessene Form der Bezeichnung der Institution bzw. des Betriebs achten. Klären Sie, ob die Anzeige im Namen der Geschäftsführung, der Mitarbeiter, unter Einbeziehung eines vorhandenen Betriebsrats etc. erfolgen soll.

Danksagungen Ein Wort zu Danksagungen: Hier kommt es im Regelfall auf die Angehörigen an, ob diese sich etwa zwei bis drei Wochen nach der Beerdigung für Beileidsbezeugungen, gleich in welcher Hinsicht, bedanken. Die Danksagung kann sowohl allgemein in einer Tageszeitung veröffentlicht werden als auch durch Übersendung einer gedruckten Karte bzw. eines vorgedruckten Briefes. Textformulierungen können Sie von den Bestattungsunternehmen einholen, die durchaus auch die gesamte Druckabwicklung übernehmen. Je nach Beziehung ist es natürlich durchaus angebracht, über gedruckte Texte hinaus einige persönliche Worte auf der Danksagung zu verlieren.

Geld statt Blumen Häufig kann bereits der Verstorbene selbst festlegen, an Stelle von Blumenspenden um eine Geldspende zu bitten. Natürlich können dies auch seine Angehörigen entsprechend einem ihnen bekannten Wunsch des Verstorbenen tun – ggf. im Hinblick auch auf ein persönliches Engagement zugunsten einer gemeinnützigen Organisation zu Lebzeiten. Sehr häufig feststellbar sind daher Texte in Todesanzeigen wie: „Anstelle von Blumen bitten wir auf Wunsch des Verstorbenen um eine Spende zugunsten …" mit Angabe der gemeinnützigen Organisation und deren Bankverbindung.

Vermächtnis

Ist beabsichtigt, einer Person Vermögensgegenstände oder sonstige vermögensrechtliche Vorteile zukommen zu lassen, die nicht Erbe oder Miterbe werden soll, kann diese Anordnung durch ein Vermächtnis festgelegt werden.

Der vermachte Vermögensgegenstand fällt zwar zunächst in den Nachlass und geht damit auf die Erben über. Der Begünstigte kann jedoch in schuldrechtlicher Hinsicht die Erfüllung verlangen und dies sogar im Klageweg durchsetzen. Ein Vermächtnis kann vom Erblasser gesondert oder im Rahmen eines umfassenden Testaments verfügt werden. Die strengen Formvorschriften der Testamentserrichtung sind zu beachten.

Im Vermächtnis können Sie bereits festlegen, dass ein Ersatzvermächtnisnehmer für den Fall bedacht werden soll, dass der ursprünglich Begünstigte vor Eintritt des Erbfalls verstirbt.

Bei der Abfassung eines Vermächtnisses sollten Sie unbedingt auf eine klare inhaltliche Bestimmung der Zuwendung achten sowie auf die Aussage, wer ggf. als Erbe bzw. Miterbe beschwert (belastet) werden soll. **Klare Aussage**

Möglich ist auch die Festlegung eines Untervermächtnisses, d. h. die Verpflichtung des Begünstigten (Vermächtnisnehmers), einer weiteren Person oder Organisation z. B. nach Erhalt des Vermögensgegenstands eine Zuwendung zukommen zu lassen. **Untervermächtnis**

Ist der Begünstigte, der den Gegenstand erhalten soll, zugleich einer von mehreren Miterben, sollten Sie bei der Formulierung klarstellen, ob der Wert des Vermachten auf den Erbteil angerechnet werden soll (Teilungsanordnung) oder nicht (Vorausvermächtnis). Ein Vorausvermächtnis kann nicht nur zugunsten Dritter, sondern auch für Erben selbst getroffen werden. **Teilungsanordnung, Vorausvermächtnis**

Bei Geldzuwendungen ist zu beachten, dass derartige Vermächtnisse erst dann zur Auszahlung kommen, wenn nach Befriedigung der Nachlassverbindlichkeiten und Ansprüche von Pflichtteilsberechtigten noch Nachlasswerte vorhanden sind. Sofern nichts anderes für diesen Fall festgelegt ist, sind mehrere Vermächtnisse entsprechend anteilig zu kürzen. **Geldvermächtnisse**

Werden Geldvermächtnisse ausgesetzt, sollten Sie darauf achten, dass dies nicht zu Liquiditätsproblemen bei den Erben führt, wenn im Wesentlichen nur schwer realisierbare sonstige Nachlasswerte (Grundstücke, Kunstgegenstände etc.) vorhanden sind. Eine Auszahlungsanordnung dürfte ratsam sein.

Vermögensübertragung/Übergabevertrag

Die Entscheidung einer Vermögensübertragung zu Lebzeiten bedarf natürlich noch betriebswirtschaftlicher Überlegungen, soweit sich im eigenen Vermögen ein oder mehrere Unternehmen, gesellschaftsrechtliche Beteiligungen etc. befinden.

Teilentgeltlichkeit

Für die nachfolgend dargestellten, privat ausgerichteten bzw. veranlassten Vermögensübertragungen gegen Rentengewährung bzw. Versorgungsleistungen gilt: Der „geschenkte" Vermögenswert löst keinesfalls in voller Höhe die Schenkungsteuerfestsetzung des Finanzamts ein, sondern wird wegen einer Teilentgeltlichkeit nicht unerheblich gemindert. Wer Leistungsverpflichtungen erbringt, kann zudem die Zahlungen als dauernde Lasten (Sonderausgaben) bei seiner persönlichen Einkommensteuer jahresbezogen in Abzug bringen.

Für die Inanspruchnahme der persönlichen Steuerfreibeträge für Schenkungs- und Erbfälle gilt ein Abstand von zehn Jahren. Aber Vorsicht: In manchen Gestaltungen kommt das Finanzamt mit dem Vorwurf einer steuerschädlichen „Kettenschenkung".

Praxis-Beispiel

Kettenschenkung

Die Ehefrau hat kein eigenes größeres Vermögen, jedoch der Ehemann. Um zu erreichen, dass man den persönlichen Freibetrag für die Kinder in Höhe von 205.000 € jeweils zugunsten eines Kindes (dem Grunde nach also maximal 2 × 205.000 €, soweit jeder der Elternteile schenkt) ausnutzen kann, werden sehr häufig zunächst einmal in einem ersten Schritt von Seiten des vermögenden Ehemanns entsprechende Vermögenswerte auf die Ehefrau übertragen. Vermeiden Sie aber auf jeden Fall, dass direkt im Anschluss der Geldbetrag dann etwa von der Mutter an das oder die Kinder weitergeleitet wird. Warten Sie lieber einen größeren Zeitraum ab, um den Nachweis einer eigenen Dispositionsbefugnis gegenüber dem Finanzamt bei möglicher späterer Überprüfung des Vorgangs führen zu können. ◄

Steuerberater konsultieren
Orientieren Sie sich zunächst einmal generell über das über die zutreffende Steuerklasse sowie die in diesem Zusammenhang per Gesetz gewährten persönlichen Steuerfreibeträge. Bei größeren Vermögenswerten, insbesondere aber auch dann, wenn es sich eben nicht um leibliche Abkömmlinge bzw. nahe Angehörige handelt, sollten Sie zumindest bei Vermögensübertragungen unter Lebenden vor einer Disposition die Auskunft eines Steuerberaters wegen der sich hieraus ergebenden Steuerbelastungen einholen!   ◄

Schenken innerhalb der Familie

Eltern dürfen ihren Kindern Vermögenswerte bis zu 205.000 € steuerfrei schenken. Anders bei den Ehepartnern der Kinder (Schwiegerkinder): Hier bleiben lediglich 10.300 € steuerfrei, da Steuerklasse II. (→ Steuern)

Schenkung von Immobilien: Die Spekulationsbesteuerung nicht vergessen!

Wer durch eine Vermögensübertragung unter Lebenden, als Schenkung oder aber auf den Todesfall eine Immobilie als Zuwendung erhält, sollte sich – bei aller Freude hierüber –vor einem spontanen Verkaufsentschluss unbedingt davon vergewissern, dass keinesfalls ein Veräußerungsgewinn aus dem Verkaufsvorgang durch das Finanzamt bei der eigenen Einkommensteuer festgesetzt wird.

Grundsätzlich: Der Veräußerungsgewinn wird aus der Differenz zwischen den damaligen Anschaffungskosten und dem erzielten Verkaufspreis errechnet. Zugrunde gelegt wird ein Zehnjahreszeitraum, wobei jeweils der notarielle Kauf- bzw. Verkaufsvertrag für die sog. Behaltensfrist von zehn Jahren maßgebend ist. Die Behaltenszeiten des Schenkers/Erblassers werden mit berücksichtigt.

Behaltensfrist

Passen Sie also insbesondere bei fremdvermieteten Immobilien auf und prüfen Sie, ob die Zehnjahresfrist eingehalten ist. Ist diese Frist noch nicht abgelaufen, kann sich der Veräußerungsgewinn nicht unerheblich dadurch erhöhen, dass sich z. B. bei bebauten Grundstücken, die nach dem 31.07.1995 gekauft und ab 1999 verkauft werden sollen, der Veräußerungsgewinn um die durch den Schenker bzw. den Erblasser in Anspruch genommenen Abschreibungen (AfA) erhöht. Die Ausnahme: Das vom Schenker bzw. Erblasser selbst genutzte Immobilieneigentum kann nach einem Rechtsübergang problemlos verkauft werden. Oder aber, als weitere Ausnahmeregelung, die Immobilie wird während des letzten Dreijahreszeitraums vom späteren Verkäufer nachweisbar selbst genutzt. Möglich ist der Nachweis der Selbstnutzung auch durch nahe Angehörige.

Übersehen Sie keinesfalls, dass sich das Interesse, etwa bei Erreichen einer bestimmten Altersgrenze, mit nahen Angehörigen bzw. Kindern eine vorweggenommene Erbregelung vorzunehmen, grundsätzlich daran orientieren sollte, ob auch die eigene finanzielle Unabhängigkeit bis ins hohe Alter gewährleistet ist, also genügend Rücklagen für das Alter – auch für die leider nicht auszuschließenden Tage der Krankheit bzw. Pflegebedürftigkeit – vorhanden sind.

Es ist legitim und oft auch erforderlich, sich auch im Interesse des Nachwuchses steuerorientiert zu verhalten, um also für einen späteren Todesfall die Erbschaftsteuer durch vorherige Gestaltungen auf ein erträgliches Maß zu reduzieren. Keinesfalls sollten die steuerlichen Überlegungen dazu führen, sich frühzeitig seines vielleicht mühsam aufgebauten Vermögens durch vorweggenommene Erbfolgeregelungen, Vermögensübertragungen etc. vorschnell zu entledigen.

Frage des Vertrauens Aus den vorstehenden kurzen Hinweisen zur Vermögensübertragung unter Lebenden wird natürlich auch ersichtlich, dass man sich hier in einem sehr „vertrauensvollen" Bereich bewegt. Leider kommt es durchaus in der Beratungspraxis vor, dass es bereits wenige Wochen nach einer Immobilienübertragung den ersten Streit zwischen den Alt- und den Neueigentümern gibt. Manchmal sind es nur Kleinigkeiten, manchmal aber auch Reibungen bei grundsätzlichen Fragen.

Nutzung des Gartens

Mutter A hat ihr Zweifamilienhaus nunmehr auf den verheirateten Sohn übertragen. Für die eine Wohnung hat sie ein lebenslängliches Wohnrecht. Schlicht vergessen hat man die Frage, wie es nun eigentlich mit der Nutzung des wunderschönen Gartens weitergeht, der sich direkt an das Haus anschließt. Regelrechte Panik kommt auf, als die Mutter zufällig mitbekommt, dass bereits ein Architekt den Auftrag erhalten hat, die Frage einer Bebauung des hinteren Teils zu überplanen. Lässt man einmal die baurechtlichen Fragen

außer Betracht, hätte man zweckmäßigerweise gleich mit dem Übergabevertrag gewisse Vorkehrungen zugunsten der Mutter treffen können.   ◄

Nochmals im Klartext: Es lässt sich nicht alles regeln, auch nicht über notarielle Übergabeverträge. Als Übergeber sollten Sie sich aber selbst bei einem
entsprechenden Druck auf Übertragung von Immobilien rechtzeitig
Klarheit darüber verschaffen, ob Sie diesen Schritt tatsächlich schon gehen
wollen und ob Sie unabhängig vom Inhalt von Verträgen und den Änderungen der Eigentumsverhältnisse weiterhin von einem vertrauensvollen
Zusammenleben ausgehen können.

Unproblematischer ist es in diesen Fällen natürlich dann, wenn es sich um   Fremd-
eine fremdvermietete Eigentumswohnung handelt, Sie also außerhalb Ihres   vermietete
bisherigen persönlichen und häuslichen Wirkungskreises einen Vermögens-   Wohnung
wert zuwenden wollen. Denn dann sieht bereits die WEG-Ordnung im
Einzelnen den Umfang und die Art der Nutzung etwa von Sonderrechten
und Grundstückswerten konkret vor.

Soweit Immobilien im Wege der vorweggenommenen Erbfolge übertragen   Eigenheim-
werden und zudem vorgesehen ist, dass die Eltern oder ein Elternteil ein   zulage
Wohnrecht erhalten sollen, gibt es für den künftigen Begünstigten, z. B. die
Tochter oder den Sohn als Neueigentümer, einen ergänzenden steuerlichen
Hinweis, was die Förderung durch die derzeit noch gewährte Eigenheimzulage angeht. Häufig wird übersehen, dass ein durch die Eigenheimzulage begünstigter Erwerb auch dann vorliegt, wenn die vorzeitige Übertragung
etwa mit der Auflage erfolgt, Ausgleichszahlungen an Geschwister zu zahlen. Um die Eigenheimzulage voll umfänglich in Anspruch nehmen zu können, sollten Sie bei den notariellen Verträgen darauf achten, dass Sie ggf. zunächst das Eigentum an dem Haus uneingeschränkt auf den Begünstigten
übertragen und dieser dann in einem zweiten juristischen Schritt den Eltern
bzw. dem Elternteil ein Wohnrecht notariell beurkundet einräumt.

Eigenheimzulage

Die Eltern mit drei Kindern überschreiben zu Lebzeiten ihr Wohnhaus. Es soll
der Sohn insgesamt erhalten, wobei die Eltern ein Wohnrecht an ihren bisherigen Räumen behalten sollen. Ist vorgesehen, dass der Sohn seine beiden
Geschwister durch Zahlung eines Gleichstellungsgeldes abfinden muss, so liegen dem Grunde nach Anschaffungskosten vor, für die grundsätzlich auch die

Eigenheimzulage in Betracht kommt. Dazu kommt noch die jeweilige Kinder-zulage für eigene Kinder des Sohnes, soweit vorhanden. Vorausgesetzt, man liegt als Antragsteller mit seinen Einkommensverhältnissen auch unter den vorgegebenen Einkommensgrenzen.   ◄

Die Finanzverwaltung geht jedoch mit der Rückendeckung der BFH-Recht-sprechung davon aus, dass in Bezug auf die überlassene Wohnung keine Anschaffungskosten vorliegen und auch für die Eltern von vornherein kein uneingeschränktes Nutzungsrecht mehr bestanden hat. Empfehlung daher: Soweit eine Eigenheimzulage in Anspruch genommen werden soll, sollte dies ggf. mit dem steuerlichen Berater nochmals besprochen werden.

Übertragung des eigenen Wohnhauses

Die schenkungsweise Übertragung eines kompletten Familienwohnheims auf den anderen Ehepartner ist schenkungsteuerfrei. Gleiches gilt im Übrigen auch für die Übertragung von Miteigentumsanteilen zwischen Ehepartnern. ◄

Generationen-wechsel | Häufig erfolgt der Generationenwechsel dadurch, dass z. B. mit Beginn des Renten- oder Pensionsalters die Eheleute sich zu Lebzeiten bereits entschlie-ßen, das eigene Wohnhaus auf eines der Kinder zu übertragen. Zudem sorgen häufig die Ankündigungen zur „Erhöhung der Erbschaftsteuer" auf politischer Ebene zu manchmal etwas überhasteten Entscheidungen im Familienbereich. Zu derartigen Übergabeverträgen daher folgender Über-blick:

1. Der richtige Zeitpunkt: Notwendig ist zunächst das gemeinsame Ge-spräch zwischen Eltern/Elternteilen und dem Begünstigten/Überneh-mer, um die Rahmenbedingungen festlegen zu können. Wie erfolgt die hausinterne Aufteilung der Außenanlagen, Garten, Garagen etc.? Wel-che Leistungen bzw. Verpflichtungen werden vom künftigen Überneh-mer erwartet?

2. Soll eine Aufteilung in Eigentumswohnungen erfolgen, verlangt dies weitere Planungen, Abgeschlossenheitserklärung etc. Anders liegt der Fall, wenn beim Mehrfamilienhaus die Eltern ein Wohnrecht erhalten sollen, wobei das Volleigentum auf den Übernehmer übergeht.

3. Wer soll die Kosten des Hauses, die anfallenden Reparaturen tragen? Wem stehen die Mieteinnahmen zu, falls z. B. eine Einliegerwohnung fremdvermietet ist? Hat der Übernehmer etwaige Grundschulden oder Kredite zu übernehmen? Soll der Übernehmer einen Betrag zahlen, ggf. als Abstandsleistung für weitere vorhandene Kinder?

4. Kann mit der Klärung dieser Grundentscheidungen ein Vorgespräch beim Notar geführt werden, ggf. alleine von den Eltern wegen ergänzender Beratung zu erbrechtlichen Regelungen?

Zu dem wichtigen Thema Wohnrecht noch folgende ergänzende Hinweise: Wohnrecht

• Wird ein lebenslängliches Wohnrecht bis zum Ableben des letztversterbenden Elternteils berücksichtigt? Soll eine Rückfallklausel etwa im Scheidungsfall des übernehmenden Kindes zusätzlich vereinbart werden? Soll das Haus unabhängig vom Wohnrecht für einen festgelegten Zeitraum gegen Verkauf abgesichert werden? Soll für größere Belastungen durch Kreditaufnahmen des Übernehmers ein Zustimmungsvorbehalt vorgesehen werden?

• Welche Regelung ist für den Fall vorgesehen, dass die behaltene Wohnung wegen Erkrankung oder Dauerpflege nicht mehr genutzt werden kann? Wem soll bei Fremdvermietung diese Einnahme zustehen?

• Wer hat die allgemeinen laufenden Unterhaltskosten für die Wohnung zu tragen? Wer trägt die Kosten für Schönheitsreparaturen, Renovierungen, Reparaturen innerhalb der Wohnung?

• Kann durch das Notargespräch eine ausführliche Pflegefallklausel vereinbart werden, also Beköstigung, Pflege, Erledigung von Einkäufen, Betreuung im Kranken- und Pflegefall, ggf. sogar durch fremde Pflegedienste, etc.?

Dies sind einige Hinweise, die sich in einem gut ausformulierten Übergabevertrag mit Wohnrechtseinräumung finden sollten. Denn bei Übergabe des Hauses sollten Sie zukunftsorientiert zumindest auf die eigene Altersabsicherung als Übergeber achten. Prüfen Sie daher auch in Ruhe vorgelegte schriftliche Entwürfe, bevor der notarielle Vertrag vollzogen wird.

Vollmacht zwischen Eheleuten

Gerade für die Fälle, in denen jeder der Ehepartner über hinreichend eigenes Vermögen verfügt, kann natürlich auch bereits zu Lebzeiten eine gegenseitige Vollmachtseinsetzung vorgenommen werden, bis hin zum Vorschlag einer späteren Einsetzung bzw. Berücksichtigung des Ehepartners als gerichtlichen Betreuer. Ansonsten wird ergänzend auf die ausführlichen Erläuterungen und Hinweise sowie die Muster zur ausführlichen Vorsorgevollmacht in diesem Ratgeber ergänzend verwiesen.

Praxis-Beispiel

Bevollmächtigung des Ehepartners

Im Vollbesitz meiner geistigen Kräfte setze ich,

Name, Vorname: _____

geb. am   _____

Anschrift: _____

für den Fall, dass ich meine Angelegenheiten nicht mehr selbst erledigen kann, meinen Ehepartner,

Name, Vorname: _____

geb. am   _____

Anschrift: _____

zu meinem Bevollmächtigten ein. Die Bevollmächtigung erfolgt auch ausdrücklich zur Vermeidung einer ggf. gebotenen gerichtlichen Betreuung bzw. Betreuereinsetzung.

Diese Vollmacht gilt über meinen Todesfall hinaus. Mein Ehepartner ist damit auch berechtigt, nach meinem Tode die umfassende Vermögensverwaltung und/oder Abwicklung selbst zu übernehmen, dies auch bis zum Abschluss eines etwaigen Erbscheinverfahrens oder einer Testamentsvollstreckung.

Ort, Datum   _____

Eigenhändige Unterschrift: _____

Sie könnten hier auch vorsehen, dass die Vollmacht mit Ihrem Todesfall erlischt. Soweit eine Vollmachtsbeschränkung vorgesehen ist, müssen Sie diese mit aufnehmen.

Vorerbschaft/Nacherbschaft

Vor- und Nacherben

Ein Erblasser besitzt ein beträchtliches Vermögen. Er hat direkte Verwandte, z. B. Geschwister oder deren Kinder. Nach der gesetzlichen Erbfolge erbt seine Frau je nach Güterstand die Hälfte bis ein Viertel des Vermögens und wenn sie später verstirbt, gehen die Vermögensteile in die Verwandtschaft der Frau. Um dies zu verhindern, muss der Erblasser nicht einmal seine Frau zugunsten seiner Brüder oder seiner Neffen enterben, sondern er kann z. B. seine Frau als Vorerbin einsetzen und bestimmen, dass seine Verwandten Nacherben werden.   ◀

Im Gegensatz zum Vollerben ist der Vorerbe, im Ausgangsfall also die Ehefrau, in ihrem Recht, über den Nachlass zu verfügen, stark beschränkt: Obwohl der Vorerbe formell Eigentümer der Nachlassgegenstände geworden ist, kann er z. B. ohne Zustimmung des Nacherben nicht wirksam darüber verfügen. Beim Ableben des Erblassers erhält das Grundbuch einen Nacherbenvermerk, um die fehlende Verfügungsbefugnis des Vorerben gegenüber Dritten zu verdeutlichen(Rechtsgrundlagen: §§ 2100 ff. BGB).

[margin: Nacherben-vermerk*]*

Auch Geschenke, die den Rahmen von Anstandsgeschenken aus dem Nachlass überschreiten, sind den Nacherben gegenüber unwirksam. So, wie dem Vorerben einerseits das Nutzungsrecht am Nachlass zusteht, ist er andererseits zur ordnungsgemäßen Verwaltung der übertragenen Vermögensgegenstände verpflichtet und kann sich hier möglicherweise schadenersatzpflichtig machen.

Der Erblasser kann einen Erben auch in der Weise einsetzen, dass dieser erst erbt, nachdem zunächst ein anderer Erbe geworden ist. Ein solches Vorgehen ermöglicht, dass das Erbe innerhalb der Familie bleibt.

Abweichende Regelungen

Befreiter Vorerbe Der Erblasser kann aber dem Vorerben auch eine bedeutend weiter gehende Rechtsstellung zuweisen, indem er ihn durch Verfügung von Todes wegen in erheblichem Umfang von den oben dargelegten gesetzlichen Beschränkungen und Verpflichtungen befreit (sog. befreiter Vorerbe). Insbesondere kann der Erblasser anordnen, dass der Vorerbe über Nachlassgrundstücke frei verfügen darf. So kann z. B. der befreite Vorerbe ein Nachlassgrundstück veräußern, um mit dem Verkaufserlös seinen Unterhalt zu bestreiten, selbst bei zusätzlich vorhandenem eigenem Vermögen. Eine Zustimmung der Nacherben ist nicht erforderlich (BGH, Beschluss v. 29.9.1993, IV ZR 256/92). Eingeschränkt ist aber der befreite Vorerbe bei Nachlassgrundstücken insoweit, als er die Immobilie nicht – auch nicht teilweise – verschenken darf (§ 2113 Abs. 2 BGB).

Wenn der Nacherbe verstirbt Verstirbt der Nacherbe bereits vor dem Erbfall, ist die Anordnung der Nacherbfolge unwirksam und der Vorerbe wird Vollerbe, es sei denn, dass durch Testamentsauslegung feststellbar ist, dass für diesen Fall ein anderer Nacherbe werden soll. Sind Abkömmlinge des Nacherben vorhanden, sind diese im Zweifel als Ersatz-Nacherben berufen. Überlebt der Nacherbe zwar den Erblasser, verstirbt er jedoch vor dem Vorerben, so geht das Recht des Nacherben auf dessen Erben über, sofern nicht ein anderer Wille des Erblassers anzunehmen ist.

Das Recht auf Nacherbschaft ist schon vom Erbfall des Erblassers an durch Vertrag zwischen den Nacherben und dem Erwerber voll übertragbar. Der Erblasser kann jedoch die Übertragbarkeit ausschließen.

Stichwortverzeichnis